《中国高等教育评论》系列由厦门大学高等教育发展研究中心资助

中国高等教育评论

第 7 卷

主编／潘懋元　史秋衡

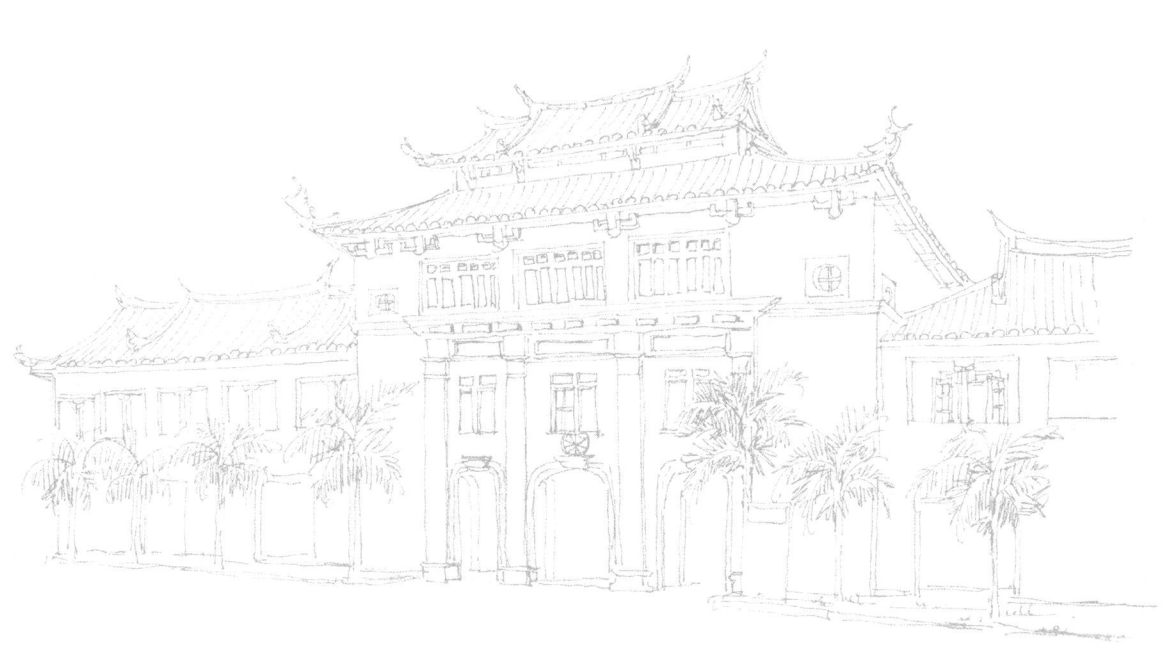

科学出版社
北京

图书在版编目（CIP）数据

中国高等教育评论. 第7卷 / 潘懋元，史秋衡主编. —北京：科学出版社. 2017.4
ISBN 978-7-03-052495-9

Ⅰ. ①中… Ⅱ. ①潘… ②史… Ⅲ. ①高等教育-研究-中国 Ⅳ. ①G649.2

中国版本图书馆CIP数据核字（2017）第068219号

责任编辑：付 艳 / 责任校对：刘亚琦
责任印制：张 伟 / 封面设计：楠竹文化
联系电话：010-64033934
E-mail：fuyan@mail.sciencep.com

*科学出版社*出版
北京东黄城根北街16号
邮政编码：100717
http://www.sciencep.com

*北京教图印刷有限公司*印刷
科学出版社发行 各地新华书店经销

*

2017年4月第 一 版　开本：720×1000　B5
2017年4月第一次印刷　印张：16　插页：2
字数：250 000
定价：79.00元
（如有印装质量问题，我社负责调换）

《中国高等教育评论》编委会

（按姓氏拼音排序）

陈玉琨　华东师范大学

顾明远　北京师范大学

刘海峰　厦门大学

潘懋元　厦门大学

史秋衡　厦门大学

王洪才　厦门大学

邬大光　厦门大学

吴康宁　南京师范大学

杨德广　上海师范大学

杨广云　厦门大学

钟秉林　北京师范大学

序

《中国高等教育评论》是教育部人文社会科学重点研究基地厦门大学高等教育发展研究中心和厦门大学教育研究院主办的学术集刊。集刊依托厦门大学高教中心／教研院的高水准高等教育研究与交流平台，坚持"创新高等教育基本理论，探寻高等教育发展规律，研讨高等教育重大问题，深化高等教育体制改革"的基本原则，以高质量的中外高等教育理论研究为特色，探讨中外高等教育研究的前沿问题。

本卷包括四个学术专栏。第一专栏为高等教育发展，内容涉及世界社会理论、高等教育与美国的平权运动、大学科技园创新生态系统融合发展模式等。第二专栏为现代大学制度，论文涉及网络大学与实体大学、陈嘉庚与抗战时期的厦门大学、教授治校、现代大学制度治理模式、党委领导下的校长负责制等。第三专栏为高校人才培养，包括大学生参与服务学习及其社会责任感发展、农村女大学生的选择困惑、大学招生综合评价、教师教学行为与学生学习行为的关系等。第四专栏为重要学术会议，内容包括中国高等教育学会"高等教育学学科建设座谈会"会议综述及2015年"山海论坛"教育领域分论坛会议综述。

衷心感谢诸位专家学者不吝赐稿，他们关于高等教育发展、现代大学制度、人才培养等的深入探讨，将有力推进中国高等教育理论与实践的快速发展。

目　录

——高等教育发展——

世界社会理论：新制度理论在世界现象研究中的应用 / 阎凤桥 / 003
从高等教育视角看美国的平权运动 / 刘丽丽 / 017
大学科技园创新生态系统融合发展模式研究：硅谷、筑波科学城和
　　清华科技园之比较 / 钟之阳　蔡三发 / 029

——现代大学制度——

网络大学会替代实体大学吗？——一个现象学的考察 / 王洪才 / 045
合理与现实：现代大学治理的逻辑 / 徐晓丹 / 058
陈嘉庚对抗战时期厦门大学的影响及其实现路径 / 石慧霞 / 070
"教授治校"的现实意义及其出路 / 刘隽颖 / 082
我国现代大学治理模式研究 / 刘　慧 / 095
党委领导下的校长负责制之问题及对策分析——中国梦时代高等教育的必
　　破之茧 / 魏娜娜 / 120

——高校人才培养——

大学生参与服务学习及其对社会责任感发展的
　　影响／陆根书　胡士亮／135
规训与抗拒：农村女大学生的选择困惑——基于个案访谈的
　　研究／武毅英　郑育琛／184
大学招生"综合评价"中审核学生课外活动参与程度的
　　重要性／常桐善／196
大学教师教学行为对学生学习行为影响研究／谢　妮　张湘韵
　　万　华／211

——重要学术会议——

高等教育学学科建设的反思与重建——中国高等教育学会"高等教育学
　　学科建设座谈会"会议综述／柯安琪／227
稳步提升大学治理水平　切实改进高等教育质量——2015年"山海论坛"
　　教育领域分论坛会议综述／陈恒敏　柯安琪／238

高等教育发展

世界社会理论：新制度理论在世界现象研究中的应用

阎凤桥

摘　要：在后工业社会里，专业人员成为一支重要的社会力量，他们扮演着"脚本作者"（script writer）的角色，提出超验的社会发展理念，制定和推广他们认为具有普适性的社会发展模式。在这些理念和模式的作用下，个体的权利在世界范围内得到了认可和彰显，组织朝着正式化的方向发展，民族国家变成构建国际社会的积极合作者，世界变成一个具有"想象共同体"（imagined community）特征的社会，朝着现代化的方向前行。当理性观念和发展模式由专业人员从发源地（先发内生型国家）传播到接受地（后发外生型国家）时，常常会出现模式与后者的实际需求不甚适应的情况。在"松散耦合"（loosely coupling）机制作用下，呈现在我们面前的是一幅制度形式上的趋同与内容实质上多样的图景。这是世界社会理论透镜让我们看到的现代化的发展动力、格局及其存在的张力。

关键词：世界社会　新制度理论　现象学　文化渗透　松散耦合

在不同的理论透镜下，我们可以看到世界的不同面相。是否可以将整个世界视为一个社会呢？对于这个问题，不同的理论给出了不同的答案。在世界社会理论（world society theory）提出之前，鲜有其他理论将世界视为一个社会，因为从一般意义上看社会与国家（state）相并存。对于世界而言，并不存在着一个类似于国家政府的世界政体（联合国是一个不具有强制力的国际机构，无法与一个国家政府相提并论），因此也不宜将世界视为一个社会。依循此理，政治学实在论者将世界看做是国家间利益纷争、弱肉强食的无政府状态，世界系统论者将世界看做是一个缺少统一管制政体的混合经济体（沃勒斯坦，1998）。世界社会理论与众不同地将世界视为一个社会的理由何在呢？这些理由能否成立？

要想回答上述问题，首先要对社会进行一个定义。社会是社会成员自发和自主管理、形成一定秩序的系统。如同法国学者托克维尔在看到美国普遍存在着自由结社情况而认为美国社会民主力量强大一样（托克维尔，2004），世界社会理论的提出者约翰·梅耶（John Meyer）认为，在世界范围内也存在着类似于美国自由结社的现象，这就是在20世纪兴起的各种专业团体和志愿组织，如无国界医生组织（Doctors Without Boarders）、世界野生生物基金组织（Wildlife Fund International）、全球语言改革促进机构（Esperanto）等，它们将某些理性观念从一地传到另一地（往往是从西方发达国家传播到发展中国家），并且付诸实践，形成了没有政府（stateless）强力维持下的世界秩序。这些具有"通用产品"（universal goods）或者"超验产品"（transcendental goods）属性的抽象理念，变为一种具有合法性的先验信条，指导着人们去建设和改造这个世界。从这个意义上看，世界具有社会的面相。

一、世界社会理论的源起

世界社会理论是新制度理论的一个分支，或者说它是新制度主义被应用于解释世界现象的一种理论学说。该理论由斯坦福大学社会学家约翰·梅耶及其追随者创立，被广泛地用来解释各种世界范围内的制度扩散现象。要想了解世界社会理论的起源以及与其他理论范式之间的异同，需要先简要地回顾一下社会科学的发展历史，或者说世界社会理论提出的社会及学术史背景（Meyer，2009）。

社会科学是在18世纪启蒙运动之后产生的。它在建立之初，就表现出两种不同的倾向：其中一种倾向是将人类活动视为高度制度化的。在农业社会中，农人的行为主要是按照祖先留下的传统和习惯办事。农人生活，日出而作，日落而息，日复一日，无甚变化，个体行为为社会制度所束缚，不具有自由行动的能力，被深深地"嵌入"（embedded）在集体文化模式中。在这种背景下，传统、习俗等内容成为社会科学家们关注的重点，他们采用"演化模式"（evolutionary model）来刻画人类文化和习惯的孤立性、多样性及其随时间的缓慢变化过程。从某种意义上看，采取这种倾向的社会科学具有制度主义的特征，即今天所谓的"老制度主义"（old institutionalism）。

社会科学的另一种理论倾向与西方国家的工业化发展进程密切相关。西方国家先后在18、19世纪完成了工业化，20世纪更进入了一个快速发展的世纪。在现代化进程中，基于血缘的部族被基于契约的社会组织形式所替代，现代的农场、工厂、医院、学校、政府机构应运而生。科技进步、经济增长、消除贫困、福利国家、义务教育、民主和法治制度的建立等，使世界发生了翻天覆地的变化。这将人的主体地位提到了前所未有的高度，理性成为现代社会的主旋律，被加以讴歌与颂扬，也被付诸实践。在上述社会发展过程中形成了社会科学的另外一种倾向性，它将人类视为可以有目的地利用自然和社会的知识来改造世界的理性动物，因此人不再是习俗的产物，他是有胜任力的"行动者"（actor）。采取这种倾向的社会科学具有理性主义和个人主义取向的特点，是某种意义的"去制度主义"（de-institutionalism）。

制度主义与去制度主义两种学术倾向相较，后者逐渐发展成为社会科学的主导范式。在20世纪后半叶，"习惯"（habit）从社会科学的术语中退隐，而"行动者"（actor）变为一个中心词。有人做过统计，在美国社会学三大期刊上，以"actor"或者"actors"为关键词发表的论文数呈快速增长的趋势。与此同时，社会科学理论的构建也从以集体为中心转变为以个体为中心。在学科分化过程中，只有人类学、历史学继续关注嵌入一定文化中的原始社会形态。相反，经济学、社会学、政治学、心理学等其他多数学科则关注"现代性"（modernity）问题。在第二次世界大战结束后，行动者取向的自由观念得到了进一步的强化，制度被看做是惰性与非理性的根源，制约着行动者能动性的发挥，原始和落后的社会制度可以在教育和理性力量作用下得以进化。这种状况直到20世纪70年代新制度理论的出现才发生了改观。

到 20 世纪 70 年代，人们逐渐开始意识到，建立在行动者取向基础上过于乐观的社会发展理论，在指导社会实践方面并没有取得事先预想的那么积极的效果；相反，社会实践与理论预期常常大相径庭，在理性目标与现实效果之间存在着明显的落差，在正式组织与非正式组织之间存在着一道不可逾越的鸿沟。于是，在几乎每一门社会科学领域都不约而同地重新开始重视制度问题，提出了所谓的"新制度理论"（new institutional theory）。

在组织研究中，有两篇研究文献开创了新制度理论的先河。第一篇是梅耶和罗万于 1977 年发表在《社会学期刊》上的"制度化的组织：作为神话和仪式的正式结构"一文（Meyer and Rowan，1977）。他们认为，即使在现代社会中，人们的行为也同样受到制度的约束。不同于前现代社会的习俗和传统，现代社会的制度力量来自于政府、专业团体和文化观念。他们将组织的制度环境定义为文化性和弥散性的，在它的作用下，组织的结构化并非来自于对命令的服从，而是来自于对已有"脚本"（scripts）的采纳。现代社会的组织形式可被看做是一种文化模式，将手段——目标理性逻辑进行了编码，嵌入制度环境中的实体采纳环境中的文化模式。梅耶在组织研究中提出的新制度主义文化因素取向，一直延续到后来世界社会理论的建构中。第二篇是迪马奇奥和鲍威尔于 1983 年合作撰写的"铁的牢笼新探讨：组织域的制度趋同性和集体理性"一文，发表在《美国社会学评论》上，他们提出了存在着"规则同型"（regulative isomorphism）、"规范同型"（normative isomorphism）和"模仿同型"（mimetic isomorphism）三种机制，其中模仿同型与梅耶的文化制度因素的含义是一致的（DiMaggio and Powell，1983）。上述两篇经典文献，引起了组织研究范式的转变，重新将制度带回到社会学研究中，从而奠定了"新制度主义"（new institutionalism）理论体系的基础。综上所述，社会学中新制度理论建立在下面这样一个核心思想基础上，即从外部环境中获得的文化含义和组织形式渗透到处于地方情景下的行动者及其行为表现中（Jepperson，2002）。

通过上面的介绍可以看出，新、老制度理论产生于不同的时代，包含着不同的含义，它们之间的主要区别在于，老制度理论将个人看做是嵌入于一定的文化和习俗中，没有行动的自由，而新制度理论将行动者看作具有一定的能动性，制度具有两面性，它既为行动者提供发展机会，同时也约束着其行动选择。从研究的关注点看，老制度理论关注环境对组织影响的特殊性和差异性，而新制度理论则关注其普遍性和相似性。

随着新制度理论的建立，组织研究乃至整个社会科学研究形成了一个连续"图谱"（spectrum）。如图 1 所示。在图谱的一端是理性学派，它关注行动者的自由和理性选择。在图谱的另一端则是制度学派，它关注制度对于行动者造成的约束和放大效应，行动者的行为是一种"仪式化"（ritualized）的理性行为，这种仪式化是由于行动者模仿外部环境造成的，是一种形式上的理性，其实质是反理性的。如果说理性人是在独立于他人的"效率"（efficiency）机制作用下行为的，那么制度人就是在"合法性"（legitimacy）机制作用下行为的。这里，合法性机制是指组织满足制度环境要求的作用机制。

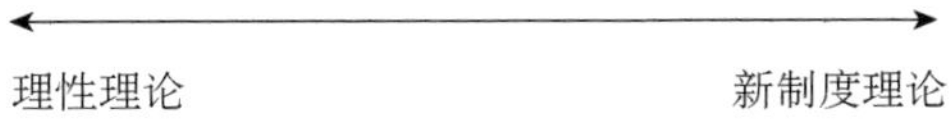

理性理论　　　　　　　　　　　新制度理论

图 1　社会科学理论理性和制度范式

进而言之，合法性机制又可以进一步区分为工具性（instrumentality）、适当性（appropriateness）和正统性（orthodoxy）三种形式（Scott，2008）。如图 2 所示。工具性和适当性属于"实在论"（realist）的制度主义取向，它们将行动者看做是"关系密切的实体"（hard-wired entity），行动者之间的互动是看得见、摸得着的物质力量（Meyer，2009）[39]。经济学和政治学中的新制度主义就主要位于这一侧，经济产权、国家主权就是两个典型实例。正统性属于现象学（phenomenological）的制度主义取向，建构主义就位于这一侧。在现象学制度主义看来，行动者之间的联系是由看不见、摸不着的观念完成的。梅耶提出的世界社会理论，就属于现象学制度主义范式，即从文化渗透角度讨论制度在世界范围内的扩散。

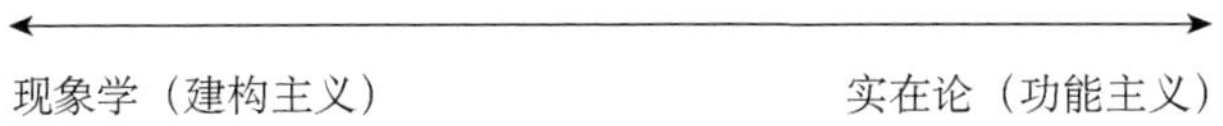

现象学（建构主义）　　　　　　　实在论（功能主义）

图 2　社会科学理论实在论和现象学范式

二、世界社会理论内涵

新的社会理论的提出，往往是由于以往的理论不能很好地解释一些社会现象，并且新提出的理论可以弥补解释上的空白与不足。作为后来者的世界社会理论亦是如此。梅耶列举下面一个例子，说明世界社会理论与其他理论之间的不同。对于女性受教育机会的扩大这一事实，实在论试图从人口变化、出生率的降低、有效生产机械的采用等方面予以解释，另外又从需求角度提出，变化的劳动力市场需要接受过一定教育程度的女性加入是促进女性受教育程度提高的原因。但是，所有这些考虑都无法有效地解释，即使在最不可能的生产领域和最不开化的国家，女性上学机会仍然在扩大。从世界社会理论看，女性受教育机会扩大是由于女性权利（人权的一种具体表现形式）扩大的结果，即将女性接受教育视为一种正当性的做法，不由功能需求所决定（Meyer，2009）[54]。诸如此类的例子不胜枚举。例如，新几内亚为什么要建立大学，乌干达为什么有数以千计的正式组织，刚果为什么成立科学机构，洪都拉斯为什么要提高会计工作的透明度等，世界各地为什么要使个体成为"符号上被承认和赋权的个体"（赋予同性恋者以相同的权利就是一个具象表现）（Meyer，2009）[47]。从这些例子可以看出，从功能主义的角度很难给出恰当的解释，世界社会理论从特定的文化视角出发，有助于解释功能主义理论不能很好地解释的某些现象。

如前所述，世界社会理论是社会学新制度理论中侧重于从现象学角度对有关问题进行分析的一个理论分支。换句话说，世界社会理论主要讨论文化机制作用下的行动者（包括个体、组织和民族国家）模仿行为，制度扩散就是通过模仿机制实现的。可以说，现象学的制度主义与美国的学术范式相去甚远，而与欧洲的学术传统比较接近。在建立世界社会理论过程中，梅耶从欧洲学者那里吸收了有益的思想，伯格与卢克曼（2009）的著作《现实的社会构建》中有关共同理解的"神圣苍穹"（sacred canopy）就是一例。从文化意义上看，世界上的有效活动被专业团体"编辑和翻译成一些模式"（edited and translated models），这些专业组织发挥着"脚本作者"（script writer）的功用，在世界范围内传播和推广他们认为成功的模式。

世界社会理论属于后功能主义学派，它从文化角度为社会下定义。从这个角度看，所谓社会，实质上是一个"想象的共同体"（imagined community），而不像实在论那样将社会看做是由行动者在功能上相互依赖而形成的结合体（Meyer，2009）[36]。因此，从文化角度看，虽然缺少一个世界性的政府，但是仍然可以把世界看做是一个社会。所谓世界社会，就是一个"假想的世界"（hypothetical worlds），它由一些备择的社会秩序构成，而社会秩序源自欧洲在启蒙运动期间和19世纪在宗教、科学、政治、经济、社会等领域取得的智识上的突破。对于"世界本该是怎样"的构想为"世界是什么"提供了可能和直接有用的参照系，并且还提供了形塑这个世界的模板（Drori & Krücken，2009）[3]。事实表明，世界文化变得越来越"理论化"（theorization），即超越地方和特殊情形的普遍和抽象的模式可以被转化为行动。这种备择世界秩序提供了可能的历史发展路径，但是，每一条路径从本质上讲都是先验和反事实的。

笔者试图通过图3勾画出梅耶世界社会理论中关于世界社会的建立过程。这张图的时代背景是19—20世纪，即世界社会建立的时代。专业人士和志愿组织是世界社会的始作俑者，他们提出世界发展的抽象理念，建立现代化的"普适"（universal）理论模式。作为非行动者的"他者"（others），他们并不亲自采取行动，而是将这些理念和模式介绍给处于特定情形下的行动者。在文化渗透机制（梅耶将文化扩散过程形象地比喻为"乙醚"的扩散过程）作用下，行动者将这些理念和模式视为"理所应当"（take for granted），并将它们付诸实践。在文化制度作用下，行动者既可能受到约束，也可能被"放大"（expanded）。很有趣的是，"行动者"对应的英语词汇是actor，它除了"行动者"的含义外，另外一个解释是"演员"，演员的表演是按照"脚本作者"（script writer）和导演的编排进行的。因此，借用上面的双关语，行动者的行动看似是自由的，其实是在按照"脚本作者"（这里指专业人士）指定的方式进行的。在行动者实践过程中，"松散耦合"（loosely coupled）机制在起作用，它产生两个方面的作用：第一，一个国家的某项制度与该国政治、经济、文化之间的松散

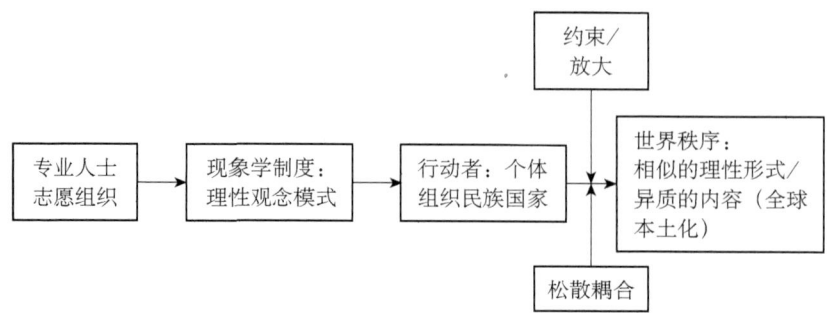

图 3　世界社会的形成过程

耦合，使得这项制度可以受到来自遥远国际社会的影响，后者的影响甚至可以大于前者的影响；第二，使得某一项制度的形式与实质相对分离，常常是形式上的相似性掩盖着内容上的差异性。在制度扩散机制与松散耦合机制的共同作用下，我们看到了这样一种情形：制度形式上的相似性和制度实质上的多样性。具体到世界社会而言，就是理性观念（人权、教育、环境等）和模式（市场、法治、民主等）被广泛地采纳，但是在不同国家却收到不同的效果。当某一项制度从发达国家向发展中国家扩散过程中，或者说发展中国家模仿发达国家的做法时，先发内生型的制度难以在后发外生型的国家彻底落户，造成"名"（形式）与"实"（内容）之间的分离，使得某些源于发达国家的制度在发展中国家出现"水土不服"的情况。因此，我们不仅看到了形式上的"全球化"（globalization），而且还看到了形式与内容相分离的"全球本土化"（glocalization）。

　　为了更好地理解世界社会理论的含义，需要将它与其他相近的理论进行一些对比。从形式上看，世界社会理论与现代化理论具有某些相似之处，它们都是基于同样的现代社会发展背景提出来的，即社会从前现代向现代社会转变。在这个转变过程中，传统的社会特征在逐渐消失，而现代组织形式变得越来越普遍，个体从传统关系（家族、社群）约束下解放出来，在法律和其他社会制度的保护下自由地行为，普遍主义行为原则取特殊主义行为原则而代之。但是，两者之间的本质差异不容忽视：现代化理论是从功能主义角度捕捉并解释现象，而世界社会理论则是从意识形态（现象学）角度进行。除了梅耶之外，伊曼纽尔·沃勒斯坦（Immanuel Wallerstein）也是研究世界问题的一个代表人物。他在研究世界发展状况的基础上，提出了现代世界体系理论（沃勒斯坦，1998）。梅耶与沃勒斯坦之间的不同之处在于，前者侧重于从观念层面探讨世界社会的形成，而后者从功能主义角度探讨现代世界体系的建立。

从表面上看，世界社会理论似乎没有关注民族国家之间的矛盾与冲突、贫富差距、宗教分歧，关注的只是理性观念、共同发展模式的扩散，是一种乐观主义取向，但是，它实际上是持价值中立立场，既看到理性扩张的趋势，同时也看到了理性的局限性。梅耶说："我们看到的是一个奇怪的世界。它是一个抱负十足的世界，人的权力和权利可以得到无限彰显，正式组织的义务和能力可以无限张扬，民族国家的权力和责任无限膨胀。实际上，行动者都达不到他们所声称的目标……到处可见的是饱满的期待和自信，它们具有最高的合法性，与这种情形相比，现实却处处不尽如人意。"（Meyer，2009）[55]

三、世界社会理论在教育研究中的应用

作为社会学理论，世界社会理论在很多领域得到了应用。梅耶本人不仅构建了世界社会理论，他还与其他学者研究了许多世界范围内的制度扩散现象，包括科学（科学政策、科学组织）的全球扩张、国际权利工具（international rights instrument）的增长趋势、赋权主体（儿童、残疾人、女性、市民社会、草根组织等）的增长趋势、第三级教育系统不同学科在校生人数占比的变化趋势、高等教育在校生占人口比例的变化趋势、社会科学教材中"以学生为中心"提法的变化趋势、在教材中对人权强调的变化趋势等。梅耶在世界社会研究方面的代表性成果，集中汇集在柯如肯和德罗瑞编辑的《世界社会：约翰·梅耶论文集》（World Society：The Writings of John W. Meyer）一书中。由于在教育社会学和全球化方面做出的突出成就，梅耶于2015年获得美国社会学会颁发的终身贡献奖。

世界社会理论的内涵决定了其宏观分析视角取向，通常将国家作为分析单位，另外由于只有在较长时段里才能够反映出现象学中有关观念、模式等意识形态的作用，所以历时性是其研究的另外一个特点。在实证研究过程中，梅耶将现象学的理论视角与定量研究方法结合起来，创立了"定

量现象学"（quantitative phenomenology）的研究范式（Drori & Krücken，2009）[4-5]。他们建立了多个涵盖几十年甚至上百年的长时段数据的数据库，勾画出了世界社会的基本特征、嵌入世界社会的重要实体（民族国家、国际组织、公司等）、关键的制度转变和稳定过程（Drori & Krücken，2009）。从世界社会理论视角研究问题的学者常常将国际组织的年鉴和其他出版物作为数据来源，着重分析世界政体的形成及其对民族国家政策或结构的影响。他们所采用的方法是历史与比较法，涉及的时段常常是几十年甚至上百年，涉及的国家从几十个到上百个不等。由于数据都是定量或者做过量化处理的，所以对数据的分析主要以统计分析为主。为了有效地从数据中发现规律，验证世界社会的理论假说，要针对统计模型中的自相关、异方差、函数分布形式等特征，在同级模型中做出调整（Schofer & McEneaney，2003）。另外，为了与竞争性假说进行比较，还要在模型中加入与竞争性假说相应的那些变量。

现象学的制度主义在教育领域得到了一定的应用，不仅由于梅耶本人及其合作者长期从事教育问题研究，而且由于教育本身就是一种典型的文化现象。教育被当作一种现代化的理念在全世界传播，教育在构建世界社会过程中发挥着重要的作用。在制度扩散中发挥关键作用的专业团体，就包括大学中的各种学科组织，如经济学家将发展经济的理念、社会学家将社会平等的理念、政治学家将治理国家的理念向全世界传播。同理，其他领域的接受过高等教育的专业人员（如律师、医生、工程师、生物学家等）也都是一定意义上的世界主义者，他们试图建立各自学科的国际标准。

梅耶采用世界社会理论对教育问题的研究属于国际与比较教育范畴，但是梅耶的比较研究与其他的比较研究又存在着明显的差别，表现为以下几点：一是针对理论命题进行比较研究，而其他比较教育研究多没有理论假设；二是将世界社会作为一个相互影响的整体进行研究，而其他比较教育研究经常将不同国家做独立考察，并不关注它们之间的相互影响，也没有将位于各个国家之上的世界政体的影响纳入研究视野。相较，在世界社会理论范式下开展的比较教育研究数量相对有限，这与它对研究资料的苛刻要求以及数据处理方式的技术难度存在着一定的联系。

根据世界社会理论进行推测，我们可以预想教育将在世界范围内实现制度化。这个命题是否成立以及制度化的表现形式如何呢？要回答这个问题，就需要将世界社会理论与其他相关理论进行比较，以便发现每一个理论的适用范围。首先，功能主义理论认为，一个国家的教育系统与其社会系统之间存在着密切的联系。功能理论的右倾派认为，发展教育有助于促进社会流动，改进公平状况，从而有利于社会秩序的建立；功能理论的"左倾"派认为，教育是社会中阶级关系与精英特权的再生产，所以发展教育并不会带来社会结构的改进。虽然功能理论有其合理之处，但是它却无法解释不同国家教育系统之间存在的相似性。其次，再看一下世界系统理论。它将世界看做是由"中心国家"和"边缘国家"组成的系统。由于两类国家之间在政治、经济、文化方面存在着明显的差异，所以其教育系统的发展水平也不同。教育历史研究关注的也是不同国家教育系统之间的差异。对于教育系统之间存在的相似性，上述三种研究（功能主义、世界系统、历史）都没有予以关注。这种缺失，正是世界社会理论所关注的内容，也是其独特价值所在。

围绕着世界教育的制度化、标准化、同质性现象，世界社会理论提出了以下几个理论命题：第一，19—20世纪兴起的民族国家的理性教育模式，生成一种同质性的教育制度，超越了社会、文化实际变化可以预测的状况；第二，世界模式对于教育系统的影响力随着时间的推移而逐渐增强，导致教育制度扩散和标准化以加速度方式进行；第三，教育模式越来越多地源于国际组织、教育科学、专业团体，越来越少地从中心国家扩散到边缘国家；第四，随着时间的推移，特定国家政治、社会和经济特征对于教育系统的内生性影响在削弱；第五，导致一个国家教育系统变化的因素，越来越多地与该国与世界社会的联系程度有关（Meyer & Ramirez, 2009）[211]。

下面，稍加详细地介绍梅耶与其合作者开展的两个研究。

案例1：他们对74个国家1970—2008年的533本历史、公民、社会研究教材进行了分析，撰写和发表了10余篇论文，其中一个分析问题是"以学生为中心"在教材中的反映情况。从演绎的角度看，在世界社会体系下，人权是一个重要的表现形式，而人权在教育领域的反映则是"以学生为中心"。从实证角度看，无论是从时间维度看，还是从国家横截面看，"以学生为中心"这种变化趋势都表现得十分明显（Bromley，Meyer & Ramirez，2011）。

案例2：梅耶与其合作者研究了20世纪大学在欧洲和世界的扩张趋势。统计数据显示，60年代之后，大学扩张速度激剧加快。以往的研究仅关注工业化国家的情况，多是国家的个案研究，没有从国际角度予以分析。对于工业国家大学规模的扩张，多是从社会和经济角度予以解释，比如在英国和欧洲是由于旧阶级的消亡和新经济发展需要的结果。该研究发现，世界范围内大学的扩张速度独立于国家的经济发展水平。如何解释功能理论所无法解释的这一现象呢？作者从世界社会理论进行解释："功能理论解释不了世界扩张现象，当功能理论变作一个共同的世界发展意识（笔者注：这就是世界社会理论的内涵），则能很好地予以解释。"这句话正道出了世界社会理论与功能理论之间的本质区别（Meyer & Schofer，2009）[361]。

四、结束语

梅耶在理性理论和功能理论占主导地位的理论丛林里独辟蹊径，创立了以现象学为旨趣的世界社会理论，找到了独特的立足之地，努力解释其他理论所无法解释或者解释不好的现象。这个理论的独特性表现在以下几个递进层面：第一，是将集体行动研究取向与个体行动研究取向做出区分。在美国，个体主义取向不仅在现实层面而且在理论层面都一以贯之地居于主导地位，要想为集体行动研究取向找到立足之地并非易事。第二，既然是集体行动取向，实际上就已经选择了开放系统的研究范式，世界社会理论就属于开放系统理论的一支。但是，梅耶的开放系统不是在实在论意义上的开放，而是文化意义上的开放。他突破技术环境的局限而引入制度环境，分析其对行动者产生的影响。第三，"文化"这个概念难以界定、容易受到质疑、研究难度大。世界社会理论正是选择了文化视角来分析全球化现象。与功能主义范式相比，它的抽象度和难度较高。因此，梅耶就是在与其他理论进行比较过程中，创立了自己的理论体系，小心翼翼地界定自己的研究范围和解释现象，并且通过大量的实证研究对理论假设进行检验，以增进理论的精细化程度和扩展理论的适用范围。

世界社会理论告诉我们，专业团体和志愿组织提出了一系列的社会发展理念，如平等、权利、民主、法治、科学、教育、健康、环境、生态等，这些理念就像是宗教的现代版本一样，而那些理念传播者就像是宗教布道者一样。从这种意义上看，宗教在现代社会并没有完全消亡，宗教的内容发生了变化，由上帝的教条转变为理性的教条，但是宗教的形式依然存在，那就是信仰及其对行为的支配作用。在《经济与社会》一书中，韦伯勾画了效率理性对于现代社会的驱动作用，它会像"铁笼"一般伴随着社会的历史存亡（韦伯，1997）。梅耶等新制度学派的代表人物则认为，在后现代社会里，理性从内在效率驱动转向了外在合法性的驱动，其中外生性的理性观念对于行动者发挥着至关重要的作用。

参考文献

伯格，卢克曼. 2009. 现实的社会建构[M]. 汪涌，译. 北京：北京大学出版社

托克维尔. 2004. 论美国的民主[M]. 董果良，译. 北京：商务印书馆

韦伯. 1997. 经济与社会[M]. 林荣远，译. 北京：商务印书馆

沃勒斯坦. 1998. 现代世界体系[M]. 尤来寅，等，译. 北京：高等教育出版社

Bromley P，Meyer J W，Ramirez F O. 2011. Student-centeredness in social science textbooks，1970-2008：a cross-national study[J]. Social Forces，90（2）：547-570

DiMaggio P，Powell W. 1983. The iron cage revisited：institutional isomorphism and collective rationality in organizational fields[J]. American Sociological Review，48：147-160

Drori G S，Krücken G. 2009. World society：a theory and research program in context[M]// Krücken G，Drori G S. World Society：The Writings of John W. Meyer. Oxford：Oxford University Press：3-35

Meyer J. 2009. Reflections：institutional theory and world society[M]// Krücken G，Drori G S. World Society：The Writings of John W Meyer. Oxford：Oxford University Press：36-66

Meyer J，Ramirez F. 2009. The world institutionalization of education[M]// Krücken G，Drori G S. World Society：The Writings of John W. Meyer. Oxford：Oxford University Press：206-221

Meyer J，Rowan B. 1977. Institutionalized organizations：formal structure as myth and ceremony[J]. American Journal of Sociology, 11: 345-356

Meyer J, Schofer E. 2009. The university in Europe and the world: twentieth century expansion[M]// Krücken G, Drori G S. World Society: The Writings of John W. Meyer. Oxford: Oxford University Press: 355-372

Jepperson R. 2002. The development and application of sociological neo-institutionalism[M]// Berger J, Zelditch M. New Directions in Contemporary Social Theory. Lanham MD: Rowman and Littlefield: 229-266

Schofer E, McEneaney E H. 2003. Methodological strategies and tools for the study of globalization[M]// Drori G S, Meyer J W, Ramirez F O, Schofer E. Science in The Modern World Polity: Institutionalization and Globalization. Stanford: Stanford University Press: 43-66

Scott R. 2008. Institutions and Organizations: Ideas and Interests[M]. 3rd ed. NY: Sage Publications

作者简介 | 阎凤桥，北京大学教育学院党委书记，教授，研究方向为教育经济与管理。

World Society Theory: Application of New Institutionalism in World Phenomena

Yan Fengqiao

Abstract: In postmodern societies, professions have become crucial social forces, who play the role of script writers, propose and promote application of ideas and models for social development. Consequently, individual rights are well recognized, formal organizations spread out worldwide, and nation states become active participants in world society. Therefore, the world becomes an imagined community, and modernization is achieved. When the ideas and models are transplanted from endogenous countries to exogenous countries, dissatisfaction can be observed due to mismatch between models and circumstances. Under the loosely coupled mechanism, similarity in institutional forms and diversity in consequences occur simultaneously. These are driving forces, patterns and tensions in modernization from the lens of world society theory.

Keywords: world society, new institutionalism, phenomenology, cultural penetration, loosely coupled

从高等教育视角看美国的平权运动

刘丽丽

摘　要：平权法案伴随着美国 20 世纪 60 年代民权运动而产生，是美国民权运动、妇女解放运动的重要成果之一。肯尼迪和约翰逊两任总统相继签署的对少数族裔、妇女、残障人士等弱势群体在教育和就业方面进行优惠照顾的一系列总统法令及相关举措。但是，在实施过程中，这些平权法案遇到很多争议，并引起逆向歧视，导致了美国一些州逐渐废除了这一法案，并采取了一些替代性的措施，让出身不再决定命运。

关键词：高等教育　教育平权　平权法案

作为一个世界上种族最复杂的国家，美国仅仅在 200 多年里完成从奴隶制度向现代民主制度的转变，这完全依靠一种对平等权利的追求。平等是美国人的政治理想，然而崇高的理想并不能保证人们都能按此理想来行事。尽管《独立宣言》中宣扬"人人生而平等"，但平等并非美国人生来就有的权利。

平权运动是 20 世纪 60 年代伴随非裔美国人民权运动、妇女解放运动、性解放等一连串运动而兴起的一项社会运动，1965 年由民主党的美国总统林登·约翰逊发起，主张在大学招生、政府招标等情况下照顾少数族裔等弱势群体，保障他们不会在教育及工作方面受到歧视和不公平对待。可以说，平权运动不仅强调种族平等，而且强调种族优先。平权运动是美国 20 世纪 60 年代民权运动而产生，是民权运动的重要成果。

一、美国平权运动的产生

美国内战结束了奴隶制度，但并没有结束种族压迫。代替奴隶制的是合法的种族隔离的吉姆·克罗时代。吉姆·克罗是1828年美国剧作家赖斯创作的剧目中一个黑人角色的名字，后来逐渐变成黑人遭受种族隔离的代名词。在内战结束之后约100年的时间里，美国特别是南部诸州通过一系列歧视黑人的法律。这些法律被统称为"吉姆·克罗法"。吉姆·克罗法揭示了黑人民权运动发生的两大主要原因：一是种族隔离制；二是黑人被剥夺选举权。（关福艳，2011）

1955年12月，在阿拉巴马州蒙哥马利市发生了一起联合抵制公车运动。黑人牧师马丁·路德·金领导蒙哥马利市5万黑人团结一致，罢乘公共汽车。最终迫使汽车公司取消种族隔离制。自此，民权运动迅速扩大，并逐渐发展成为全国性的运动。1963年8月28日，25万人（其中1/4为黑人）向华盛顿进军，要求就业、要求自由，要求平等的权利。就在这一天，马丁·路德·金在华盛顿林肯纪念堂发表了著名演讲《我有一个梦想》。在演讲中，他提出了民权运动的六大目标，这些目标涵盖了在政治、经济和社会领域黑人所应当取得的权利。他的演讲将民权运动推向了高潮。

民权运动产生的直接成果就是平权法案（Affirmative Action，又译为"肯定性行动"）。它最早始于1961年肯尼迪总统要求联邦政府雇佣少数族裔的一个反对歧视的行政命令。后来经过几届政府的努力，"平权法案"演变为一系列旨在消减对社会机构中不同群体的歧视而制定的相关法律、规范、政策的总称。这些法案要求公立机构及政府供应商们，采取措施保证对少数族裔的录取或雇用。在教育方面，许多大学则使用了配额制度，目的是使少数族裔得以按配额进入公立大学。

平权法案是总统颁布的反对歧视的行政命令，它还需要在法律上进一步得到保障。1963年6月，肯尼迪总统向国会递交了一份内容全面、影响深远的《民权法》，但遇到了重重阻力；同年11月，肯尼迪总统不幸遇刺（美国历史上遇刺身亡的四位总统之一）。1865年，林肯因为废除奴隶制被刺杀；而在约100年之后的1963年，肯尼迪总统因为要废除种族隔离而遇刺。由此可以看出，种族问题在美国社会中是非常棘手的政治问题。

临危受命的约翰逊总统进一步推进了平权运动。他认为，平权的原则应该解释成对黑人等少数民族在就业和就学方面的优先考虑和优先机会。1964年6月，在约翰逊总统任期内，国会通过并颁布了《民权法》。民权法规定禁止在公共场所的歧视行为，结束了美国自建国以来长期的黑白种族隔离政策，被认为是人权进步的里程碑。

1965年6月，约翰逊总统在哈佛大学的著名演讲中对平权法案做了进一步的解释："你不能把一个才从很多年的手铐脚镣束缚中解救出来的人，立刻将他带到与别人并肩的起跑线上，对他说'你可以和别人自由竞争'，并且相信这样做是绝对公平的。因为对于打开一道公平的大门，我们要做的不止这些。如果我们全体公民都能够从公平的大门下通过，那么所谓的公平，不只是权力和理论，更是事实和结果。"①

二、教育平权

少数族裔通过《民权法》在法律上获得了享受平等权利的保障，但要想从根本上改变自己的命运，还必须借助良好的教育。平权运动的一个重要方面就是教育平权。大学实施教育平权的目的是想纠正过去的种族不公正，为全体学生营造一种包括不同种族、不同教育背景和不同观点的教育氛围，并帮助少数族裔在企业、政府和专业领域成为领袖（Bowen & Bok，1998）[7]。

在《民权法》颁布之后的几年中，作为民权运动的大本营，几乎所有著名的大学和专业学校都积极响应，在招生过程中接受合格的黑人学生，即使他们比大多数的白人学生的成绩和考试分数低。就是在这样的背景下，当今美国社会中一些成功的少数族裔人士进入了美国著名大学。

（一）教育平权所引起的争议

尽管这种教育平权在一定的时期起到了积极的作用，但也引发了不少

---

① Public Papers of the Presidents of the United States：Lyndon B. Johnson，1965. Volume II，entry 301，pp.635-640. Washington，D. C.：Government Printing Office，1966

争议和诉讼,"平权法案"无论从它的持续时间还是实现方式上来看,都是美国当代历史上最有争议的法案,引发了美国历史上独特的道德论争。白人也有穷人,亚裔也有穷人,东欧裔移民也有穷人。为什么阳光只沐浴黑人?普林斯顿大学前校长博文(William G. Bowen)和哈佛大学前校长伯克(Derek Bok)在他们的著作《河流的形状》(The Shape of River)中,通过使用追踪数据,分析了平权法案在入学、学业成就、研究生专业教育、就业等阶段的情况及其影响。他们把"平权法案"在高等教育中的推行,比喻为密西西比河的河水,经历了各种波折和转弯才流向大海。

支持者认为,大学通过基于"种族"的录取政策可以成功地提高黑人为首的少数族裔的入学人数,以确保种族和文化多元性,有利于维护少数族裔和有色人种的利益,对于文化教育和社会进步都有着极为显著的意义。黑人的政治和经济地位尽管有了重大改善,但仍然处于二等公民的地位,黑人和白人之间在教育水平、平均工资、社会地位等方面都有明显差距。此外,白人种族主义的偏见仍然根深蒂固地存在于美国社会之中。因此,"平权法案"还没有完成它的历史使命。

反对者则认为,该法案只是以肤色为依据,并不看重个人成绩。这项特殊照顾政策把以族裔和肤色为基础的少数民族权利置于美国公民权利之上,损害了以勤奋努力和个人奋斗为基础的美国精神。"平权法案"实质上是反平权法案,是对白人的逆向歧视。这项政策不仅在入学和就业等人生大事上对白人极不公平,而且也容易使少数族裔滋长不劳而获和低人一等的观念。会使一些人平白无故受到补偿和照顾。

对"平权法案"不满的不仅是白人,而且包括一些少数族裔人士。一些成绩优异的少数族裔学生也加入了反对"平权法案"的行列。他们认为,自己完全可以依靠自己的实力进入名校,不愿意被别人看做是被照顾的对象。身为黑人的加州大学(加利福尼亚大学)董事会董事康纳利(Ward Connerly)认为,这项政策中的一些特殊照顾措施,实际上等于公开宣布少数族裔无力与白人进行真枪实刀的竞争,只能靠族裔和肤色占尽先机,这实际上是对少数族裔的公开贬低。少数族裔需要的不是所谓特殊照顾和优惠(Horn & Flores,2003)[18]。

随着时间的推移,"逆向歧视"已经成了平权运动最大的绊脚石。有些受害者甚至把大学告到了最高法院。值得注意的是，虽然这些案例本质上都与平权法案的"逆向歧视"相关，但是最高法院对这些案例的判决却是反复不定的，就如同密西西比河，充满曲折。

（二）加州大学诉贝基案

被喻为打响了美国平权法案第一枪的当属"加州大学诉贝基案"。生于美国佛罗里达的贝基，从小勤奋好学，成绩出类拔萃。1972年贝基报考了加州大学戴维斯分校医学院。在入学考试中，他各项成绩均出色，却没有被录取。照常理，以贝基的入学成绩、斯坦福大学硕士学历以及综合素质，他应当是很有竞争力的申请人。贝基后来得知，在医学院当年100名的录取名额中，有16个特别名额专门分配给了黑人等少数民族学生，其中的绝大多数人的成绩远远不如自己。

为此，贝基给戴维斯分校写了一封抱怨信。在信中，他写道：为了满足未来医疗健康事业的要求，医学界需要最有能力和最有献身精神的人才。我意识到，设置少数族裔录取定额是为了补偿以往种族歧视的恶果，但是，这种照顾少数民族的措施实际上又开创了新的种族偏见。这不是一个公正的解决办法。

1973年底，贝基再次向戴维斯分校医学院提出了1974年度的入学申请，仍然是不予录取。贝基把加州大学告到了地方法院，控告搞逆向种族歧视，违反了《民权法》和美国《宪法》第14修正案关于对公民平等法律保护的条款。加州地方法院判加州大学设立的配额制度违法，但没有判加州大学录取贝基。双方都不满意，继续上诉到州最高法院，最高法院判决加州大学败诉。最后，加州大学把贝基告到了联邦最高法院。这也是为什么此案被称为"加州大学诉贝基案"。

1978年6月，最高法院以5∶4的一票之差对贝基案做出了一个在美国宪政史上非常罕见的双重判决（double decision）。由鲍威尔（Lewis Powell）大法官主持宣读的判决书包括两个部分：第一部分判决加州大学设立的录取定额制度违法，加州大学医学院必须录取艾伦·贝基；第二部分判决加州大学有权实行一些使学生来源和校园学术环境多元化的特殊政策，在录取新生时可以把种族作为一个因素来考虑，但不能把种族作为唯

一因素。（曾一璇，2010）

加州大学诉贝基一案实际上给美国最高法院出了一个极为棘手的大难题。种族矛盾历来是美国政治中的定时炸弹，稍不留神就会在社会中心爆炸，引发空前严重的社会动乱。在美国社会，诚如法国政治学家托克维尔所言，任何政治问题最终都会演变成司法问题。这种政治问题司法化的特殊国情，让美国最高法院大法官们陷入困境。

总之，贝基案是美国联邦最高法院裁决的一个里程碑式的案件。这一圆滑的双重判决，反映了美国人对平权法案的无比纠结的心情，对政治后果的慎重考虑显然对个别大法官的判决产生了相当重要的影响。

（三）密歇根州的选民公投

2006年11月，美国密歇根州的选民们以58%的公投支持率通过了一项名为《密歇根民权倡议》（Michigan Civil Rights Initiative，MCRI）的提案，该修正案于是成为了密歇根州宪法的一部分。内容就是禁止公立机构（如学校）以种族、肤色、性别或宗教为理由，对个人采取歧视或特别优惠政策。此举引发诉讼，地方法院支持密歇根州的做法，但美国联邦第六巡回法院则判决违宪，并上诉到最高法院。2014年4月22日，美国最高法院推翻了第六巡回法院的判决，裁定密歇根州禁止平权法案并不违宪。该法案旨在禁止在公共项目，比如大学招生中以种族作为考量因素。这一法院裁决，令一些已经禁止平权法案的州的立场更加坚定。

（四）得州大学诉讼案

白人女学生费舍尔（Abigail Fisher）是得克萨斯州本地人，在高中时成绩优秀，GPA成绩为3.59，SAT成绩为1180，她非常想进入得州大学（得克萨斯大学）学习，这样可以为她得到更好的工作机会。2008年，费舍尔申请进入得州大学奥斯汀分校学习，却没有被批准。而很多当年被录取的少数族裔的学生的成绩都比她的成绩低。于是，她控告得州大学奥斯汀分校，指责该大学由于她是白人而没有录取她。

学校负责人表示，学校需要此平权法案项目来促进生源的多样性，保证学校大多数课堂上有"相当数量"的少数族裔学生。来自不同背景的学生可以相互学习，消除偏见，而这有助于他们步入社会以后担当起领导者的角色。而很多平权法案的批评者则称，种族和学校教学兼容并蓄之间，最多也只是存在微弱的联系。而反对学校做法的人则称，美国宪法不允许政府把人们按种族加以划分，不论为了何种重要目的。费希尔的顾问、费希尔案件推动者之一爱德华·布鲁姆（Edward Blum）说：尽管大学校园里的种族多样性十分有益，但它也不能通过种族歧视的方式实现。美国宪法不允许政府把人们按种族加以划分，不论为了何种重要目的。

2014年7月15日，最高法院做出了最后的裁决，支持得州大学依据平权法案进行招生的做法。最高法院的这一裁决，对平权法案的反对者来说至少是一个暂时的挫折。但是，费舍尔的诉讼代表表示他们将继续上诉。

三、对"平权法案"的理性反思

"平权法案"是一项"不平等"的政策，带有强制干预的性质。一般来说，人类社会的平等可分为三种，即起点平等、规则平等和结果平等。而"平权法案"却对竞赛场上规则平等的原则进行了修改。再者，它是一个逆向歧视的政策。联邦政府行政部门为了纠正以前种族歧视的弊端，缓和社会矛盾，在一定历史时期之内，可以实行一些某种程度上不平等的规则。而"平权法案"却以一种矫枉过正的特殊形式对弱势群体的利益予以补偿和照顾，以求达到起点平等、公平竞争的最终结果；以"尊重"名义出现，貌似平等，实质上是变相的种族歧视，带有强制干预的性质（孙静，2015）。根据"平权法案"，白人和亚裔不仅在能力和考试成绩相同或相近的情况下必然输给少数族裔，而且在能力和成绩明显高于他们时也有可能败下阵来。

"平权法案"的另一个问题是，它可能会使无辜者承担补偿政策所造成的不良后果，也会使一些从未受到过种族歧视伤害的人凭空获益。"平权法案"是一项单纯以族裔、肤色和性别这些群体差别作为施行照顾措施标准的"一刀切"政策。只要是少数族裔或女性，而不管是什么样的少数族裔或女性，都可以在竞争中受到若干照顾。黑人之所以受照顾，是因为他们穷,不能为小孩子提供良好的受教育环境;然而,白人也有穷人,亚裔也有穷人,东欧裔移民也有穷人,他们理应受到同等的照顾。

四、"平权法案"的影响

第一,在教育方面,从民权运动到现在,黑人学生在高校中所占比例已大大增加。2016年3月,美国教育信托基金会发布了一项报告,比较了450所高校白人学生和黑人学生的毕业率,结果发现:大部分学校少数族裔学生的毕业率都有所上升;其中,在加州大学圣塔芭芭拉分校,非裔、拉美裔、印第安裔学生的毕业率从2003年的69.4%上升到了2013年的74.1%。①

第二,在政治经济方面,根据20世纪80年代的统计,已被选进国会和各市政府中担任公职的美国黑人共有4500人,比1954年增加了45倍。在世界民族历史上,很少看到一个无权的少数民族能够像美国黑人那样,25年来在政治上快速上升。1965—1995年,美国黑人家庭达到中产阶级水平的比例从18%上升到40%;在管理和技术领域中,黑人的就业率增加了两倍。截止到2009年,美国中产阶级以上的黑人家庭已经占黑人家庭总数的47.7%。②

与此同时,由于平权法案的明显不合理之处,目前已经有八个州禁止在公立大学推行"平权法案"。其中,加利福尼亚州、华盛顿州、密歇根州、内布拉斯加州、新罕布什尔州、亚利桑那州和俄克拉何马州是通过公民投票来禁止的;在佛罗里达州,则是州长杰布·布什发布行政命令禁止的。

五、加州SCA-5宪法修正案

加州在1996年11月批准了一个州宪法修正案("反平权法"的209法案),禁止州立大学在录取学生时考虑种族、性别和族群因素,取消了

---

① Yamamura Jean.2016. "Black Graduation Rates Increase at UCSB" (April 4). http://www.independent.com/news/2016/apr/04/black-graduation-rates-increase-ucsb/. [2016-04-26]
② U. S. Census Bureau.2010. Income,Poverty and Health Insurance Coverage in the United States:2009,Current Population Reports,Consumer Income(September). http://www.census.gov/prod/2010pubs/p60-238. pdf. [2016-05-02]

配额制度。1997年加州大学董事会投票通过决议，宣布加州大学今后在招生、雇人、工程招标时不再照顾少数族裔和妇女，从而使加州大学成为美国第一个公开宣布废除"平权法案"政策的公立机构。

美国很多大学亚裔学生比例远远超过亚裔在人口中的比例，这与他们的勤奋努力密切相关。据统计，2013年加州大学新生的入学比例中，白人、西裔、非裔与亚裔分别占28.1%、27.6%、4.2%与36%，这四个族裔在加州的人口比例分别为39%、38%、6%与15%。从这些数据中，我们可以看出亚裔占人口的15%，而入学比例却占36%。[①]

在公共资源有限的情况下，如何使考试成绩偏低的非裔和拉美裔学生得到平等的教育机会便成了各族裔争夺的焦点。2011年9月，州参议院185号法案想推翻"反平权法"的209法案，尽管两院已经通过，但是被加州州长否决。为了防止州长再次否决，2014年1月30日州参议院法案以27票赞成、9票反对通过一项SCA-5州宪法修正案（Senate Constitutional Amendment No.5），这一法案由加州民主党参议员贺南德兹（Ed Hernandz）提出。这一法案自通过起，即受到了广大华裔群众的强烈反对。一贯重视教育、崇尚刻苦读书、力求学业上进的许多华裔家庭担心，他们为学业付出的大量心血和投入，以及他们对于人生的设想和冀望，很可能会因此而无法实现。

在一片反对声中，2014年3月17日，在加州的库比蒂诺（Cupertino）开了听证会。之后，加州恢复平权法案SCA-5法案发起人、州参议员贺南德兹与众议院议长佩雷兹（John A. Perez）发表联合声明，表示SCA-5已经从众议院撤回，返回到参议院，由于民主党在加州参议院失去了两个席位，不再占有2/3绝大多数；所以，这已经宣告2014年的SCA-5法案在华裔社区强烈的反对声中正式告败收场。SCA-5的发起人并没有完全放弃这个议案。贺南德兹参议员办公室表示，将争取将法案在2016年的大选中再入公投。加州在美国是领导者的角色，如果在加州通过了SCA-5，很可能会有其他州进行效仿。SCA-5不仅仅是加州的议题，而且是全美国华人社区一个影响很大的议题；它不仅影响到高等教育，而且对从K-12一直到高中的学生都可能产生不利的影响。

---

① Accountability Report 2015. http://accountability.university of california.edu/2015/chapters/chapter-1.html. [2016-04-20]

六、教育平权的新措施

到目前为止,美国已经有 8 个州废除了平权法案。之后,这些州的公立大学都纷纷尝试使用弱化种族因素的策略来实现文化多样性。

(一)前 10%计划

得克萨斯州首先推行了该计划。也就是在高中毕业时,成绩排在前 10%的考生都能够自动进入本州公立大学学习。随后,加利福尼亚州和佛罗里达州也都相继采用了这项措施。至少这些措施产生了地理上的差异性,由于种族和阶层相近的学生通常在同一个学校里,这样通过向资源贫乏的高中敞开大门,从而达到了社会经济和种族多样化的效果。①

通常来讲,美国的社区都是块状分布的,像一个巨大的沙拉盘,黑人有黑人的社区,拉美裔有拉美裔的社区,白人有白人的社区;自然的,黑人的孩子进入黑人社区的公立学校,拉美裔的孩子进入拉美裔社区的公立学校,白人的孩子进入白人社区的公立学校。当然,白人社区公立学校的教学质量和资源肯定要好于其他社区的学校。这样,教学质量不太好的公立学校的前 10%的考生,通过 10%计划照样能够进入大学,尽管他们的成绩没有好学校的学生好。

这些少数族裔的学生可能从来都没有想过自己能进入研究型大学。在得州大学奥斯汀分校,10%计划在低收入和中产阶级学生校园取得了巨大的进步。通过该计划,更多来自家庭年收入低于 4 万美元或 4 万—10 万美元的学生得以被录取。

(二)考虑社会经济因素,并设立新的奖学金项目

大学在录取中还增加了对社会经济因素的考虑,考虑申请者的家庭收入、财产状况、单亲状态、社区人口、父母的教育水平、高中成绩等因素。例如,华盛顿大学向申请者询问他们所面临的个人或家庭债务、是否

---

① Court Upholds University of Texas Affirmative Action Plan(2014.7.15). http://www.reuters.com/article/2014/07/15/us-texas-affirmativeaction-idUSKBN0FK2HY20140715. [2014-10-28]

是单亲家庭、父母的工作和收入状况等。

大学会为这些面临困难并成绩突出的考生提供经济上的资助。高等教育中的社会经济分层是在更大的社会中经济越发不平等的直接后果。政府政策应该激励高校提高社会经济的多样性。此外，政府应采取政策鼓励低收入学生申报重点高校。经济资助是支持被录取后的低收入家庭学生的一个关键措施。在学生们决定去哪所高校入读时，奖学金是一个重要的考虑因素。一些州实施了新的奖学金政策，增加对低收入家庭的学生的支持，鼓励他们申请（Richard，2014）[15-20]。

（三）提高招生数量和支持力度，并降低对校友孩子的偏好

研究表明，大多数成绩好的低收入家庭的学生不知道他们能够选择名校，2/3 的学生甚至没有申报任何名牌大学。因此，有些名牌大学也加大了对低收入家庭学生的支持力度。例如，佛罗里达大学创建了一个特殊的计划来帮助第一代大学生，即如果他们是家族中第一个大学生，鼓励他们申报该校；这些学生一旦被录取，就可以享受全额的奖学金并没有贷款，并对他们实行特殊的指导方案。

由于一些名牌大学的校友一般都比较成功，而他们也乐于向母校捐款，所以有些大学偏好招收校友的孩子，这使那些富有的白人申请者获得益处。其实，这往往间接地损害了低收入申请者的入学机会。加利福尼亚大学、佐治亚大学和得克萨斯大学，在平权法案取消之后已经不再优先录取校友的孩子。

以上这些措施经过实践是非常成功的，这些经验表明，在大学中构建新的种族多样性的道路是可行的。最高法院的裁决并不意味着平权法案的终止，而预示着新方法的产生。白人在加州全州人口的比例已跌至50%，即将成为少数民族，白人已有同等权利要求"平权法案"政策的特殊照顾。美国社会将面临全新挑战。美国"平权法案"的存废之争仍旧令人纠结不已，因为这是一个平等和公平之间的矛盾问题——平等、公平是每个社会都会面临的问题，也是我们共同追求的价值，但是绝对的平等和公平实在太难。美国的平权运动，不仅尚未完成它的历史使命，而且路途漫漫，任重道远。

参考文献

关福艳. 2011-05-14. 关注民权、弱势群体和社会公正[N]. 中国社会科学报，第 13 版

孙静. 2015-11-26. 美国平权法案："逆向歧视"的存废之争[N]. 学习时报，第 2 版

曾一璇. 2010. 肯定性行动的合法性争论：赞成与反对[D]. 华东师范大学硕士论文

Bowen W G，Bok D. 1998. The Shape of The River：Longterm Consequences of Considering Race in College and University Admissions[M]. Princeton：Princeton University Press

Horn C L，Flores S M. 2003. Percent Plans in College Admissions：A Comparative Analysis of Three States' Experiences[M]. Cambridge，MA：The Civil Rights Project，Harvard University

Richard K. 2014. The Future of Affirmative Action[M]. New York：The Century Foundation Press

作者简介 刘丽丽，中央党校文史部外国语言与文化教研室副主任，教授。研究方向：高等教育，美国社会与文化。

Affirmative Action in America:
From the Perspective of Higher Education

Liu Lili

Abstract：Affirmative Action came into being with the development of the Civil Rights movement in the 1960's. It is one of the most important outcomes of the Civil Rights movement and the Women's Liberation movement. President Kennedy and Johnson signed a set of Acts that aimed to provide the minorities with privileges in education and employment. But a lot of disputes and reverse discrimination were met with. Thus some states have abolished Affirmative Action and implemented some alternative measures, in order to make equality possible not only according to racial issues.

Keywords：higher education，education equality，Affirmative Action

大学科技园创新生态系统融合发展模式研究：硅谷、筑波科学城和清华科技园之比较[①]

钟之阳 蔡三发

摘 要：完善的创新网络、良好的创新环境和具有持续创新能力的创新系统是构成良性循环的创新生态系统的必备条件。本文从创新生态系统理论视角，对硅谷、筑波科学城和清华科技园创新生态系统融合发展模式进行比较，发现硅谷是基于技术创新的集群演化模式，筑波科学城是基于政府引导产学研合作模式，而清华科技园则是基于创新孵化技术融合模式。本文进一步从创新生态系统的路径选择依赖和自组织性两个方面探讨了影响其融合发展模式的因素，并对我国大学科技园的建设与发展提出相关建议。

关键词：大学科技园 创新生态系统 融合发展 比较研究

硅谷、筑波科学城和清华科技园作为世界范围内具有较高影响力的大学科技园创新系统，引起了众多学者的关注，尤其是这些大学科技园融合区域经济的发展模式和路径的差异，渐渐成为这些学者特别是我国学者深入探讨的问题。

对相关文献的调研发现，当前我国对大学科技园创新系统的研究，主要集中在以下两个方面：一是对比大学科技园的创新环境，分析环境、制度等对其运行机制的影响。如蔡秀玲（2004）通过对比硅谷和新竹科学园

[①] 上海市教育科学研究项目"上海一流学科建设与高新区发展互动机制研究"（A1305）和"基于知识三角的上海高校智库建设绩效评价研究"（B14004）。

区域创新环境的形成方式,指出两者运行机制的不同:政府地位和作用不同、资金来源不同、创新网络不同。二是对比不同大学科技园发展案例,对这些大学科技园的发展经验进行总结。姚芳(2008)对比硅谷和新竹,指出硅谷的发展经验在于:研究型大学、科研机构与企业之间联系紧密;高度的市场化运作与必要的政府引导支持有机结合;独特的硅谷文化;大量风险资本积极介入。新竹模式的发展经验在于:地区政府在园区建设发展中起主导作用;大学和科研机构在园区发展中起推动作用;中介机构在园区发展中起协同作用。再如马仁峰等(2011)通过对比斯坦福研究园、剑桥科学园、新竹科学园和筑波科学城,发现:在美、英大学科技园发展中,市场对要素配置功能和科技园企业的本土根植性、网络化关联或集群是其成功的核心;新竹科学园是政府在市场机制中规范和激励各方的科学决策;而筑波科学城失败的根源是科技园与政府战略意识不到位,且过于依赖政府运作,对各方缺乏有效激励制度。

概括地讲,目前的研究主要集中在对这些大学科技园的比较,比较也主要是基于对于该大学科技园创新环境和案例角度的经验分析。本文尝试从产业创新生态系统的视角,对硅谷、筑波科学城和清华科技园的融合发展模式进行比较,探究大学科技园创新生态系统形成的异同。为此,有必要首先明确大学科技园创新生态系统的实质内涵及其融合发展机理。

一、大学科技园创新生态系统

(一)产业创新生态系统内涵

20世纪90年代初,波特在其钻石模型中,把产业基础纳入创新系统,贯穿了深刻的产业创新系统思想。由此,创新理论的发展经历了微观层面的技术创新系统、宏观层面的国家创新系统,进入到中观层面的产业创新系统阶段。产业创新是以产业创新体系为依托,以国家创新体系、区域创新体系为背景,以企业创新体系为基础,以技术创新体系为保证的创新活动。产业创新系统是国家创新系统的重要组成部分,属于国家创新系统的二级结构。按照经济合作与发展组织(OECD)的观点,国家创新系统主要是解决技术、信息、人才的快速有效流动问题。据此，产业创新系统则是解决产业技术、信息、人才的流动等问题。产业创新系统的要素包括主体要素、环境要素和联结要素。

国内外研究学者借鉴自然界生态系统的特征，将生态学方法引入到技术创新系统的相关研究中来。生态学中生态系统是指在一定的空间和时间范围内，在各种生物以及生物群落与其无机环境之间，通过能力流动和物质循环而相互作用的一个统一整体。Moore（1993）用生态学的观点看待现代企业之间的竞争问题，首次提出了商业生态系统（business ecosystem）的概念，他将商业生态系统定义为"由相互影响的组织和个人所组成的经济联合体"。Adner（2006）明确提出了"创新生态系统"（innovation ecosystem），并认为其是协同整合机制的一种范式，可将生态系统中的不同企业的创新成果整合到一起，面向客户提供解决方案。

创新生态系统概念被提出后，它的理念得到了全世界广泛的认同，国内外很多学者从不同角度对其进行阐述。杜德斌（2012）结合相对成熟的产业创新系统理论，把创新生态系统定义为一定地域内相互作用的各种创新机构（企业、大学、研究机构）与创新服务机构（政府、金融、法律、中介等）、创新环境的各个要素之间形成的统一整体，并指出创新生态系统是创新体系、创新环境和创新网络的集合。本文对于大学科技园创新生态系统的分析和比较也由此定义展开。

（二）大学科技园创新生态系统结构

生态系统是由无机环境和生物群落组成，其中生物群落包括生产者、消费者、开发者。大学科技园创新生态系统是一种产业创新生态系统，其构成也主要有创新生态群落和创新生态环境。根据在创新活动过程中的作用，大学科技园创新生态系统中的创新种群可分为创新生产者、创新分解者、创新消费者。

1. 创新生产者

创新生产者主要指创新生态系统中进行创新成果生产的群体，是指创新技术相关知识的发明者，包括研发型的企业、高校院所、各种社会和组织的科研机构等。高校是知识创新、传播和应用的主要基地，处于大学科技园创新生态系统的上游,是创新活动的智力资源提供者和利益分享者,它们通过与企业种群的合作,推动技术创新成果的转化,实现技术创新成果的商业化和产业化。大学科技园创新生态系统内,高校和科研机构的创新能力是系统技术创新能力的直接反映。

2. 创新分解者

创新分解者是指进行新技术和新知识的转换和转移、实现创新技术的产品化的群体,主要指产权中介结构、人才中介结构、行业协会等创新服务机构。中介机构在大学科技园创新生态系统中起着催化剂和黏合剂的作用,在促进创新系统之间创新成果的产生、转移、扩散和反馈过程中起着纽带和桥梁作用。中介机构通过汇聚产业内分散于政府、高校及科研机构、金融机构、企业的创新政策、信息、资源,实现创新在产业内的扩散。

3. 创新消费者

创新消费者指依靠创新生产者的创新成果生存的群体,指大型公司、中小企业,其通过收购高校与研究机构的创新成果而不断发展。创新消费者吸收创新生产者的初级创新成果,通过自己的整合与二次开发,不断改进和改造,开发出新的产品,为客户提供更好的服务,改善用户的体验,实现创新成果的进步。创新消费是知识创新的消费,是通过自身的核心竞争力使得消费的创新成果转化为更高层次的创新成果,加入自身的物质、信息和能量,是一次增量的过程,这点有别于自然生态系统中的消费。

二、大学科技园创新生态系统融合发展机理

大学科技园创新生态系统的融合发展过程,是产业创新生态系统中的创新体系、创新环境和创新网络三要素(杜德斌,2012)。随着系统发展的相互作用和影响,以及系统演化逐渐调整各自的态势及相互间关系,最终融合成创新生态系统(图1)的状态。

具体来讲,在大学科技园创新生态系统形成初期,其系统内创新环境和创新网络各自生态位态势都较低,相互融合程度低,企业只关注内部研发和与其他创新主体之间的关系。随着创新环境和创新网络各自或相互发

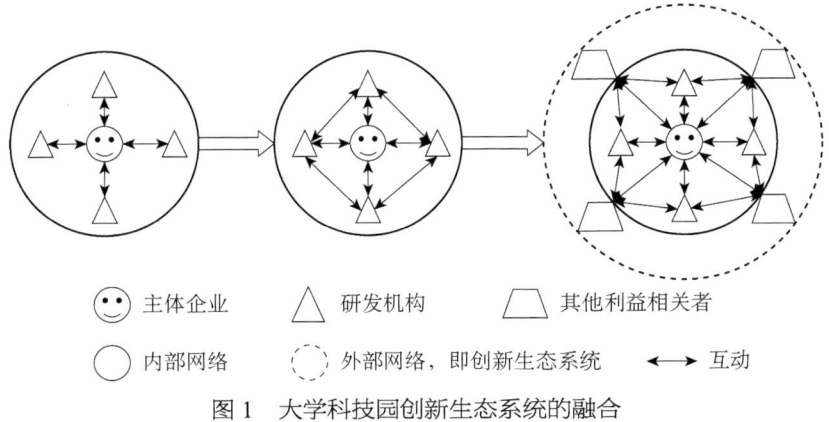

图 1 大学科技园创新生态系统的融合

挥作用,大学科技园内的企业意识到同时管理不同的内部和外部关系的挑战,不仅要与其研发机构互动,不同的研发部门或高校和科研机构之间都要保持密切的联系和信息的交换,传统的创新价值链开始向创新网络演化。由于大学科技园创新生态系统本身是一个开放的系统,随着其创新网络的不断扩展,创新体系内部创新网络需要与外部网络中的其他成员进行良性的物质、能力和信息的交换,不断提高其相互重合度,进而服务于大学科技园创新生态系统的可持续发展。

大学科技园创新生态系统融合机理体现的是大学科技园创新生态系统内正常的自然市场环境竞争,加上人为的有目的性的适当干预,使得创新体系、创新环境和创新网络三要素在生态系统不同的活性因子作用下,随着创新生态系统的发展而相互融合。大学科技园创新生态系统内的作用力使得三要素间需要一股集聚和吸纳各项资源的"凝聚活性因子",以及能够使得资源充分发挥最大作用的"扩散活性因子",进而能够实现创新生态系统的融合和发展。通过对硅谷、筑波科学城和清华科技园等典型案例的分析,这些大学科技园生态系统在发展初期无一例外地呈现了格局特色产业集群现象,如美国硅谷以仙童公司和惠普公司为代表的半导体产业集群。因此,大学科技园创新生态系统中存在凝聚活性因子来实现其吸引上下游的企业和资源。与此同时,大学科技园中的技术类要素也需要通过扩散活性因子实现其生长与繁殖,以提高对高校及科研院所的科技成果转化。

三、创新生态系统视角下的大学科技园融合发展模式

(一)硅谷创新生态系统:基于技术创新的产业集群演化模式

1. 创新生产者——技术创新的引擎

硅谷在成名之前,曾是美国海军和美国国家航空航天局所辖的国防工业聚集地,尽管有如此雄厚的科技实力,这里却罕有民用高科技企业扎根。而硅谷创新生态系统的形成与斯坦福大学有着密切的关系,早期的创业者多是斯坦福大学的学生和教师,并得到斯坦福大学的支持。在硅谷还是斯坦福研究园时,是大学教授带领学生与当地的企业合作,将学术科研成果放在企业的实际生产中,最后通过后续研究开发、市场运作孵化出新的高新技术企业,在此过程中新的企业家也成功被孵化出来。这种模式也给予大学科技园一个特殊的功能,即企业孵化,此后被各国成功效仿。惠普公司、苹果公司、太阳微系统公司、硅谷图形公司、雅虎公司等大量的硅谷公司均由其毕业生创建,目前硅谷内有超过六成的企业源于斯坦福大学的科研团队。

斯坦福不仅为硅谷提供了多层次的创新人才,同时也积极鼓励创业和成果转化,提供了大量能够转化为效益财富的科技创新成果。斯坦福大学和硅谷联合出台过很多激励政策,例如斯坦福大学的教授将其职务发明专利从学校转移到企业,学校视情况只提取收益的10%—15%,大大鼓励了大学的科技成果转化。这种方式更加激励了科技创新成果的转化,据统计,斯坦福大学科研项目有关的产值占硅谷总产值的50%以上。

2. 创新分解者——孵化器的催化作用

尽管硅谷科技园是市场经济的产物,但是园区的很多活动的开展都离不开各种中介力量的推动。风险资本对驱动高科技企业发展发挥着至关重要的作用,根据普华永道(PWC)和美国国家风险投资协会(National Venture Capital Association)《金钱树报告》(Money Tree Report),仅2012年第四季度硅谷就吸引了25.6亿美元的风投资金,约占全美该季度所吸引风险投资总额的40%。

硅谷还通过政府、行业协会和非正式网络等多种途径，积极发展人力资源、技术转移、金融资本、管理信息咨询、财务和法律等大量的专业性服务机构，构建了完善的科技中介服务体系，加强了科技创新专业技术网络的构建，促进了硅谷创新要素的整合，提高了硅谷创新产出的效率。

3. 创新消费者——技术超流动性的产业集群演化

硅谷具有显著的技术和人才超流动性特征。从20世纪50年代至今，硅谷地区经历了数次大的技术变革，每一次技术变革都会导致该地区新的企业和创新集群的形成，不断重塑硅谷创新网络，人才跟随着技术开发和创新而流动，而非局限于某个具体的企业。这一特征促进了资本和技术在系统内快速流动，造就了开放、动态的创新体系，孕育了由中小企业和初创企业与大企业共同主导的创新生态系统。硅谷聚集着大量的小企业，目前硅谷5人以下的小公司约占3/4。相较于大企业，小企业集群能适应迅速变化的市场需求。硅谷创新生态系统中的不同类型企业定位不同、功能互补，具有很强的包容性，各种新技术、新思想在不同企业间快速流动，构成了活力强劲的创新生态系统。

（二）日本筑波科学城：基于政府引导产学研合作模式

1. 创新生产者——辅助完成政府科研任务

筑波科学城完全由日本政府规划和建造，其建设启动于20世纪日本的"技术立国"的战略发展思想，同时也是为了缓解东京的国立教育机构及科研机构过于密集而带来的土地、交通和人口等方面的压力，有计划地搬迁政府各省（厅）研究与教育机构，同时也为以后科学技术大发展建立储备人才基地。日本中央政府1952年开始规划，于1981年在距东京60千米的日本茨城县西南部式建成。整个过程由政府主导并制订了相关法律保障、发展的计划协调与规划、土地开发、配套建设、公共服务设施开发等。

筑波大学主要通过日本政府指令，体现政府意志，来完成政府给予的科研任务。为此，特别设立教学组织学群/学类、研究组织学系、特别研究课题组制度等来发挥协同作用。由于政府没有太多的开发和应用新技术指标，筑波大学的课题多为基础科研。另外，政府对大学和科研机构垂直管理、条块分割，使得科研部门与工业界缺乏联系，所以科技成果很少在筑波科学城内转化，从而也丧失了大学科技园最为本质的功能。

2. 创新分解者——政府主导的运行模式

筑波科学城建成后，由日本政府主管，并设置了"筑波研究机构联络协议会"负责协调各方工作，旨在打造产学研相结合的科技研发体系，日本政府是科技成果转化的主要管理者。除此之外，也逐渐形成了多个非官方的起中介机构作用的信息交流协会，如环境研究协会、应用地学研究协会、地球科学研究协会、构造工学研究协会等。到 1991 年，这种非官方的信息研究协会已达到近 100 个，在一定程度上地促进了筑波科技园区的技术创新活动。

3. 创新消费者——产业化程度不高

筑波科技转化产业的产值不高，私人公司发展缓慢，私人机构只能充当研究的辅助力量。1998 年硅谷创造的国民生产总值有 2340 亿美元，而同期筑波的这一数据仅为 50 亿美元，且主要靠农业产出，高技术产业化程度不够，没有达到建成日本最大最强科学技术研究基地和中心的目的，也没有达到减轻东京人口压力和拥挤的目的。（钟坚，2001）

意识到发展滞后的日本政府已经开始启动致力于科学城转型与再发展的"新筑波计划"。2001 年，国家级研究机构均转型为独立的管理机构，健全了机构的创新机制，消除了国有科研机构的制度惰性。在新的管理制度与科技政策的支持下，科研机构拥有了更多的自主权，并积极研发先进技术，推动技术的产业化应用。

（三）清华科技园：基于创新孵化技术融合模式

1. 创新生产者——人才与研发成果的输送

清华科技园（清华大学国家大学科技园）于 1994 年开始建设，目前已经成为中关村核心区中建设速度最快、入住率最高、入园企业质量最好、服务体系最完善的区域之一，同时也是国内规模最大、发展水平最高的大学科技园，并且是目前国际单体最大的大学科技园，辐射力量达到 30 多个地区。

清华大学和清华科技园的关系非常微妙，在科技园的建设过程中，两者的关系发生过改变。创建清华科技园的构想是由清华大学提出的,同时在科技园创建之初,也完全是由清华大学主导的,包括为清华科技园提供土地、资金、技术、人才等方面。2004年随着启迪控股股份有限公司的成立,清华大学不再直接管理清华科技园,而是作为三大股东之一,主要为科技园提供技术和人才支持,并从中获利。清华大学在清华科技园创新生态网络中的主要作用是为输送人才和知识,实现知识、信息、资源的流动和传递。清华大学每年输送几千名研发与创新型高级人才,也培养了大批专业技术人员。此外,清华大学作为全球优秀的理工科院校,持续不断地为该地区输送最新的创新研究成果。许多半导体、计算机、互联网领域的技术发明,都被企业吸收、应用,并最终形成产品。

2. 创新分解者——市场化运作的孵化器

政府不经常直接参与清华科技园的建设与发展,只在重要转折时期给予帮助。清华科技园在成立初期正值我国从计划经济体制向市场经济转型的初期,当时仅靠清华大学自身来协调各方的资源能力有限。1999年被纳入中关村科技园的总体规划后,给予重点发展支持。随后的2000年,启动了57万平方米的主体园区建设,入园企业达到200家。

随着中国市场经济转型逐渐完善,清华科技园管理层也演变成由启迪控股股份有限公司来主导。该公司自2004年开始全面承担清华科技园的开发、建设、经营与管理任务。公司对清华科技园完全以市场标准来进行运作,涉及股份比例、高管团队、提供的服务和产品等多个方面,并通过政、产、学、研、金、介、贸、媒等各个要素整合,来优化资源和形成创新环境,以更加先进的理念、机制和模式推动合作研究和科技成果转化,加速创新人才成长同时促进创业企业发展。

3. 创新消费者——产业集群追求利润最大化

清华科技园充分发挥集群式创新优势。园区共吸引了400多家企业,创造了35000多个就业机会,其中科技活动人员达到27000人,占总从业人员的75%以上;仅2011年当年,园区企业总收入492亿元。目前有清华同方、清华紫光、诚志等科技企业在园区聚集,光盘、CAD(计算机辅助设计)、液晶等国家级和部级的工程研究中心在园区落户,SUN、Schlumberger、P&G、NEC等跨国公司的研发机构在园区发展。

四、大学科技园创新生态系统融合发展对比分析

对硅谷、筑波科学城和清华科技园等三个区域创新生态系统融合发展进行的比较分析，可以发现三个大学科技园区创新生态系统在初始状态对融合发展模式具有重要影响作用。因此，下文作进一步深入探讨。

（一）路径选择依赖

创新生态系统路径选择依赖是指由于规模经济、学习效应、协调效应及适应性预期等因素的存在，会导致该机制沿着既定的方向不断得以自我强化。沿着这个既定的路径，创新生态系统的演化可能进入良性循环的轨道，迅速优化，也有可能沿着原来的错误道路继续消化，甚至被锁定在某种无效率的状态之中而导致停滞。对硅谷、筑波科学城和清华科技园创新生态系统发展初期状态的比较，可以看出，生态系统原有状态下的路径选择，对其发展存在着很大的差异性。

硅谷创新生态系统的基于技术创新的产业集群演化模式与斯坦福大学有着密切的关系，斯坦福大学为硅谷提供了多层次的创新人才和大量能够转化为效益财富的科技创新成果。当知识和技术成为可以交易的财物并以股权的形式转移，知识资本化和技术扩散就成为创新网络演化的动力，创新网络内的组织和个人能够通过交易等行为进行自发调节，推进了硅谷创新生态系统的融合发展。在正反馈效应下，政府、中介机构和风险资本等也遵循原有融合发展模式各司其职，使更多的组织和个体能够参与到创新的过程中，从而实现了硅谷创新生态系统的良性发展。

筑波科学城的发展初期，并不具备完善的市场机制，创新网络的扩展存在较大的障碍，因此建立市场化协调机制成为筑波科学城发展初期的重要任务。筑波科学城创新生态系统的基于政府引导产学研合作模式，日本政府在其中扮演了重要角色。日本政府通过规划和制定有利于创新的政策和机制，营造良好的创新环境，创造合作机会，以此弥补创新过程中间出现的市场缺陷，促进产学研合作，进而使市场机制得到一定的发挥。由于创新系统对政府过分依赖，缺乏自我生存机制和造血功能，远不能适应市

场的变化需求。另一方面，政府巨大的前期投入产生了大量的沉没成本，在一定程度上使得在发现原有路径不适合时也很难放弃原有的路径。日本政府在筑波科学城上花费全国40%的研究经费财政预算，从筹建到完成整整耗时30年。筑波科学城创新生态系统融合发展模式的路径依赖，并没有促进创新生态系统可持续发展。

清华科技园的发展初期正是计划经济向市场经济转型的初期，无论是产业、大学、科研机构还是金融系统基本还是通过计划来调节。随着中国市场经济转型逐渐成熟，推动了清华科技园创新网络的演化，清华科技园管理层也演变成由启迪控股股份有限公司全面承担清华科技园的开发、建设、经营与管理任务。园区管理者一方面借助了高校的技术和人才优势，为孵化跨学科技术、跨领域的联合攻关、融合创新提供了优越条件；另一方面通过其市场化运作为企业特别是处于草创期的中小企业提供了资金。在这个过程中形成了市场化的激励机制，促进了创新网络向创新生态系统的演化。由于这种复杂性的存在，可以发现清华科技园创新生态系统的融合发展模式呈现了曲折发展的情景：在市场机制建构过程中，大学主导、政府推动的产学研合作效果有限，但随着市场的逐渐成熟，市场主导的创新生态系统的融合发展路径才得以初步形成。因此，清华科技园创新生态系统由早期大学主导向成熟后市场主导的基于创新孵化技术融合发展模式转化。

上述分析表明，大学科技园创新生态系统中存在路径选择依赖机制的影响，这种机制直接影响到创新生态系统融合发展的模式。

（二）自组织性

大学科技园创新生态系统的自组织行为是一个集聚扩散往复循环的过程，既要产生、保持和积累一定的产业组织结构，又要进行选择、复制和进化发展出更高层次的多样化的组织形式，以满足创新生态系统不断发展的需要。对比硅谷、筑波科学城和清华科技园，可以发现，这些大学科技园在发展初期，系统中自组织性存在很大差异。

硅谷中的企业、大学和科研机构等都具有很强的自组织性和独立性，其创新系统可以根据现实情况，独立采取相应的行动。例如，斯坦福大学在第二次世界大战后期，鉴于当时学校经费吃紧，在当时副校长特曼的建议下，决定将靠近帕罗阿图的部分土地出租，建立高科技工业园区（李振国，2010）。与硅谷不同，筑波科学城的大学和科研机构更多处于政府管理之下，体现政府意志，自组织性较弱。我国在计划经济向市场经济转型之前，清华科技园无论是企业还是大学和科研机构都处于计划管理之下，而且计划体制不仅束缚了生产力的发展，同时也束缚着观念和意识。随着市场经济逐渐成熟，清华科技园创新生态系统中企业的自组织性也开始加强。

创新生态系统的自组织性是在相同的外部环境下，不同系统展现出的多样性、异质性和独特性的原因。组织和个体自组织性强的创新生态系统，可以使得系统向更加复杂和有序的方向演化；而组织和个体自主性弱的创新生态系统，则更需要通过干预来推进系统的融合发展。自组织性决定了创新生态系统中的组织和个体自我调节能力，进而影响了创新生态系统融合发展的效果。

五、相关启示

借鉴硅谷的创新生态系统融合发展经验，对我国大学科技园区建设与发展具有重要借鉴意义。

1. 要充分发挥大学和科研机构在创新生态系统中的自组织性

作为创新生态系统中的知识源泉和人才库，大学应将关注目光更多投向知识创新和创新人才培养，持续不断地为创新生态系统注入创新活力，发挥大学在区域创新体系中的重要支撑作用。建议政府加大重视大学和科研机构在基础研究、知识创造、人才培养等方面的优势和作用，加快推进高校体制机制改革和科研院所分类管理改革，进一步完善产学研合作研发与技术转移机制，从而大力推动高新技术产业发展以及区域创新能力的提升。

2. 着力培育本土"引擎"企业

企业是创新生态系统中最重要的创新主体，一个健康且有活力的企业创新网络应该是开放的，大量的中小企业和初创企业同时存在。在激烈的市场竞争中，只有真正有实力的企业才能脱颖而出成为佼佼者，进而成为产业集群的"引擎"企业。然而，只有从自己土地上成长起来的企业才会真正属于本土，因此政府应依托已有的产业优势，着力培育本土"引擎"企业。

3. 推动政府转变服务职能

建议政府资金重点投入创新基础设施的建设，全面开展园区各类创新要素信息网络的建设，推进创新服务业的发展，为区域创新企业服务。降低创业门槛，减少对企业"点对点"的大额资金资助，更多地通过天使投资、私募股权融资等风险投资大力支持初创企业发展，同时为初创企业提供更多的专业技术服务，并积极为其创建退出通道及减免税收的创业环境。

参考文献

蔡秀玲. 2004. "硅谷"与"新竹"区域创新环境形成机制比较与启示[J]. 亚太经济（6）：61-64

杜德斌. 2012-11-21. 破解创新密码[N]. 文汇报，第12版

李振国. 2010. 区域创新系统演化路径研究：硅谷、新竹、中关村之比较[J]. 科学学与科学技术管理（6）：126-130

马仁峰，张海燕，袁新敏. 2011. 大学科技园与地方全面融合发展案例解读[J]. 科技进步与对策（3）：42-46

姚芳. 2008. 硅谷、新竹发展模式之异同[J]. 创新科技（8）：22-23

钟坚. 2001. 日本筑波科学城发展模式分析[J]. 经济前沿（9）：34

Adner R. 2006. Match your innovation strategy to your innovation ecosystem[J]. Harvard Business Review，（4）：84

Moore J F. 1993. Predators and prey: A new ecology of competition[J]. Harvard Business Review，71（3）：75-86

作者简介 | 钟之阳，同济大学发展规划研究中心讲师，博士，研究方向为科技创新政策。

蔡三发，同济大学发展规划研究中心研究员，博士，研究方向为高等教育管理与管理科学。

Study on Convergence Model of University Science Parks Innovation Ecosystem: Based on the Comparative Cases of Silicon Valley, Tsukuba Science City and Tuspark

Zhong Zhiyang   Cai Sanfa

Abstract: Perfect innovation network, favorable innovation environment and persistent creative innovation system are necessary factor to constitute a virtuous cycle innovation ecosystem. This thesis tries to adopt the perspective of innovation ecosystem, conducts the comparative study on the convergence models of Silicon Valley, Tsukuba Science City and Tuspark, explores the reasons caused the convergence models, and approaches the government with suggestion on development of China's university Science Parks.

Keywords: university science parks, innovation ecosystem, convergence model comparison

现代大学制度

网络大学会替代实体大学吗？
——一个现象学的考察

王洪才

摘 要：慕课的诞生标志着教育信息技术发展到一个新阶段，也标志着传统大学教育受到了前所未有的挑战。在现象学视野中，传统大学的优势乃情感维系，但它正在悄悄地被网络媒体消解，似乎网络教育更符合教育的本质要求。进而发现，网络媒体正在取代传统教育成为意义供给者。这预示着传统教育如果不能重塑自身，就可能逐渐被网络教育蚕食，那么网络大学取代实体大学也仅仅是时间问题。

关键词：慕课 网络大学 实体大学 现象学考察

一、问题之源：慕课倒逼传统教育改革

（一）网络教育魅力无限

在线教育是伴随互联网的发达而出现的，它的诞生为教育发展带来了活力，特别是为高等教育大众化的推进提供了崭新的途径，而且也被人们认为是提高教育质量的有效途径，因为它可以使优质教育资源[①]广为传播，使大众广为受益。但在线教育的出现也给人们带来了许多困扰和隐忧，因为它的出现直接挑战着大学的传统生活方式，特别是挑战大学教师的生存方式，也使得大学管理变得更为复杂。而慕课的出现让人们看到技术对大学教育的巨大冲力，似乎也泛出网络大学替代现实大学的曙光。从

[①] 传统上，优质资源是指由名牌大学提供的课程资源。但这里暗含的一个假设是：名牌大学提供的课程具有普适性。但这个假设是值得质疑的。

实际情况看,这个趋势呼应了人们对高质量教育的需求(杜杨,2013)[14]。因为率先推出慕课的大学多为世界一流大学,其影响力不言而喻。如果照此趋势发展下去,一些不知名的大学似乎要淡出人们视野。表面上看,似乎这确实能够提高大学教育质量,因为世界著名大学均以自己的信誉为担保,而且他们的慕课设计确实非常"精巧"。而从实质上看,大学似乎也要变成连锁店,即著名大学只要在各地建立自己的分部或服务机构就可以实施在线教育了。这种教育同质化现象是喜是忧?

2012年被美国《纽约时报》称为慕课元年,这一年慕课大爆发,美国许多名牌大学都在这一年加入慕课行列,并建立了联盟组织。教育界特别是高等教育界被慕课的强劲推出所震撼(苏芃,罗燕,2013)[6-12,21],人们很难预料为什么慕课会具有这么大的影响力,因为慕课的受众动辄上千人,这是传统大学所不敢想象的。由此人们开始对慕课进行畅想,想象它对普及教育、推动终身教育发挥作用,特别是对推进教育公平发挥作用!这为高等教育普及化展现了一道曙光。同时人们也不免生疑:高等教育真的能够普及吗?① 人们历来认为高等教育是有门槛限制的,没有门槛限制总让人猜测高等教育质量下降了。

(二)传统教育面临挑战

在网络教育大举进攻下,一系列质疑的声音出现了:大学教育还是精英教育的堡垒吗?精英教育还有继续存在下去的必要吗?换言之,传统大学教育是否已是过时的制度?进而言之,传统大学的存在是因为它提供了系统的知识,还是因为它创造了一种特殊的文化氛围(如学生社团的存在)?

人们也很难想象为什么一些著名大学如此注重慕课开发,因为率先参与慕课制作的是一些世界上顶尖大学,如麻省理工学院、哈佛大学、斯坦福大学等。人们之所以心存疑虑,是因为慕课开发花费不菲,且必

---

① 在高等教育三阶段发展理论提出者马丁·特罗看来,所谓高等教育普及化即是高等教育适龄入学人口超过50%。他在提出该理论的初期,认为高等教育入学人口会呈直线上升趋势。但后来事实证明他的预见是错误的,为此他修正了他的理论,认为高等教育在进入大众化之后不一定向普及化方向发展,而是走向终身教育阶段,即开始走向"后大众化"阶段。这个理论被美、日、英等多国高等教育实践所证明。

须与商界联手，甚至需要风险投资。这些花费值得吗？难道优质教育就是适合人人接受的教育吗？优质教育是以受众多寡取胜还是以适合独特个性取胜？

一种可能的解释是，参加慕课开发代表了技术上的领先水平，代表了教育发展与技术发展趋势相适应；另一种可能的解释是，慕课代表了教育知识的生产方式变化，这是教育和企业合作的案例，未来这种趋势将更加强化。还有一种解释是，这些大学想占据全部的教育市场，实现教育垄断。如果大学确实提供的是普适性教育，这种可能性就无法排除。但教育始终与一定的文化观念联系在一起，当人们无法确立一个具有完全普适性的文化时就无法谈论教育方式的普及。但如果未来教育越来越需要高技术支持的话，似乎那些缺乏技术支持的大学将失去生存机会。因为高技术需要高投入，但并非任何大学都能够支撑这种投入，如此，一批实力弱的大学将面临关门的命运。但这似乎是不可能发生的，因为教育的方式应该是趋向于多样化而非单一化。技术完全代替传统教育似乎是不太可能的。

（三）国内教育界的困惑

在国内，清华大学、北京大学都也率先地加入了慕课提供者行列，人们不免疑问：难道传统课堂真的过时了吗？这是在追赶一种国际化或全球化潮流，还是盲目攀比？现在必须搞清楚的一个基本问题是：慕课教育究竟试图解决什么问题？例如，它是传播高质量的教育还是在进行普及性的大众教育？如此就提出一个问题：研究型大学是否应该局限于精英教育而非涉足大众教育？如果慕课持续发展下去，是否在挑战原来的教学制度？或是对原来的学校制度进行挑战？即是否要打破单位制，走向学校的集团化经营发展？这是一个不得不考虑的问题。

那么，网络教育为何出现？是否传统教育的优势行将丧失殆尽？这是教育学者必须回答的问题。

二、现象还原：传统大学运行有赖情感维系

（一）传统教育的优势

一种比较传统的观念认为，只有现实的大学才能实施真正的教育，因为教育是一种内化过程，是心灵和行为一同改变的过程，它需要依靠师生之间的面对面互动才能达成，是教师人格力量的吸引和教师的教学艺术促进了学生的心理和行为的转变。

但这可能只是人们对教育状况的理想假设。不可怀疑的是，在过去小而精的大学经常能够给人们一种温馨的场面，似乎教育过程就是一种熏陶和感染。但在今天，大学校园还是这样吗？特别是大学校园扩大后，大学教师被迫纷纷从校园迁出后，大学是否仍然是原来的大学就值得发问。人们可以直观地发现：师生之间的互动越来越少了，越来越局限于课堂内有限的互动，而课堂教学似乎越来越变成了一种单向的传授活动。那么，传统教育只能是一种怀旧的回忆？

过去经常有人说大学就是一种传说，因为大学里有许多故事，教授们的趣闻逸事常常是故事的主题，教授严谨治学的佳话常常成为大学文化的重要来源。在今天，大学教师逐渐撤出大学校园后，大学的文化陶冶价值究竟还保留多少？即使是那些没有搬出的大学教师，在生活区与教学区之间已经增加了一道厚厚的藩篱。试想一下：没有大师居住的校园还真的有浓厚的文化氛围吗？它可能会变成一个个旅游观光的景点，但逐渐失去了浓郁文化的味道。目前许多国内大学都在经历这一转变过程。

（二）网络教育的劣势判断

网络教育被诟病的原因之一，还在于缺乏师生之间面对面的互动过程，无法获得相互之间的真切的情感体验，无法进行情感的交流和价值的传递，就难以实现"内化"过程。网络教育所采用的方式确实能够进行知识的传输或信息的传递，但这些都是一些表层的学习，而非深层学习，深层学习必须转化为学生自觉求知的动机。这一指责在今天仍然成立吗？

例如，不少人认为慕课主要适用于技术性课程学习，而不适应于非技术性课程学习。或者说，如果问题缺乏明确答案就不适用于慕课。因为一旦对问题理解产生分歧的话，教学进程就难以持续下去，因为它所依据的是一种程序教学原理（李曼丽，2013）[13-21]。只有依据这样的原理，学习者才可能与教学者之间展开对话讨论或进行教学指导，否则就很难。而社会科学很难提供标准答案，它往往提供的是开放性答案，如此，要想说服学习者就是非常不容易的事情。也许人文社会科学类课程不太适合于慕课，而一般性知识传授则比较适合慕课，但学习者往往无法进行深度学习。不能不说这确实是慕课遇到的一个问题。

这种怀疑本身，说明人们比较留恋传统教育中那种人与人互动的场景，特别是留恋其中浓浓的人情味。也进一步说明，教育中的情感因素仍然是一个不可或缺的因素，甚至是贯彻其中的主导因素。

但这些可能都是一种表象或假象，是人们对传统教育美化的结果，因为传统教育中留给人们的不愉快记忆也比比皆是。特别是，只有当教师真正感到有职业尊严的时候，才能投入学问，爱学生，与学生进行深度交流。如果这个前提不存在的话，要出现那种浓厚的情感交流的状态就比较困难。

（三）讨论1：情感教育是传统教育的专利吗？

针对人们对网络教育的怀疑，一个直接的问题是：难道网络教育就没有情感交流吗？显然不是，人们所疑虑的是网络教育中的情感因素是"秀"出来的，而非真实的情感。这个指责也许是真的，当然也是基于一种推测，因为它是无法验证的。但如果掌握知识是学习的本质的话，无论什么样的情感，只要能够帮助学生获得知识似乎就是成功的。

确实，网络不是限制情感交流的手段，网络可以任人们发挥虚拟空间的想象力，承载更大的情感能量。网络甚至可以打破身份局限，对一切人表达同样深厚的感情。

然而，谈到这样的观点时实际上忽略了一个基本的教育伦理假设：教育必须以真诚为基础！那么反对者马上就会发问：难道传统教学中的情感都是真的吗？因为教师要取得教育效果，不得不掩饰自己的真实情感，而且学校或主管部门也希望他这样做或要求他这样做。

这确实是一个尴尬的问题。教育中的情感表现是出于教育伦理的需要,如要对学生热情,在课堂上富有激情,但这与另一个价值观可能有冲突:情感应该是真实的!在这个意义上,教育中的情感不是目的,而是手段。表面上看这似乎是不道德的。

(四)讨论 2:情感教育必须以真实情感为基础吗?

由上的情感教育就引出了一个伦理困惑:教育活动中虚伪的情感表现是可以存在的吗?如果可以,教育是否正在培养或鼓励培养出伪君子?因为一旦教师的情感具有欺骗性,那就无法阻挡学生的情感也是欺骗性的。

在这里似乎只能做出一种推断:当我们表达正向情感的时候就是对的,就是符合教育伦理的。在表达正向情感过程中,无论出于什么样动机,而受众都会从中受到感染和教育。换言之,正向情感可以医治或抑制不良的情感。这正是教育培训过程中一再强调的。

事实上,无论教师还是学生,即使有欺骗性的情感表现也是无从得知的。这其实也是一个道德教育的难题,因为人们很容易掩饰自己的真实情感。如此就面临一个现实问题:情感在教育活动中是必要的吗?答案是肯定的,因为人们不喜欢冷冰冰的教育。进而言之,如果纯粹的理性教育可以成功的话,那么情感活动就不是必要的。但根据经验判断,情感活动往往是教育成功的一个必不可少的因素,而无情感的或机械的教育往往容易受到拒斥。

三、本质还原:网络教育更具理性优势

(一)对教育目的的思考

人们承认,在教育活动中,人们不可能完全排除情感涉入,但把情感控制在适度范围内是可以的。教育活动中的情感因素究竟该占什么样的位置?这是一个难以精确回答的问题。人们只能做一个大致的回答,即在教育活动中应该以理性作为主导,情感起辅助作用。

在西方教育哲学中有一个著名命题，即教育就是对人的理性能力的培养。这也是西方教育中一直遵循的博雅教育传统。从这个意义上讲，教育活动应尽可能地控制情感的渗入，因为过分注重情感的作用，就会抵消理性的价值。恰恰在这一点上，网络大学是具有优势的，而传统大学则更多地依靠情感的力量。

在现实教育中，情感往往是最具有活力的一种东西，很多时候使学生亲其师而信其道的是情感因素而非理性因素，故而大凡教育都非常注重情感陶冶。但这也是导致灌输式教学比较盛行的原因，因为它强调权威崇拜，特别是对教师的尊崇。

（二）对教育功能的思考

我们知道，宗教本质上就是相信超人的"神"的存在并认为它对人具有主宰能力。换言之，宗教认为人是渺小的，人只有归属于神才能获救。宗教虽然也讲理性，但认为理性是神的恩赐。而现代社会恰恰是理性的胜利，即相信人是自我的主宰，并且认为神是人创造的。因此，现代教育的精神实质就是对理性的宣扬，而教育的根本功能就是培养人的理性能力。今天人们普遍相信，教育活动应该以传播科学理性作为自己的根本使命，但在教育活动过程中又不能失去情感的支持，因为没有情感支持的理性很难发挥效力。

因而，教育所依靠的基本工具是科学知识，因为科学知识就是理性的化身，它是严格基于事实的观察和逻辑推理，也即，当人们宣称知识时意味着它背后有事实的支撑并且符合逻辑。那么，情感在教育中究竟是起什么样的作用呢？我们说，情感起媒介的作用，起沟通的作用，也即起辅助的作用，而不能成为主流。

但教育不仅是进行知识的传授，而且还是文化的传输，也即必须把本民族的生活方式传递下去，这其中就包含了价值观念等非理性的因素。因此，似乎很难对此抱持完全理性的态度。

（三）网络教育更加理性化

如果按照上述的"教育是对人的理性能力培养"的逻辑进行推论，那么，即使在一般的课堂，情感都不应该泛滥，应该以说理为主。而网络教育则成功地抵制了情感的泛滥，使人们的心智更加趋于理性。

因为网络教育不可能依赖现实生活中师生之间潜在的情感关系来发挥影响，只能凭借纯粹理性的力量。在这点上，网络教育遇到的既是挑战，也是机遇，因为这是网络教育的优势所在。这就意味着：传统教育未必比网络教育优越！传统教育的成功案例往往是因为教育者即教师比较善于驾驭情感，从而能够给学生的理性培养提供有效的引导。

事实上，传统教育的真正成功一般也是理性的成功，而非情感的胜利。这也意味着，大多数教师在课堂上并不善于做到这一点，他们往往不是因为情感陶冶而使学生接受知识，而是利用考试或惩罚等威权形式实施的，而且这也是获得效率的重要手段。因为情感陶冶是依靠关心、爱护、细心感化而使学生心悦诚服地接受知识，而不是强迫学生接受，但在考试压力下就不一样了。换言之，教育早已经异化了。

而网络教育则必须依靠理性的吸引，虽然也设计一定的教育情境，利用了人的视觉和审美心理来打动学生，因为完全冷冰冰的传输几乎是没有生命力的。换言之，网络教育也在以柔性的方式将情感教育为自己所用。不过，这种情感教育的方式更符合科学原理，因为它需要顾及普适性原则。

这似乎说明，网络教育更可以保证教学内容的合理性。因为网络教育具有更大的开放性，非理性的成分会受到更大程度上的限制。

（四）网络教育的局限性

必须承认，网络教育的优势仍然是知识性的，它以逻辑性强作为一大特色。如果没有明显的逻辑特征的话，则它的活动就是不可理解的。而现实教育就可以避免这一缺陷。

这说明，现实教育具有更大的灵活性或包容性，也即现实教育可能容许更多的非规范的东西。这就是现实教育的双刃剑特点。这也意味着，网络教育更容易标准化、规范化，现实教育虽然个性化和多样化，但也隐藏了许多非规范的东西。

四、先验还原：生存方式决定教育方式

（一）网络世界成为了日常生活一部分

必须指出，坚持传统教育优势论者忽略了一个基本事实，即现在新媒体特别是智能手机已经广泛普及，无线网络基本上实现了全天候的覆盖，人们之间的交流越来越依赖于网络而非真切的面对面互动，那么对传统交往的信赖是否仍然可靠就值得质疑。甚至可以断言，对于年轻一代而言，他们更信赖以智能手机为媒介的间接交往，而不信赖面对面的直接交往。这确实是进入信息化时代出现的一个非常吊诡的现象。似乎面对面的交往难以突破相互面具的限制，而媒体交往更加真实可信。

在大学校园中，网络媒体对大学生日常生活的侵入是尽人皆知的事实。在它的进攻下，学生的生活方式发生了变化，他们无论何时何地都在看手机！一个典型的事实是：大学生把很多课余时间都投入了网络，甚至越来越沉溺于网络，形成了严重的网络依赖。这一现象已经影响到教学秩序，甚至可以说已经干扰了正常的教学，因为学生在课堂也在看手机。虽然不少学校采取了一定的措施，但效果并不理想[1]。

在承认网络媒体对教学消极影响的同时，也必须承认它也具有一定的积极意义。因为从某种意义上说，网络技术给学生提供了更大的自我空间，从而可以避免许多无意义教诲的侵扰，因而可以使学生内心达到一种相对的自我平衡状态。换言之，这从另一个角度避免了教师的强制，从而具有解放个性的作用。如此，网络教育对推动个性化是有力的。

（二）人的生活世界发生了颠覆性变化

不得不承认，网络已经改变了人的生活观念，也改变了人们的生存哲学。具体而言，人们在依赖网络的同时，而思想上正在变得越来越独立。而且正是在这种越来越独立的过程中出现人与人之间关系的疏离，这也冲

---

[1] 据调查，不少学校要求学生上课前把手机交出来。但很快学生就有了反制措施，如配备双手机而只交一部手机。即使交出全部手机，学生也不认真听讲。这已经成为许多高校颇为苦恼的一件事情。

击了传统的师生之间的亲密关系。

另一个非常尴尬的情境是：在人们尽情享受网络世界的虚拟空间带来的自由的同时，而与现实生活的关系则是越来越疏离了。这就使社会生活变得越来越原子化，即每个人似乎越来越可以离群索居了。显然，这与社会走向紧密程度的整合是背道而驰的。

与之相伴随的是，教学中的情感成分大大减退了，而以计算机为媒介的无生命特征的信息成分则日益成为生活主流。一句话，价值观教育日益边缘化，信息传输式的技能训练则日益成为主导，人们的行为越来越被功利化的目标所吸引。

（三）教师遭遇到越来越多的尴尬

由于教师所提供的知识和信息量越来越难以战胜网络媒体，从而使教师的传统权威地位面临着极大的挑战。在现实中出现的一个突出问题就是教师的教学越来越难以吸引学生的注意力了！如此，教师要对学术施加价值观的影响就越来越难。显然，如果实行"去价值"的话，则育人的意义就消失了。而且更令人担忧的是，在情感世界越来越被网络吸引的同时，人们对现实的需要却越来越功利化。这是一个非常难堪的问题。针对这样的一个棘手问题，似乎还没有人能够给以非常恰当的回答。

另一个无法回避的事实是：技术进步非常青睐于年轻群体，他们在掌握技术方面更具有优势，这使得年长一辈需要向他们学习，逐渐形成了一种后喻文化氛围。如此，教师就面临着双重夹击的危险。似乎教师只具有人生经验阅历方面的优势，但如果教师没有足够的人格魅力的话，他们就难以发挥这方面的优势。

对于中国教师而言还面临着一个特殊的挑战，即网络媒体也使传统的等级化的社会结构发生了巨大松动，人与人之间关系越来越平等化。换言之，教师失去了往昔的居高临下的训斥的权力，越来越需要借助人格魅力与学生进行面对面的平等交流。如果不能正视这一现实，则教师教学就必然面临失败。

（四）网络教育的主导趋势不可逆转

在这种情形下，现实大学被网络大学替代也就是迟早的事情。技术在对社会统治的同时也开始统治教育这个传统上技术影响最薄弱的环节。无论在理性层面还是在情感层面，网络教育都占据优势；从信息量上看，网络占有无与匹敌的优势。只有在深奥的学术领域，网络教育无法长驱直入外，其他领域似乎无险可守。因为深奥的学术教育必须依靠面对面的教育形式才能获得成功。所以，无论是东方还是西方，对古典著作的解读都需要依赖现实的教育方式，但如果是与科技有关的教育，传统的教育形式似乎都不占优势。而在越来越功利化的教育氛围下，古典教育的份额正在被蚕食，因为古典教育越来越被认为是远离功利的。

在技术的影响下，人们的行为方式向计算机方向异化，而大学与技术开发商的合作则加速了这个趋势。网络教育的优势在于它与市场的有力的结合，迎合了高等教育大众化趋势。英国开放大学的成功提供了一个很好的案例。在今天，慕课也可能会重复开放大学的故事。这些都说明，大学走出精英化似乎是一个必然的趋势。

技术化教育的实质只是传输知识或信息，而非进行教育或人格陶冶，虽然它确实使人性变得越来越冷漠化，但这并非人们所期望的，人们期望人文化教育力量能够平衡技术化教育带来的冲击。这种希望是一种恐惧的表现，也是人们对传统价值的留恋，但它在市场规律面前它能有多大作为呢？换言之，欲抗拒技术进步是不可能的，只能做好迎接的准备。

（五）翻转课堂是一种绝地反击

在此情境下出现了技术化教育与传统教育相融合的情况，翻转课堂的出现就是一个典型事例。翻转课堂给人两点启示：第一，技术化教育在目前还不完善，还有进一步改进的空间，它需要充分吸收传统教育的有益成分；第二，说明人们对技术化教育还不完全适应，必须有一个过渡。但不可怀疑的是，技术化教育已经占据了优势地位，传统教育的成分将越来越小，最终势必被蚕食掉。

翻转课堂也说明，即便技术化教育发展势头迅猛，也无法完全占据教育市场，人们仍然试图矫正技术化教育所带来的弊端，希望教育更充满人文色彩和人文关怀，而非变成一个冷冰冰的机械世界。在这种趋势下，技术化教育仅仅是一种载体，而传统教育仍然占有一定的优势地位。这要求传统教育必须把自身的魅力和优势充分发挥出来，不然它就会在技术教育的进攻下丧失了自己的优势。

基于这一判断，未来教育发展方向是网络化教育与传统教育的融合，而非网络大学对实体大学的完全替代。尽管是一种融合，但天平似乎更倾向于技术化教育，即新媒体教育。这说明，网络教育虽然无法完全替代传统教育，但在两者竞争中的优势是明显的。换言之，如果传统教育不能重塑自身，就可能在网络教育中消失。

参考文献

杜杨. 2013-08-21. 关于网络公开课"慕课"对高校体制五大挑战[N]. 光明日报，第14版

李曼丽. 2013. MOOCs 的特征及其教学设计原理探析[J]. 清华大学教育研究，（4）：13-21

苏芃，罗燕. 2013. 技术神话还是教育革命？MOOCs 对高等教育的冲击[J]. 清华大学教育研究，（4）：6-12，21

作者简介 | 王洪才，厦门大学教育研究院教育理论所所长，教授，高等教育理论研究方向。

Can Web College Replace Real University?
An Inspection on Phenomenology

Wang Hongcai

Abstract：The birth of MOOCs means educational information technology has got to a new phase, and the traditional university meets a huge challenge. In the perspective of phenomenology, the superiority of traditional university has been depended on the affection relation, which is being deconstructed by international web, and the education on line seemingly conform to education essence better. Furthermore, international media can provide life meaning for today's students! This foretells that if traditional education can't reconstruct itself, it will be nibbled by education on line, and the web university will replace traditional university at last.

Keywords: MOOCs, web university, real university, inspection on phenomenology

合理与现实：现代大学治理的逻辑

徐晓丹

摘　要：在"完善和发展中国特色社会主义制度，推进国家治理体系和治理能力现代化"的大背景下，建设现代大学制度，推进大学治理体系和治理能力现代化也成为当前高等教育最紧迫而现实的任务。本文围绕"是什么""为什么""如何选""怎么做"四个问题探讨了现代大学治理，认为要推进大学治理体系和治理能力现代化，必须把民主精神作为治理的基础、把利益多元和共享作为治理核心、把自治和规制的平衡作为治理责任，在外部上调整大学与政府的关系，在内部上深化治理结构改革，在协调上构建分权多元的治理机制。

关键词：现代大学　治理　逻辑

当前，高等教育进入了深化综合改革、转型发展提升的关键时期，在具体的改革与发展实践中，现代大学制度建设备受关注。"建立现代大学制度，是新时期高等教育改革的方向、发展的必然要求。建立现代大学制度的核心便是建立合理的大学治理结构。"（赵成，陈通，2005）[18-22]优化大学内外部治理，建立中国特色现代大学制度，是《国家中长期教育改革和发展规划纲要（2010—2020年）》提出的一项重大任务。党的十八届三中全会提出"完善和发展中国特色社会主义制度，推进国家治理体系和治理能力现代化"的全面深化改革总目标，突出"制度"与"能力"两大要素，强调治理体系、治理能力要实现现代化。作为能为全面建成小康社会提供强有力人才支撑和智力支持的高等院校，必须自觉围绕这一总目标，加快推进大学治理体系和治理能力现代化。

一、现代大学治理的基本内涵

所谓治理，是指各种公共的或私人的机构管理公共事务的诸多方式的总和。它是使相互冲突的或不同的利益得以调和并且采取联合行动的持续的过程，既包括有权迫使人们服从的正式制度和规则，也包括各种人们同意或以为符合其利益的非正式的制度安排（全球治理委员会，1995）[23]。过程非规则活动、协调非控制、持续互动非正式制度是其显著特征（俞可平，2001）[40-44]。具体来说，治理的主体，不仅仅是政府，还包括各种社会中介组织、被管理者及普通的社会公民个体，他们在管理过程中都有参与管理并表达自己意愿的权利；治理的基础，是建立在多元治理主体共同认可基础之上的权威，而不是传统意义上的只属于政府的行政意义上的权威；治理的方式，不是统治理念下所实行的单向的、强制性的自上而下的控制和干预，而是强调各方的对话与协商，强调一种双向的交流与互动，强调各自的责任意识及相互之间的民主协商意识；治理的本质，更多的是一种管理理念和管理思想，一种倡导多元主体在互动协商基础上寻求能得到公众认同的最佳问题解决方式的过程；治理的目标，是善治（即实现资源效益和公共利益的最大化），其构成要素被归纳为合法性、透明性、责任性、法治、回应和有效（安虎森，2005）。显然，善治拥有更多的民主要素和灵活要素，对公民的权利和地位也给予更多重视。在这种体制或制度安排里，权力划分合理，组织运行高效、和谐，但成本低廉。

而大学治理，脱胎于公司治理和公共治理，有学者把大学治理的实质判定为"大学内外利益相关者参与大学重大事务决策的结构和过程"，是各种决策权力在各个主体之间的配置与行使，包括权力分配结构和权力行使过程两个互相匹配的方面（刘向东，陈英霞，2007）[97-104]。因此，多中心治理理论在大学治理主体权力的分配上，提倡政府、大学和社会的"合作分享"；在大学治理主体的权力的配置上，大学治理逻辑提倡参与大学治理主体之间的"合作控制"；各治理主体所能拥有的大学控制权的程度也是由其谈判实力来决定的，也是一个动态调整的状态（甘永涛，2007）[34-36]。有学者认为，治理结构实际上是一系列的制度安排，与外部和内部的利益结构相对应（潘海生，张宇，2007）[15-17]。故大学治理结构的真实命题包括多重涵义：回应"冲突和多元利益"的治理需要，建构能够体现利益相关者组织属性和委托代理关系特点的决策权结构（龚怡祖，2008）[70-76, 125-126]。可以说，大学治理作为一种后官僚制管理范式，与其他治理一样，脱不开"权力"和"利益"两个关键元素。作为一种管理工具，大学治理之所以必要，完全来自于现代大学管理的需要。其根本目的是通过协调权力和利益分配，使大学效能达至最大化，即学校发挥某些积极作用的能力及其正向结果最大化。

从公共治理到公司治理再到大学治理，虽然其所适用的组织不同，但其基本理念是一致的（别敦荣，2009）[134]。正如澳大利亚教育政策专家Mike Gallagher于2001年提出的：治理是一种关系的结构总称，在这种关系纽带里，治理可以使组织更加连贯、更具有凝聚力，可以授权制定政策、计划和执行决策，并对组织成员的廉洁性、正直、反应度和成本效益负责（Kinnear，2001）。

全球治理时代的到来，对于高等教育的改革发展来说，其所提出的首要任务就是打破传统的政校不分、管办不分的大学体制，科学规范和理顺大学与政府、大学与社会、大学内部各部门之间的相互关系，实现大学治理。我国目前高等教育管理体制下主要是通过大学与政府之间的权力协调来协调利益分配，完全是政府与大学之间权力线性进退关系。所以在我国当下现实语境之中，大学治理的实质是一种高等教育管理权向公民权利回归的制度性安排。大学治理尽管也是一种"管理活动"，但这种"管理活动"不同于传统意义上的封闭式、自上而下的学校管理，而是一种开放式的、崇尚多元化社会主体参与的自下而上的管理活动，其"管理绩效"取决于多元化社会主体的参与程度。现代大学制度是适应现代社会发展要求，反映大学与政府和社会关系的治理模式、制度规范和行为准则（范文曜，2010）。追求政治权力、行政权力、学术权力与民主管理权力的平衡协调是其主要特征。从某种意义上说，大学治理就是适应公民社会发展要求的大学管理模式，而"大学治理结构是现代大学制度的基石"（汪波，2007）[52-58]。现代大学制度的宏观层面和微观层面就是大学治理的外部结构和内部结构，当前，完善大学的治理结构就是建设现代大学制度的突破口。为此，我们必须锁定"制度"和"能力"这两大关键要素，全面推进大学治理体系和治理能力现代化建设。从治理对象来说，就是要对规范大学内外部各种关系的体制机制和规章制度进行全面、系统的设计和安排；从体系本身而言，就是要促使各种体制机制和规章制度相辅相成、相互协调，构成一个整体。大学治理体系要对治理主体、治理领域、治理方式、治理功能、治理过程进行全面的界定和规范。大学治理体系与治理能力现代化建设要以大学职能拓展与使命聚焦、现代大学制度建设、大学内部管理重心下移与目标管理、队伍建设为着力点（章兢，2014）[12-14, 32]。

二、现代大学治理的原因分析

（一）顺应现代大学步入社会中心的需要

大学的职能随着社会的发展进步以及大学自身的发展得到不断扩展，发挥知识和科技的优势为社会经济服务，既是社会对大学的要求，也是大学自身的使命。现代大学的主要职能已由传播知识的单一职能发展为传播知识、培养人才、科学研究和服务社会四大职能，并形成产学研三位一体的格局，在中国高等教育中则表现为人才培养、科学研究、社会服务和文化传承创新四大职能。随着知识经济时代的到来和经济全球化进程的加快，国际竞争更加激烈，科技和人才在经济发展的作用日益凸显，知识已成为土地、劳动力和资本之外的第四个财富之源。要适应这种社会发展的要求，大学的作用无可替代。市场进步、经济发展离不开技术创新，而大部分的理论创新、技术进步和技术发明都是来自于大学。伴随着科技成果转化率的提高和服务社会功能的加强，大学在社会经济文化发展中的地位更是举足轻重，与国家利益、公司利益、个人利益都密切相关。可以说，现代大学已经完全步入社会的中心。故此，政府完全把持高等教育管理权开始变得不合时宜，需要更多的参与监督。

（二）顺应改革现行高等教育管理权分配模式的需要

当前，我国高等教育管理权主要掌握在政府手里，公立高校作为事业单位也成为行使高等教育管理权的主体之一，因国家教育行政部门和学校行政机构都不是完全的"政治人"或"经济人"，都有自己独立的利益和目标，势必造成高等教育管理权主体间的冲突。为了解决这种冲突，教育行政部门也逐步放宽对大学的管制，扩大大学自主权。但这种权利进退关系归根结底还是处于政府保持高等教育事业所有权境况下的权力内部流动，算不上真正的"治理"，还可能造成权力寻租现象的出现。政府和高校作为利益集合体，投入资金、物资、信息和人力资源等要素，推动高等教育发展，但对利益的关注点存在较大差异。在行使高等教育管理权中，政府往往以公共利益为目标，更多地关注公众的利益，要求实现整个社会效益的最大化，而高校最关注的则是学校的生存和发展、办学效益最大化及优势地位凸显，不可能完全兼顾公共利益。当然，高校作为非盈利组织也不是完全只追求自身利益；政府作为公共权力机构本身也具有自身特殊利益需求，这种利益需求也未必与社会公共利益一致（龚怡祖，2009）[22-26]。在此种情境之下，大学的决策行为如果只受单一的组织左右，不能接受各种利益相关者的影响，势必造成"垄断"现象。

（三）顺应大学组织性质和多元经费筹措管理诉求的需要

大学的组织性质并不是单一化的公或私，是生产准公共产品的准公共部门，因此，对大学的管理理应由公权力和私权力来共同影响大学的决策。自20世纪90年代开始，我国高等教育也基于大学准公共部门性质，根据公平原则、受益原则及能力原则，实行成本分担制。目前，大学的经费筹措是多元的，包括主要依靠政府拨款、合理收取学生学费、社会捐赠等。大学作为代理方，其委托方是多源头和非线性的，既包括政府、学生及其家庭，也包括和大学签订委托培养人才的公司等。在众多的委托主体之中，政府是最大的"股东"，对大学决策具有最大的影响力。但由于信息的不对称，代理方和部分知情委托方容易结合联盟，控制大学决策行为，从而使部分不知情委托方的利益遭到侵害，这也将出现由部分组织控制大学决策行为的"垄断"现象。利益相关者的利益受损，必然造成利益冲突，这不仅阻碍大学效能的实现，而且影响所有利益相关者的利益，因此必须通过大学治理来化解多元的利益冲突，以求各方的利益最大化。

三、现代大学治理的路径选择

在现行大学管理中融入治理元素，有助于大学改变单纯地遵循行政管理原则办学的传统，使大学回归学术本位逻辑，在大学运行中凸显教师和学生的主体地位，从而使大学管理改变过于刚性的行政模式，建立起柔性化的党政干部、教师和学生及其他利益相关者共同参与的新型管理体系（别敦荣，2009）[134]。大学治理就是要调动与大学利益相关的各种力量，使他们之间通过权力分割、责任分担与利益分享，共同推进大学事业的发展。

（一）治理的基础：民主精神

联合国教科文组织在1998年世界高等教育大会上指出：高等教育的改革和发展不仅需要各国政府和高等院校的积极参与，而且需要包括大学生及其家庭、教师、商业界和企业界、公共和私营的经济部门、议会、传播媒介、社区、专业协会和社会等的积极参与（世界银行等，2001）。要推动各相关主体积极参与大学治理，并设计与建构能让这些主体平等有效参与的制度，其基础是参与治理的主体拥有公民精神，这也是构建现代大学制度的核心任务。因为，治理作为摆脱"非政府"即市场二元选择模式的第三种理性选择的基础是多元主体和多元对话，而多元对话实现的前提条件是民主社会、民主精神，只有拥有公民精神，才能积极投身社会公共事务（马晓燕，2005）[28-30]，才能随时准备节制个人或集团的特殊利益，而将共同利益置于首位。政治生活越接近互惠原则基础上的政治平等，政治生活越采取自治的形态，就可以说这个共同体越有公民精神。如若无法拥有这种精神，那么大学的管理过程将会充满无数冲突与争斗，或者是步入独裁的一元控制时期，治理将会是遥不可及的梦想（罗伯特·帕特南，2001）[100]。治理的权威是通过决策过程中不同程度的参与和合作建立起来的，但这也需要参与者能够熟练地行使他们的职能，并接受参与性教育，或者至少尊重"各层级的共识"，这是一个使自由与民主同步的过程（米格尔·安吉尔·埃斯科特，2008）[41-49]。

（二）治理的核心：利益多元和共享

现代大学是一种"多元的"机构，有若干目标非一个目标，有若干权力中心非一个权力中心，服务于若干群客户非一群客户。它标志着许多真、善、美的视野，以及达到这些视野的道路；它标志着权力斗争；它标志着服务于许多市场和关注许多公众（克拉克·克尔，2008）[1,77,138]。"大学最重要的事务应该是：高度关注学生入学、教师质量、学校自主权。"（克拉克·克尔，2008）[1,77,138]大学理念决定了大学的价值选择，制约着大学的文化建设，也影响着大学的治理模式和行为方式。大学治理实际上是为实现大学目标而设计的一套制度安排，它给出大学各利益相关者的关系框架，为大学的目标、原则、决策方式、权力的分配确定规则，主要内容是涉及效率实现的机制，通过大学各利益相关方追求自身目标的活动而实现整体的效率（傅根生，赵泽虎，2009）[45-48]。可见，大学治理是为使大学能更有效地实现自己的使命，即在大学组织中的各种关系和制度安排应该能更有效地让大学履行自己的职能及社会责任。现代大学治理的核心就是要维护现代大学制度的社会文化认同和社会保障机制，实现利益主体多元下的利益共享。现代大学之所以有众多冲突与矛盾问题，主要原因就是缺乏多元主体追求共同利益的制度规则与程序设计。因此要健全完善优质高效的大学治理制度，即在高等教育领域中形成一套协调多元治理主体参与大学治理行为的博弈规则、规程或规范。有关大学多元的治理制度，如校董事会制度、院监督委员会制度、学术委员会制度、教职工代表大会制度等，在一定程度上能形成以制度制约权力、以舆论督导权力、以权力制约权力的公平制衡的局面。多元治理主体参与大学治理，所依赖的制度设计应该是调整多元利益需求的产物，是在不同利益主体民主参与、积极合作、相互宽容与妥协、达成共识的基础上形成的，即"多元中的一致"。这种制度还应该表现为对多元治理中的"个人理性"、"绝对理性"等有一定的规训作用，从而约束多元治理主体各自在权力分配、责任分担、利益分享时的"越界"意识（彼得·德鲁克，2010）[10]。

（三）治理的责任：自治和规制的平衡

正如伯顿·克拉克（1994）所言，"大学是由学科和事业单位组成的矩阵，各个院系就是矩阵的诸多交汇点"，因此在治理逻辑上要充分考虑大学作为一个典型的利益相关者组织。教师和学生作为这种知识性组织的主体，其基于学科和专业所赋予的原生性权力是大学学术权力由学者自治的逻辑基础。而所有学术组织都面临着学术独立和管理有效之间的张力，受政府力量的影响和行政权力发展的诉求，使大学治理面临着传统学术理念和新生管理文化之间的碰撞。随着大学的发展，大学已经变成一个由多部门和工作机构构成的庞大系统，其内部和外部的活动越来越多，客观上要求大学有一整套行政机构、组织和人员来专门处理其日常事务，以满足大学与外部环境沟通和内部资源优化组合的需要。事实上，大学作为社会的公共机构，必须为社会培养人才。大学所倡导的伦理规范、道德价值必须体现时代的先进性；大学自治不能凌驾于大学作为社会一员对社会需求、社会特征和社会转型作出必要的反应之上（郑海霞，秦国柱，2009）[53-56, 79]。因此，大学行政机构不仅为大学发展服务，更受到政府相应部门控制，以实现国家意志。而追求学术是大学的本质，因此，协调自治与规制这一二元矛盾的平衡点，应该是学术力量的回归。在现代大学治理中，必须强调学术导向，处理好学术权力和行政权力之间的关系，充分保证大学的学术价值追求，克服行政权力对学术权力的干预和大学学术权力的行政化倾向。

四、现代大学治理的实践要求

如前所述，治理制度的本质是关于权力、利益、责任的规则体系。大学治理问题主要涉及举办者、管理者、办学者之间及其内部关系，以及他们的权力、利益和责任的明晰化。通过对这些关系和权力的界定，进而明确大学内部学校党委、校长、教师、学生和学校与院系之间的权责关系，大学外部大学与政府、社会各个治理实体的权益，及其在政策制定和实施过程中的权责。

（一）外部：调整大学与政府的关系

建立健全现代大学制度的关键在于政府管理大学模式的改变，即遵循办学规律和特点，坚持有利于大学功能有效发挥和大学发展的原则，变以行政命令为主为政府指导、社会评价和同行竞争相结合的治理结构。

一是健全大学现代法人治理结构。科学合理的大学法人治理结构能更好地处理作为投资者的国家、作为管理者的政府以及作为办学者的大学之间的关系，明确三者间的权力和责任，从而使大学办学更有适应性和灵活性。

二是强化政府依法管理大学。可以借鉴美国的经验，不是通过行政命令直接干预大学内部事务，而是政府派员参加大学的董事会，作为一个重要的利益相关者，通过董事会实现政府目标和意图，通过立法、拨款、规划、信息服务、政策指导和一定的行政手段进行宏观调控的间接管理和监督。

三是建设面向大学的公共信息平台和独立评估机构，实现政府权力向社会和大学的回归。

四是充分尊重大学的办学自主权，保障学术自由。

（二）内部：深化治理结构改革

大学内部治理结构就本质而言，体现的是权力和责任在高校内部校院两级和各利益相关者之间的分配，以及它们相互间的权力作用和责任分担。与影响大学发展的其他因素相比，大学内部治理结构对大学目标的实现具有直接的决定性作用，是影响大学发展的内生变量。为此，当前的重点是立足大学发展的特点和实际情况，通过大学内部治理结构的重新调整和优化，实现大学内部各利益相关者权力和责任的合理配置，规范权力的运行方式，明确校院以及教师、学生与管理人员的关系，改变现有大学内部的权力失衡现象，促进各利益相关者对大学目标的高度认同以及大学核心竞争力的提升。

要实现大学内部治理结构的合理重构，必须从权力的合理配置入手。正如美国哥伦比亚大学著名教育专家亨利·莱文所说：从世界范围来看，最好的大学都是能够适当放权，相信并发挥教师和学生才能的学校；在一个学校统一的大构架内应该充分放权，让最接近实际层面的人做与之相关的决策。一方面，依托高校现有领导体制，明确党委与行政之间的职责，建立和谐的党委与校长、学校与院系、教师与学生关系，形成职责分明同时相互支撑的内部治理结构；另一方面，建立权责划分和制约机制，学校层面定位于制定发展战略、构建制度框架、规范管理程序、加强考核评估和综合服务工作。下放相当部分权限，赋予学院相应的人、财、物自主权，充分发挥学院的办学基层组织功能。围绕学术权力、行政权力和学生权利在大学治理结构中的适当定位，合理调整大学内部行政机构，减少行政机构和管理人员规模。树立行政权力服务学术权力的意识，"明智的大学行政权力当十分自觉地维护学术权力，其基础性工作应是首先保障学术权力的独立性不受侵害"（张楚廷，2004）[124]。充分发挥学术权力作用，使之深入到学术事务的咨询、决策、审议、监督、保证等主要环节。改变大学与学生管理与被管理的二元局面，体现学生在教育中的主体地位，明确学生权利。同时，按照现代大学制度的理念和精神，制定并落实大学章程。

（三）协调：构建分权多元的治理机制

一是参与机制。既然大学治理主体是多元的，那么就需要建立一套相应的制度，使政府以外的各种主体以多种形式、通过不同渠道广泛参与大学治理。大学的各项决策应该考虑相关主体的利益，鼓励市场适度介入和社会广泛参与，治理结构中的各种要素应在互动中寻求平衡。

二是协商机制。政府与学校协商，对于那些政府倡导的教育改革举措，学校可以自主决定是否响应及响应程度；学校与家长协商，家长对学校提出需求，学校必须充分了解家长的意见，回应其要求；政府与社会协商，政府应该公开教育主张和教育政策，也应该了解社会对教育的真实评价，并主动与社会代表协商，达成共识。全面协商机制还应包括学校与学生协商、学校与社会协商等。

三是监督评估机制。包括对政府、社会和大学参与治理的行为过程、结果进行监督与评估的有关主体、规范化的监督评估途径和方式以及一整套监督评估制度。

四是公开机制。实践证明，改善治理的最佳方法，是将大学治理过程和结果的有关主体的信息和行为公之于众。

五是问责机制。建立一套相应的法规制度，使政府、社会和大学等治理主体有义务向特定主体解释说明其行为，接受后者的质询，对后者的要求做出回应。

现代大学制度的构建，需要坚守大学的本真。走向大学治理，实现大学的善治，这是所有大学人的期盼。随着大学从"象牙塔"走向"社会的中心"，大学精神日益削弱。在探求现代大学制度建设之路时，我们似乎更多地强调走进社会、服务社会。事实上，现代大学价值取向下的治理理念同时强调的是对大学精神、大学自治、学术自由信念的坚守。就此而言，以治理理念来丰富现代大学的内涵，实质上就是大学管理文化的重构、大学批判精神的重建，从而彰显大学"满足社会的需要而不是满足社会的欲望"的价值诉求，回归大学的本真。

参考文献

安虎森. 2005. 空间经济学原理[M]. 北京：经济科学出版社
彼得·德鲁克. 2010. 卓有成效的管理者[M]. 许是祥译. 北京：机械工业出版社
别敦荣. 2009. 高等教育管理与评估[M]. 青岛：中国海洋大学出版社
伯顿·克拉克. 1994. 高等教育系统：学术组织的跨国研究[M]. 王承绪等译. 杭州：浙江教育出版社
范文曜. 2010-03-05. 治道变革：完善中国特色现代大学制度[N]. 中国教育报，第四版
傅根生，赵泽虎. 2009. 大学社会公信力与大学治理[J]. 教育发展研究，（11）：45-48
甘永涛. 2007. 从新公共管理到多中心治理：兼容与超越——西方国家高等教育管理改革的路径、模式与启示[J]. 中国高教研究，（5）：34-36
龚怡祖. 2008. 现代大学治理结构：真实命题及中国语境[J]. 公共管理学报，（10）：70-76，125-126
龚怡祖. 2009. 大学治理结构：现代大学制度的基石[J]. 教育研究，（6）：22-26
克拉克·克尔. 2008. 大学之用[M]. 高铦，高戈，汐汐译. 北京：北京大学出版社
刘向东，陈英霞. 2007. 大学治理结构剖析[J]. 中国软科学，（7）：97-104
罗伯特·帕特南. 2001. 使民主运转起来[M]. 王列，赖海榕译. 南昌：江西人民出版社
马晓燕. 2005. 公民社会的核心：公民精神[J]. 甘肃理论学刊，（11）：28-30
米格尔·安吉尔·埃斯科特. 2008. 大学治理：责任和财政[J]. 教育研究，（8）：41-49
潘海生，张宇. 2007. 利益相关者与现代大学治理结构的构建[J]. 教育评论，（1）：15-17

全球治理委员会. 1995. 我们的全球伙伴关系研究报告[M]. 牛津：牛津大学出版社
世界银行，联合国教科文组织高等教育与社会特别工作组. 2001. 发展中国家的高等教育：危机与出路[M]. 蒋凯译. 北京：教育科学出版社
汪波. 2007. 政治学基本人性假设的再探讨：论"政治理性人"的基本逻辑[J]. 浙江社会科学，(6)：52-58
俞可平. 2001. 治理和善治：一种新的政治分析框架[J]. 南京社会科学，(9)：40-44
章兢. 2014. 大学治理体系与治理能力现代化建设的内涵与切入点[J]. 中国高等教育，(20)：12-14，32
张楚廷. 2004. 高等教育哲学[M]. 长沙：湖南教育出版社
赵成，陈通. 2005. 治理视角下的大学制度研究[J]. 高等教育研究，(8)：18-22
郑海霞，秦国柱. 2009. 公共理性与大学多元治理[J]. 煤炭高等教育，(1)：53-56，79
Kinnear P. 2001. The idea of a university：Enterprise or academy？[J]Discussion Paper：no.39.2001：61

作者简介 | 徐晓丹，厦门大学教育研究院教育博士生，研究员，福州大学硕士生导师，主要研究方向：公共管理、高等教育管理。

The Rationality and Reality:
Logic of Modern Universities' Governance

Xu Xiaodan

Abstract：To perfect and develop the socialist system with Chinese characteristics, building a modern university system and promoting the modernization of universities' management system and management ability has become an urgent task. This article discusses several problems of the modern university governance, such as "what it is", "why it should exist", "how to choose" and "how to realize it", concluding that we should strive to make democratic spirit the basis of governance, regard multiple interests and sharing spirit as an control core-establish management responsibility for balance between autonomy and regulation, adjust the relationship between university and government on the outside, deepen reform of governance structure on internal and build a decentralized and coordinated governance mechanism to promote the modernization of universities' management system and management ability.

Keywords：modern universities, governance, logic

陈嘉庚对抗战时期厦门大学的影响及其实现路径

石慧霞

摘　要： 厦门大学由私立转为国立与抗日战争爆发在同一历史时空相遇，但是创办人陈嘉庚及其精神仍然在抗战时期厦门大学有机体中继续流淌并焕发出新的生命力和影响力。研究发现，这一时期，厦门大学选址长汀、避免更名为福建大学、形成独特的大学文化精神等等，都离不开陈嘉庚的影响。研究进一步分析了这些影响实现的路径：校长萨本栋对陈嘉庚教育思想的承继、发扬；师生、校友对嘉庚精神的自觉坚守；长汀社会各界的鼎力支持等。研究以学理和史实揭示了一所大学精神文化形成的独特性、对大学长远发展的重要意义以及实现路径，对于现代大学文化传承与创新富有重要借鉴价值。

关键词： 陈嘉庚　抗战时期　厦门大学

1937 年 7 月，陈嘉庚将厦门大学无偿捐献给国家。12 月，转为国立大学不到半年的厦门大学为应对战争威胁，举校内迁闽西长汀。抗战时期是厦门大学校史中的一段重要历史时期，这一时期厦门大学培养出一批杰出人才，被国民政府称为"国内最完备的大学之一"（校史编写组，1986）[12]，并被国外学者誉为加尔各答以东最好的大学①。1940 年，陈嘉庚从新加坡回国，慰劳抗日军民，专程赴长汀看望厦门大学师生。笔者曾

---

① 1944 年 3 月，美国地质地理学家葛德石造访长汀的厦门大学，曾作公开演讲，并为选修"经济地理学"课程的同学讲学。葛氏参观厦门大学后称赞不止，谓"厦大为加尔各答以东之第一个大学"。参见《厦大通讯》第六卷第三期，1944 年 3 月 31 日。

对厦门大学 1939 年创刊至 1945 年的《厦大通讯》登载文章进行词频分析，通过 Rost Word Parser 词频分析软件统计，"陈嘉庚"在《厦大通讯》词频"元数据库"中共出现 221 次，居"高频词"前列，在人物类频词中排名首位且遥遥领先（石慧霞，2012）[158-165]。走进这段历史，通过关注陈嘉庚与抗战时期厦门大学的一些历史细节，我们发现，虽然厦门大学由私立转为国立与抗日战争爆发在同一历史时空相遇，但是陈嘉庚及其精神仍然在抗战时期厦门大学有机体中继续流淌并焕发出新的生命力和影响力，这种影响对于今天的厦门大学以及中国高等教育不无借鉴意义。

一、陈嘉庚对抗战时期厦门大学的影响

（一）选址长汀的文脉相承

校址迁移，往往成为大学校史划分阶段的重要依据。抗战时期，大部分高校内迁西南大后方，厦门处于战火严重威胁之下，厦门大学校址又处战略要地，校内师生人心惶惶，议论纷呈。许多人认为抗战非短期所能结束，为求一劳永逸，厦门大学应随国内其他高校迁移到西南大后方。然而，厦大最终决定留在东南并选址闽西长汀，主要原因之一在于时任校长萨本栋对陈嘉庚创办厦门大学理念的尊重和坚持。陈嘉庚初创厦大时多次提及，之所以创办厦门大学，重要原因之一与发展福建高等教育及方便华侨子弟入学有关。"本省①当时我看到不但省教育水准很低，即（便②）南洋的侨胞也不容易得到受教育的机会，我觉得祖国的同胞即使终身没有教育，到底还不失为中国人，而遥寄海外的侨胞则不然，他们不受教育③，他们就要被外人或土番所同化，这是一个多么可怕的危险。"（戴光章，1940）"念邻省如广东江浙公私立大学林立，医学校亦不少，闽省千余万人，公私立大学未有一所，不但专门人才短少，而中等教师亦无处可造就。乃决意创办厦门大学。"（陈嘉庚，1998）[13] 抗战时期，萨本栋在选址迁校时说："东南半壁的高等教育，还需要维持，所以决定不随潮流远

---

① 指福建省。
② 编者加。
③ 指祖国的教育。

徒。"为了统一思想，他在公开报告和演说中，专门谈到厦门大学选择校址的原则："1. 要留在东南最偏远的福建省内，以免东南青年向隅；2. 要设在交通比较通达的地点，以便利闽浙赣粤学生之负笈；3. 新校址的环境，要比较优良，以使员生得安心于教导与求学。"①萨本栋选址迁校的原则与陈嘉庚历尽艰辛在福建创办厦门大学的设想一脉相承。厦门大学一度成为"粤汉线以东唯一国立大学"。

（二）更名风波的定海神针

1940年初，社会上忽传出厦门大学拟更名为福建大学的消息，福建省及重庆等地的一些报纸公开加以报道。3月下旬，国民政府教育部正式致电厦门大学，称根据福建省教育厅的意见，拟将新办的福建大学并入厦门大学，并拟将厦大改名为福建大学。消息传来，全校因之哗然，新加坡校友会、校友总会筹备会、旅汀毕业同学会、厦门大学全体学生分别致电重庆海外部转陈嘉庚，极力反对将厦门大学改名为福建大学。然而，当时大半中国已沦陷，抗日战争处于最严酷阶段，厦门大学已搬迁到长汀两年多，在有些人看来，抗日战争何时能够胜利甚至是否能最后胜利都还是个未知数，既然大学已不在厦门，长期仍称厦门大学是否名不副实？而用"福建大学"之名，名称似乎更大，涵盖面更广，无论是一直在长汀或将来回厦门办学都无不可（刘海峰，2005）[22]。而且，厦门大学既已在1937年抗战前夕改为国立大学，政府根据需要将其改名也是不足为奇的事。

3月底，陈嘉庚率回国慰劳视察团抵重庆。在国民参政会开幕前的茶话会上，陈嘉庚就"辩驳厦门大学改名"公开三点理由（厦门市档案局，1997）[509-514]：

> 1. 新加坡前有陈笃生先生创办的陈笃生医院，创办时费资仅6000元，后来政府因每年一二百万的津贴，想将其易名为中央医院，事付地方议政局议决，议政局终以尊重创办人陈先生的精神，不予改过。我国素称礼仪之邦，难道反不及居留地的政府吗？其厦大之为名，乃属地名，远非陈笃生先生可比，从知改名更属不必。

---

① "萨校长开学词"，《厦大通讯》第三卷第十期，1941年10月25日。

2. 厦大向有与其他大学不同之特殊情形。在我国自古以来虽是以农立国，但其海岸之长，却并不亚（于）欧西各国，是以我国不但应注意农业，且也应该注及海产，因此前数年，北平方面，一般教授即便感到有以实验方法研究海洋生物的必要。于是他们组一委员会，遴选一大学为实验研究的场所，它的条件是：（1）沿海；（2）内外海产物丰富；（3）仪器完备。厦大就以具备资格入选，从此每年假期均有教授来厦大，从事于海洋生物的研究，这就是厦大必需（须）以厦门为名的特殊原因。现在如改名为福建大学，必迁校省垣，那岂不是失去厦大本来重要的地位吗？

3. 南洋多闽南侨胞，而闽南侨胞皆以厦门为往返、汇兑的中心点，今若改名迁校，海外侨胞闻之必多误会，这于抗建前途亦未始不无影响。且厦门虽失，吾人尚思不久的将来恢复旧观，现在把厦大改为福大，这是不是我政府收复厦岛的坚决表示呢？若以厦门沦陷则连大学亦该消灭厦大二字，那么北平、天津今日都沦陷了，北平、天津今日尚存的大学不是也该改名了吗？

陈嘉庚的发言在参政员和社会各界中产生强烈反响。在国民参政会发言后两天，陈立夫亲自拜访陈嘉庚，明确答复，"前日所告厦大改名事，从兹作罢，以后决不复提起，并已函复福建当局不准其要求矣"。

厦门大学的更名风波在中国大学发展史上是一特例，至今，除了厦门大学，中国没有任何一所校龄超过90年的大学没有改过名的[①]。厦门大学因陈嘉庚的影响，成就了其在中国高等教育界"行不更名、坐不改姓"的美谈。

（三）爱国精神的时代内涵

抗战时期，受陈嘉庚影响，厦门大学在物质极度匮乏情况下，大学的文化和精神却得到磨砺和升华。陈嘉庚在民族危机与个人安危面前，坚定不移地选择前者，积极号召南洋华侨和社会各界共赴国难。他的报国义举激发了厦大师生渴望实现民族振兴、国家富强的社会责任感和使命感，赋

---

① 迄今为止，未改过校名的历史悠久的大学还有重庆大学，然其成立于1929年，现建校88年。

予"爱国精神"独特的时代内涵,即在艰苦卓绝的条件下,同仇敌忾,以坚忍不拔的意志,努力抵御外侮、救国图存。

1. 自强坚卓

中央大学校长罗家伦曾说,"办理大学的种种艰难,尤其在经费的落实上"(陈明珠,2006)[206]。抗战爆发后,处于抗战前线的厦门大学经费拮据更不必言。没钱,还要建校舍,在此状况下,还把北山脚下半个长汀城都建成厦大的校园,虽然以竹木为主要建筑材料,但萨本栋带领全校师生以最少的钱办成最好的大学却是当时全国公认的;没钱,还要延聘良师,1937—1944年,厦门大学共延聘了159位教师,其中不乏一批杏坛名师,如林庚、时昭涵、黄开禄、朱保训、邹文海、周长宁、郑朝宗等(石慧霞,2012)[84-88];没钱,师生通过到产粮区集中采购粮食,做到在校生可以吃到免费大米、自制豆腐,保证基本营养。直到今天,免费大米仍是厦大独有的育人方式。"自强不息"本就是陈嘉庚创办厦大时所定的校训,陈嘉庚在《筹办厦门大学演讲词》中,对"自强不息"作了生动描述,即"民心不死,国脉尚存,以四万万之民族,决无甘居人下之理。今日不达,尚有来日,及身不达,尚有子孙,如精卫之填海、愚公之移山,终有贯彻目的之日"(陈嘉庚,1987)[18]。抗战时期,这种精神集中体现在全校师生以陈嘉庚为榜样,自强坚卓、顽强拼搏,力谋复兴厦大。校长萨本栋号召厦大师生以教育和学术为准绳,"未到'最后一课',都应加紧研究学术与培养人才"(萨本栋,1938)。

2. 厦大认同

陈嘉庚极力倡导"团结是战争胜利的力量与源泉,主张联合一切抗日力量抗战"。他一方面团结华侨建立抗日统一战线,有组织地开展筹赈活动;另一方面告诫侨胞遵守所在国法律,对当地政府和盟国持尊重友好的态度。认同是一种"共同意志和文化心理",陈嘉庚"坚持团结反对分裂、坚持抗战反对投降"的态度,对厦门大学师生众志成城、抵御外侮、统一思想、共同应对学校面临的困难起到了至关重要的作用:师生们毫不计较因战乱、家庭变故、学校经费拮据等给个人造成的损失,凝神专注于学校的人才培养活动和学术探究,大学成员与大学之间形成了高度依存的关系,形成了浓厚的学习气氛、教育气氛,厦大师生以团结的精神和负责的态度考虑学校的前途和命运，大学成员的民族认同与大学认同交融一致。1942年，国民政府教育部在考核全国大专以上国立大学的办学成就之后，明令嘉奖厦门大学，嘉奖原因是："各部分办事精神连贯，通力合作。①"厦大被国民政府称为"国内最完备的大学之一"。在嘉庚精神引领下，教师专注于教学，教授全力上课。1944级学生、中国科学院院士张存浩回忆说：萨本栋每个学期亲自讲授"初等微积分"或"普通物理"，著名的谢玉铭教授亲自讲"普通物理"，傅鹰教授亲自讲"普通化学"，使厦大基础课的讲授阵容不仅为当时国内所仅有，而且从60多年后的今天来看，也是很难找到的。师生关系至为融洽，他们都能以积极、乐观的心态面对战时的环境和条件。当时厦大教师在自己家里备茶水和点心款待学生，师生聚餐、家庭学术沙龙等蔚然成风，这些活动极大地增进了师生之间的情感交流，成为战时厦大所特有的一道人文校园景观。学校形成了充满生机与活力的组织向心力，师生、校友在心理上对厦大充满接纳和欣赏，在行动上抱着理性的责任感和使命感尽心尽力共同推进学校发展。

3. 社会责任

陈嘉庚领导了南洋八百万华侨的抗日救亡及筹赈祖国的运动。海外华侨从财力物力上纷纷支持祖国抗战。据资料记载，1938年春，马来亚华侨曾劝筹救国公债1500余万国币。全面抗战爆发至1941年，陈嘉庚领导的海外华侨共义捐50余亿元国币，平均每年约为11亿元。按1939年国民政府国防部负责人向国民参政会报告的1938全年战费支出为18亿元，海外财力支援约占总经费的2/3（朱立文，2010）[22]。在民族危难之中，陈嘉庚的行动所展现出来的强烈的爱国情怀深深地影响和感染了每一位厦大师生，在那个特殊年代，作为一所教育机构，怎样才能实现爱国救国兴国的教育梦想时刻鞭策着每一位大学成员，厦大的文化基因与精神气质深深地打上了与国家、民族命运同安危的烙印。

1938年3月，厦门大学通过对长汀地区总体教育情况作调查，组建了一所民众训练学校，在长汀推行战时教育，训练内容分为战时锻炼体格部、合作课程部、农事建设课程部、战时前后方常识训练部、义务征兵制

---

① "教育部令奖母校教学认真学风纯正"．《厦大通讯》第四卷第五、六期，1942年6月30日。

课程部、发扬国防文化课程部、战时歌咏课程部、战时妇女任务课程部等①。抗战时期，厦大司法学会特别为长汀民众义务开设"民众法询问处"，为他们做法律顾问。1940年，学校全校总动员，组织"战时后方服务团假期工作队"，进行抗日宣传。师生400多人组织了27个宣传队，开展抗日救亡工作。"天下兴亡，匹夫有责"的警语，"一寸河山一寸血，亿万人民亿万兵"的口号，把抗日救国、救亡图存的活动深入到每一处偏僻山乡②。著名语言学家、时任厦大教务长周辨明教授说，"过去我们所说的嘉庚精神，也许只是狭义的'毁家兴学'的嘉庚精神而已。抗战以来，嘉庚先生在海外领导侨胞，努力捐输，其公忠为国的精神，已为全国上下所钦佩……到现在我们更应庆幸，庆幸我们有这样一个抱负不凡的创办人。他竟赋予厦大员生，无论在什么地方服务，都能表现出来一种独特的精神"（周辨明，1941）。

抗战时期，长汀多次遭受日军空袭。在最严重的一次空袭过后，长汀水东街燃起大火，厦大师生在萨本栋带领下，不顾自身安危，扑入火场救火，挽救民众及其家庭财产，厦大师生的忘我行动使得长汀人民对这所内迁来的大学赞赏和感激不已。

二、陈嘉庚对抗战时期厦门大学影响的实现路径

抗战时期，转为国立大学的厦门大学与私立时期创办人陈嘉庚在隶属上已没有直接关系，陈嘉庚与厦门大学师生的会面只有一次③，然而，陈嘉庚及其精神却通过校内外相互支撑、相互作用的系统路径有效实现了其绵延持久的影响。

（一）校长萨本栋对陈嘉庚教育思想的承继、发扬

厦门大学国立首任校长萨本栋对创校者陈嘉庚及其教育理念的态度，是陈嘉庚能够持续在厦门大学发挥影响的关键。抗战时期，无论谁接掌国立厦门大学，都是受命于危难之中。正如历史学家汤因比所说，"同一个

---

① 明耻教战求杀敌教育学会设民校.《唯力》第一卷第二期，1938年3月23日。
② 陈诗启（1937级历史系学生）访谈记录，2002年8月，于陈诗启家中。
③ 1940年4月，陈嘉庚回国慰劳抗日军民，专程赴长汀看望厦门大学师生。

挑战在某一个场合可能引起创造性的应战，而在其他场合却不能"（阿诺德·汤因比，2005）⁹¹。作为清华大学著名教授的萨本栋，在战火中抛家舍子到厦大执掌校印，正是源于陈嘉庚倾资兴学精神的感召。事实上，萨本栋幼年时期，其父萨君陆在福建首创闽省华侨公学，就曾得到陈嘉庚的赞助与支持，萨本栋的哥哥萨本铁还曾直接受教、受益于闽省华侨公学。受家庭熏陶，萨本栋从小就耳濡目染陈嘉庚的教育思想和办学实践。萨本栋认为，陈嘉庚在昔日国人革昧未开之时，竟独具慧眼，明烛先知，毅然力倡"救国必自教育始"，并排除万难兴办厦门大学，萨本栋对陈嘉庚和厦门大学怀有深切的"同情之理解"，在国家民族危机、厦门大学生死存亡的时刻，迸发出一介书生勇于任事、敢于担当的精神。萨本栋力谋复兴厦大，他说，我们"应勿忘先生之事业，先生之精神人格，以及先生之识力眼光。时时引为楷模，时时求所以负先生之期望，庶无负先生拳拳祖国之忱，亦即吾人所以报答先生于万一也"（萨本栋，1940）。

萨本栋在制度层面进一步强化了陈嘉庚捐资创办厦大的"式样系统"。萨本栋到任后，在学校"特设嘉庚奖学金若干名"。同时，他还呈请教育部"为纪念对本大学有特殊功绩者，并使其继续扶助以求发展起见"，特设"国立厦门大学咨询委员会"。他亲自拟定章程，明确规定"陈嘉庚林文庆为永久咨询委员，教育部代表、福建省代表和厦大校长为普通委员"，委员会有如下职责："1. 议决本大学校长所提出陈嘉庚讲座之人选；2. 议决本大学校长所提出领受陈嘉庚奖学金学生之名额；3. 对于本大学校务得提出建议于学校；4. 对于处分厦大原有校产时行使同意权。①"在学校面临重大决策时，萨本栋特别注意承继陈嘉庚赋予厦大独特的目标定位与文脉传承，如"不随潮流迁移，选址长汀"、支持师生反对厦大改名等，使得厦大转为国立后，陈嘉庚初创厦大形成的捐资兴学的"式样系统"进一步得到强化。

萨本栋以其自身表率成为践行嘉庚精神的典范和榜样。萨本栋掌校时年仅35岁，正是年富力强的盛年时期。为了实现陈嘉庚对厦大的期许，萨本栋"舍命办学"：兴建校舍、操劳校务、全力教学、保护师生……以

---

① 《国立厦门大学咨询委员会章程》．厦门大学档案馆，案卷目录号026-6。

至于仅几年过后，萨本栋离开厦大时成为"拄着拐杖行走的驼背老人"。萨本栋以牺牲自己的健康为代价，将厦门大学从内迁长汀时的文、理、商3学院9个系发展到文、理工、法、商4学院15个系，学生从内迁时196人增至1044人，履行并实现了陈嘉庚赋予厦大的历史使命：为战后建国培养高质量的人才。陈嘉庚在长汀厦大逗留的两天里，踏遍了校园的每一个角落，包括课堂、宿舍、图书馆、实验室，检查了校务工作。他看到萨本栋艰苦朴素、一心为公，全校师生团结奋进、意气风发，感到非常满意，他说"厦大有进步"、"比其他诸大学可无逊色"（洪永宏，1990）[192]。

（二）师生、校友对嘉庚精神的自觉坚守

在师生、校友心目中，厦门大学虽然改为国立了，但在校长萨本栋的带领下，私立时期的传统仍然保留。抗战爆发后，陈嘉庚领导南洋华侨募集财力、物力、人力，支援祖国抗战；揭露汪精卫投降卖国阴谋，鼓舞全国军民斗志；劝说国共两党停止内争，加强团结，凝聚抗战合力；发起援英运动，为祖国抗战争取国际支持等，陈嘉庚忠贞爱国的行为牵动和鼓舞着每一位厦大师生、校友，他们将热爱祖国和报效祖国的激情转化为共同传承嘉庚精神、建设厦大的强大动力。

在"厦大更名"风波中，通过陈嘉庚的影响，师生、校友的共同努力，取得反对更名的胜利，师生、校友们以满腔爱校热情坚守着陈嘉庚创校时"厦门大学"的名称，动员一切可以动员的力量，关键时刻通过陈嘉庚先生的影响，硬是迫使国民政府收回成命。作为厦大成员，他们眼中的厦大并非仅仅是当下的厦大，他们生活在陈嘉庚创办厦大的精神和思想河流当中，"厦门大学"虽寥寥四个字，蕴涵着校主陈嘉庚和师生校友们对大学精神的深刻记忆和对未来的丰富期许。

抗战时期，校友们编辑出版了"欢迎陈嘉庚先生专号"专刊，撰写了一系列文章，包括"颂嘉庚先生""我所认识之嘉庚先生""陈校主莅汀感言""从欢迎嘉庚校董回校谈到母校教育学系应扩充为师范学院""陈嘉庚先生人格之崇高与精神之伟大""嘉庚精神""陈嘉庚先生行踪记"等。从文章中可以感受到师生、校友们对陈嘉庚"毁家兴学、为国育才""领导南洋华侨抗敌救国"等事迹如数家珍，对校主充满了敬意、感佩和自豪。

有校友写道,"古书云'见贤思齐焉',料想人同此心,心同此风,闻风而兴起者,岂止我同学们而已"(叶国庆,1940)。

(三)长汀社会各界的鼎力支持

长汀地处赣、闽边陲要冲,自唐代就是汀州府所在地,是闽西政治、经济、文化中心。厦大内迁之初,当地专员将其新修公署借为临时校舍、孔庙作为学校大礼堂、长汀宾馆作为教师住所,学生则借居在百姓家中。长汀县政府划拨土地支持学校扩建校园,两三年时间里,厦大校舍几乎占据了半个长汀城。长汀各界的包容、接纳和支持,使得东南沦陷区的失学学生有了在厦大求学的可能,使得厦大在连天烽火中弦歌不辍。更加重要的是,长汀深厚的文化底蕴,长汀民众对教育文化事业的崇尚尊重和鼎力支持,为抗战时期陈嘉庚与厦门大学之间能够保持密切而持久的联系与互动提供了宝贵的文化滋养。

三、结语

国学大师吕思勉先生说,"历史虽是记事之书,我们之所探求,则为理而非事"(吕思勉,2013)[2]。如何看待一个大学的历史?了解史实、细节肯定不是最终目的,但是她可以给我们提供一种思维方式,即从历史的角度思考大学的特点和气质,感受大学的精神,特别对于大学历史当中具有"好大学"特质的关键时期、关键人物,能够重点体会、传承和发展其背后的精神和文化。陈嘉庚之于厦门大学,正如在世界大学发展史上,艾略特之于哈佛大学、蔡元培之于北京大学、梅贻琦之于清华大学、张伯苓之于南开大学、威廉·冯·洪堡之于柏林大学等等,大学的发展轨迹与文化特色与关键时期、关键人物的影响密不可分。抗战时期是中国近现代大学教育发展史上极其重要的阶段,厦门大学内迁长汀的发展演变史正好亲历和见证了在这一重要时期的整个风雨历程,这一时期的厦门大学在陈嘉庚的影响下确立了其独特的文化教育范式,特别是使厦门大学成为一所与国家民族命运休戚与共的大学。新中国成立后,陈嘉庚马上回国,筹募大笔资金亲自帮助厦门大学恢复重建。德国教育家雅斯贝尔斯曾说,"没有历史,我们将失去精神的空气",厦门大学始终沐浴在陈嘉庚精神的光芒之中,在可以预见的未来,厦门大学将在弘扬以嘉庚精神为首的四种大学精神基础上,迈着更加自信和坚定的步伐扎根本土、走进世界。

参考文献

阿诺德·汤因比. 2005. 历史研究[M]. 刘北成,郭小凌译. 上海:上海人民出版社
陈嘉庚. 1987. 筹办厦门大学演讲词//厦门大学校史编委会. 厦大校史资料,第一辑[M]. 厦门:厦门大学出版社
陈嘉庚. 1998. 南侨回忆录[M]. 长沙:岳麓书社
陈明珠. 2006. 五四健将罗家伦传[M]. 杭州:浙江人民出版社
戴光章. 1940. 嘉庚先生在母校演讲词. 《厦大通讯》第二卷第十一期
洪永宏. 1990. 厦门大学校史第一卷(1921—1949)[M]. 厦门:厦门大学出版社
刘海峰. 2005. 院校合并、升格与发展中的更名问题[J]. 高等教育研究,(11):21-26
吕思勉. 2013. 中国通史[M]. 北京:中国社会科学出版社
萨本栋. 1938. 勖勉同学词. 《唯力》旬刊第三期
萨本栋. 1940. 陈嘉庚先生莅汀欢迎词. 《厦大通讯》第二卷第九、十期
石慧霞. 2012. 抗日战争时期的厦门大学:民族危机中的大学认同[M]. 厦门:厦门大学出版社
厦门市档案局. 1997. 厦门抗日战争档案资料[M]. 厦门:厦门大学出版社
校史编写组. 1986. 厦门大学校史纲要,上编. 内部资料
叶国庆. 1940. 《陈校主莅汀感言》. 《厦大通讯》第二卷第九、十期合刊
朱立文. 2010. 试析陈嘉庚的抗日战争观与实践[J]. 陈嘉庚会讯,(8):21-26
周辨明. 1941. 母校二十周年致词. 《厦大通讯》第三卷第四期

作者简介 | 石慧霞,厦门大学校友总会副秘书长,研究方向:大学历史与文化研究,校友与大学关系研究。

The Influence of Tan KahKee on Xiamen University and Its Deliveries during the Anti-Japanese War

Shi Huixia

Abstract:Xiamen University became a national university just at the outbreak of Anti-Japanese War. The personal spirits of the university founder, Tan KahKee and his influence, however, stil llived on Xiamen University and grew over whelmingly stronger during the wartime. In this study, the author has found out that the temporal relocation of Xiamen University to Changting, the survival of changing its name into Fujian University, and the formation of its unique university spiritual culture are all inseparable from the impact of Tan KahKee. The author has further analyzed how his influence was delivered: President Pen-Tung Sah inherited and promoted Tan KahKee's philosophies on education; Students, faculty members and alumni consciously practiced his spirits; People from all walks of life in Changting offered generous full support, etc. This study, based on both theories and historical facts, has revealed the uniqueness of university spiritual culture, its important influence on university's long term development and how it was delivered. This study has offered great reference value on culture heritage and innovation for modern universities.

Keywords: Tan KahKee, anti-Japanese period, Xiamen University

"教授治校"的现实意义及其出路

刘隽颖

摘 要：国内出现的"教授治校"与"教授治学"之争，其实质在于概念理解的分歧。两者分歧在于赋予教授的权力范围不同，从而高校内部权力架构不同。借鉴国外大学的院系基层学术组织的民主管理经验，"教授治校"仍适合于今天的中国大学治理，尤其有助于我国现代大学制度的构建。实现教授治校，一方面需要加强院一级教授委员会的建设，另一方面也有必要改革当前大学校长的选拔方式及其角色定位。

关键词：教授治校 现实意义 出路 教授治学

"教授治校"与"教授治学"的争论在学界延续了很久，最终各执一词、各据一方。教授治校还是治学，关涉到高校内部的权力架构问题，更是建设我国现代大学制度的关键，故而有必要重新审视这场争论，重新认识"教授治校"的核心内涵与诉求，以寻求高等教育治理体系改革的突破。

一、回溯"教授治校"与"教授治学"之争

"教授治校"可以说是公认的大学传统之一。韩骅教授早在1995年起就发表了多篇论及"教授治校"及其在西方变革趋势的文章，以回应彼时关于高校自主办学、改革高校内部管理体制的讨论（韩骅，1995）[36-40]（韩骅，1998）[39-43]。主张"教授治校"的学者，多从西方高校及我国近代

大学的管理制度上寻找论据（彭阳红，2011）[122-125]（周川，2014）[77-84]。明确"教授治校"应是现代大学制度的重要特征之一，是高校"去行政化"的重要切入点（陈何芳，2010）[68-73]。同时，也注意到"教授治校"的传统也因国别不同而各有特色、因时代的发展有其新的趋势，但教师群体始终应当是校内治理的核心力量。

而"教授治学"这一概念是我国本土而生的特有词汇。2002年以前，"治学"还仅是"教授从事本职教学、研究等学术事业"的本意。2002年，杨叔子院士在《高等工程教育研究》第一期发表"论教授治学：兼议《华中科技大学学术委员会工作条例（试行）》"一文，首先赋予了"教授治学"一词"教师参与学校学术管理"的意义（杨叔子，2002）[1-6]。同年，王冀生在《高教探索》第一期发表"现代大学制度的基本特征"一文，提出中国特色的现代大学制度以"学校自治、教授治学、校长治校、科学管理"为基本特征（王冀生，2002）[13-18]。自此之后，"治学"与"治校"才成为一对相对的概念，出现在学界的讨论之中。

持"教授治学"观点的学者认为，"教授治校"有其自身缺陷，早已不适应复杂的高校内部管理的现实要求，我国的高等教育管理体制更不具备实现"教授治校"的可能性。进而有学者提出"教授治学，校长治校"，各司其职，才是合理的出路，校长承担着平衡行政权力与学术权力的重任，应在民主管理的过程中尊重、依靠教授的力量（眭依凡，2002）[1-6]。

"教授治校"与"教授治学"的争论一直持续不休，2011年至2014年，赵蒙成教授与杨兴林教授发表了一系列商榷文，可谓是这场争论中两派观点的集中体现（赵蒙成，2011）[1-5]（杨兴林，2012）[45-51]（赵蒙成，2013）[1-5]（杨兴林，2014）[18-24, 35]。但实际上这场争论陷入了僵局，有观点认为我们不应当再执著于"两个概念表面的语义之争"，不应当停留在对二者"非此即彼的二分判断"上（朱守信，杨颉，2015）[64-68]。也有观点认为"教授治校"的内涵主要是治理学术事务，其实质是教授"治学"（张意忠，2007）[71-74]。可以说，这些看法也反映出对"教授治校"的概念尚存在认识上的模糊，导致对二者背后根本分歧的忽视。

二、对"教授治校"内涵的再次厘清

与"教授治学"相比,"教授治校"的内涵相对复杂,也容易招致误读,模糊焦点。所以仍有必要再次进行概念上的厘清,以走出对"教授治校"的认识误区。

(一)"教授治学"

"教授治学"的内涵及外延都十分明晰,它是指教授作为教师群体中的核心力量,管理高校内部的学术事务,在学术领域内行使决定权力。教授治学的重心不是指教授从事科研、教学等本职工作,而是指其对校内学术事务拥有最终决定权。其本质就是"学术事务由学术内行进行民主管理、自我管理"(赵蒙成,2013)[1-5],具体包括治学科、治学术、治学风、治教学(张君辉,2006)[150-155]。

与此同时,"教授治学"的外延也十分明确,将教授在高校内部的权力限定在学术领域内。而在校内其他事务中,教授是否拥有参与表决、监督问责等权力,"教授治学"予以了忽视。不言而喻的是,今天我们的高校中,"教授治学"并未得到真正的保障与实现,在师资评聘、学科专业建设、课题奖励评审等理所当然的核心学术事务中,教师群体都处于失语状态。

(二)"教授治校"

传统意义或是经典意义上的"教授治校",作为大学内部的一种治理模式,是指教授集体通过教授会、评议会等组织机构和形式全权管理大学事务,维护学校的自主与自治(张意忠,2007)[71-74]。这种"教授治校",其来源是中世纪以巴黎大学为代表的教师型大学。在与教会的斗争中,大学获得特许状,逐渐掌握了自治的权力,课程安排、学位授予、教师聘任、对外交流等一切事务都由教授们负责,权力都掌握在教授行会手中,最重要的是校长是由教师选拔出来的。但这种经典意义上"教授治校"有其特定背景,彼时大学规模小、人员少,内部事务简单,与外界社会的联系也少，较易治理。

现代意义上的"教授治校"，是指"大学教师群体作为一支独立的、核心的力量参与大学重大事务的决策与管理，并切实发挥实质性的影响。也就是要赋予教师群体在学校重大事务上制度性的参与权、话语权，即教师群体应拥有选举权、决策权、监察权、知情权"（赵蒙成，2013）[1-5]。其中，选举权是关键，决策权是核心，监察权是保障，知情权是必要条件。

理解今天的"教授治校"，要着重避免以下认识误区：

第一，"教授治校"，不等于教授参与校内管理的各种事务。要将校内常规性事务、制度性事务与临时性事务、流程性事务区别开来。在涉及校内战略规划、学科发展、科研管理、教师评聘、人事制度等重要规章的制订上，应保障教授委员会拥有审议权、决策权。

第二，"教授治校"，不等于教授管理具体事务。要把管理具体事务与参与重大战略决策区分开来。教授治校，有赖于校内各职能部门共同协作、执行教授委员会的决议，而教授委员会拥有监督、问责的权力。

第三，"教授治校"的本质是追求民主管理。教授治校并不是要让教授垄断大学内部管理的所有权力，而是希望在各方地位平等的基础上，通过民主协商讨论，进行校内重大决策。其背后体现的是多元利益主体共同参与大学治理的理念，以代替行政力量单边决策的现状。

第四，"教授治校"与"校长治校"并非非此即彼。倘若校长在校内管理上充分尊重、执行教授委员会的决议，那么校长治校与教授治校并不矛盾。反之，如果校长一味垄断决策权，藐视教授会的地位，僭越职权，那么校长治校就与教授治校的理念背道而驰了。

三、"教授治校"与"教授治学"的争论焦点

在这场争论中，双方各持观点，据理力争，但通过对两派观点的梳理，我们可以发现其背后的根本分歧。

1. 观点一：主张"教授治学"，认为"教授治校"不合时宜

教授治学不仅是学术事务的本质要求，而且是教授本质涵义的合理延

伸（杨兴林，2012）[45-51]。教师群体以知识的探究与传承为本职工作，自然是学术事务上的专家与权威。学术事业的发展也必须遵从知识生产的规律，尊重教师的意愿。同时，教授治学不仅是教授的权利，更是教授应尽的学术责任。

"教授治校"之所以不合时宜，原因之一，今天高校内部事务之复杂远远超出了教授的能力范围。高校内部既有学术事务，又有大量非学术事务，教授委员会倘若缺乏管理经验和全局眼光，恐导致决策不当。之二，教授治校会降低校内管理与决策的效率，影响高校的正常运转。同时，教授过多地参与校内事务，势必影响他们从事本职学术工作的时间与精力，本末倒置。之三，即便是教授治校，也无法解决高校管理的诸多现实问题，如外部的行政化影响。所以，主张教授治学的学者认为当前高校内部管理的合理架构是校长治校、教授治学、行政管理者精于治事（杨兴林，2012）[45-51]。

2. 观点二：提倡"教授治校"，认为"教授治校"是"治学"的前提

持这种观点的学者认为，当前我国大学教授在治学方面人微言轻，话语权日趋衰微，其根本原因就在于教授治校这个前提缺位。如果不能给予教授全体在大学管理的权力架构中一个重要的、拥有决策权的位置，即如果教授治校这个前提继续被束之高阁的话，那么，教授治学就必然是空中楼阁（赵蒙成，2011）[1-5]。

另外，在现实操作中，大学的学术事务与非学术事务纠结在一起，很难准确地分开管理（彭阳红，2012）[106-110]。无论是学科建设、教师评聘，都涉及人事制度、后勤保障、资源分配等。要想真正治学，就必须首先拥有治校权，治校是治学的前提和基础。

至于教授治校的效率问题，由于教师职业的特性，可能教授委员会讨论、审议的过程确实要花费较长时间，但也只有确实通过民主协商而产生的决议，才能代表教师群体的意志，执行起来才会更顺利，更符合大学发展的内在规律。

所以，提倡教授治校的学者，认为教授治学是对教授治校的倒退，实质上就是压制教授群体正当的权力和权利诉求，进一步固化现有的行政权力一枝独大的格局，就会阻碍大学内部管理的去行政化，不利于大学管理

的民主改革（赵蒙成，2011）[1-5]。

分歧之一，二者赋予教授的权力范围不同。"教授治学"强调教授对于校内学术发展的政策、重大事宜拥有决策权。但显然，这是教授应当的权力，更是教授职业的职责之一。"教授治校"则认为，教授除了享有对于学术事务的治理权，还应当在其他重要校政、重要规章制度制定，如涉及校长选拔、教师聘任、资源分配等方面拥有参与决策权。

分歧之二，二者设计的高校内部权力架构不同。"教授治学"试图在学术权力与行政权力之间寻求平衡点，主张二者各司其职、互不干涉，保持适度的张力，保障教授在学术领域内的权威与决策权。"教授治校"坚持学术权力至上，以学术权力为主导，来制衡或曰抑制现在泛化的、强势的行政权力，从根本上改革现在高校内部的管理体系。正是基于这种分歧，学界对于教授究竟是治学还是治校明显地形成了两派观点，各自有各自的论点。

通过对这场争论的梳理，可以发现"教授治学"的观点似乎并不利于解决当下高校"去行政化"的现实问题，恰恰是回避了这个问题。那么"教授治校"是否仍适合于今天的中国大学？又有哪些现实意义？

四、从基层学术组织看国外大学"教授治校"

进而我们有必要对国外大学的情况予以考察，以探求"教授治校"的一些共性特征。"教授治校"一直是西方大学的传统之一，但其也在一直演变之中。本文透过德国、美国、日本大学基层学术组织的情况，可以发现"教授治校"在国外大学的具体实现形式。

（一）德国、美国、日本大学的基层学术组织

1. 德国大学的讲座制

"教授治校"的传统就始于德国的柏林大学。柏林大学首创了讲座制，赋予了讲座教授在校内学术事务上至高的权力。讲座，作为德国大学的基层学术组织，它既是学术组织，又是最小的行政单位。讲座直接从政府获得研究资金与设备，大学校长、学部并没有太多的实权（汤智，

2015)[136-144]。讲座教授,既是一个教职,又是研究所所长,讲座的唯一负责人。他对教学、研究、人事、财务等事务负全责,可以说在学校内部管理中处于绝对的主宰地位。

这种权力高度集中于讲座教授一身的管理模式也在20世纪后进行了一些改革,诸如将一名教授改为多名教授共同主持讲座,撤学部建系,加大系一级的管理权限等。但讲座及讲座教授在德国大学内部的权力始终处于极高地位。

2. 美国大学的学系制

由校外人士组成的董事会管理大学是美国高等教育的一大特色,校长作为董事会的代表,其在校内的地位往往处于教授委员会之上。但美国大学教授会的权力也在逐步得到重视与保障,对校长权力形成了制约。以哈佛大学萨默斯事件为例,教授会可以发起不信任提案,罢免校长。

美国高校通常采用校-院-系的三级管理体制,学系作为校内基层学术组织,在学术事务,包括人事、财务等方面都拥有较大的自主权。在校一级权力较大的行政力量,在系一级的影响甚微。同时,学系内部实行一种社团式的民主协商自治。系主任由教授们轮流担任,他必须充分尊重教授委员会的意见,并向教授委员会负责。委员会实行少数服从多数的投票原则进行系内事务的决策。正是学系这种自治组织,保障了普通教师的根本权益。

3. 日本大学学院一级的教授会

日本公立大学中,评议会是全校的决策机构,但也将关于教育和研究的有关事项的决策权交给各学院和研究所(胡建华,2001)[186]。学院(也有称"学部")一级的教授会,教授会由院长和各学科1—2名教授组成,但至少有5名委员。学院的教授会要审议学院如何具体执行学校的决议等问题,还要具体讨论本学院的办学方针、方法、人事等重要问题,监督院长的工作。一旦讨论决定后,由院长负责执行,并将执行情况向教授会汇报。教授会每月召开一次例会,通常采用举手或默认的方式进行表决(朱永新,王智新,1992)[55]。

重要的是,学院的院长是由学院的教授会通过选举产生的。院长配有专职的事务人员及秘书,这些行政人员向院长负责。在日本高校,各级行政人员与教师职权分明，谁也不能干涉谁。"管理与教学服务两者的分工和关系十分明确，责任落实，一切管理均为教学和科研服务"（朱永新，王智新，1992）[55]。

（二）国外大学"教授治校"的特点

1. 基层学术组织力量的发挥

无论是德国的讲座、美国的学系，还是日本的学院，既是从事教学、科研等基本任务的基层学术单位，又是掌握实权、实行自治的行政单位。可以说，"教授治校"的权力在这些基层组织中体现得更为明显，作用的发挥更直接、更深入，更能直接代表普通教师的权益诉求。同时，多数组织内部还实行平等协商式的民主管理，这种基层民主切实保障了普通教师在治校上的话语权。

2. 对行政力量形成制衡

德国历史上讲座教授的绝对权威已经顺应时代发展予以改革，美国的大学治理也更强调多方利益相关者的共同参与。可以说，国外大学治理已经走过了最初的学院制模式、外部人治理模式、校长治校模式，走到了共同治理模式阶段。在共同治理阶段，实现校长与教授和董事会的共治，达到了一种权力制衡的状态（王洪才，2015）[17-19]。所以说，赋予大学教师群体在校内管理中以实际决策权，才能形成对行政力量重要的制约与监督。

五、"教授治校"对我国大学的现实意义

（一）"教授治校"仍适用于今天的大学

基于对"教授治校"内涵的厘清与西方"教授治校"的现实情况，我们认为，"教授治校"的传统并未过时，它仍适用于今天的大学。

其一，大学作为一个学术组织的特性没有改变。大学仍是一个知识生产机构，知识的探究与传承是大学最为重要的使命。教师作为高校内部的核心群体，是最重要的知识生产者，高校管理有必要充分尊重他们的利益

与诉求。

其二，大学是一个结构松散的组织，利益主体多元化，如伯顿·克拉克所言，学术权力结构的基本特征是底部沉重、影响弥散和决策渐进（伯顿·克拉克，1994）[145]。只有权力分散、民主管理才能符合大学的组织特征。

其三，"教授治校"的核心内涵也没有改变，它所追求的正是管理民主化，通过各方利益相关者的平等协商达成决策一致。唯有"教授治校"能够保障普通教职工制度化、常态化地参与到学校重大事务的决策之中。

（二）"教授治校"有助于推动我国现代大学制度的构建

首先，对于我国大学而言，只有实现"教授治校"，才能真正落实"教授治学"。这场争论根本目的还是要重塑教授在学术事务上的决策权，使大学回归以学术为本，而非异化为行政的附属组织。理论上看，治校的权力是由治学的权力赋予的，由于大学作为学术组织的特性，而教师又是学术活动的最主要参与者和权威，故而治校的权力是教授治学权力的延伸。但在现实中，治学权力的实现需要治校作为保障，治校是治学的必要条件。目前我国大学教授群体被排除在权力结构和资源分配的过程之外，因而丧失了对学校各种事务的话语权，成为被管理的弱势群体（赵蒙成，2011）[1-5]。只有赋予他们在整个内部管理中参与权、决策权，才能保障治学的实现。

其次，通过"教授治校"，可以调动教师的积极性、主动性，增强学术活力。目前高校行政权力压制学术权力，带来的一个后果就是教师感受不到自己在学校中的主人翁身份。各种行政力量主导学术事务的决策，使教师对所处的大学、对学术事业都丧失了积极性、主动参与性，也抑制了他们进行知识探究的激情。加上行政化的管理手段惯用定量的指标评价教师工作，使得教师整日忙于应付各项任务、疲于奔命。通过教授治校的落实，重新赋予教师在高校内部决策中的话语权，有助于他们重新找回对大学的归属感，增强高校学术活力。

最后，实现教授治校，对内有民主的意义，对外也能起到维护大学自主与自治的作用。教师因其职业的特殊性、集体品格的相对自律，与校内其他行政管理人员相比，在与外界的关系上更具有独立性和反思批判性。教授治校，可以在高校内部形成一股强劲的力量，有力地减少、抗衡政府与市场等外界力量对高校的干预，一定程度上维护高校的自主办学。

六、我国大学实现"教授治校"的可能出路

我国目前大学内部治理的基本结构是实施党委领导下的校长负责制、学术委员会审议学术事务、教职工代表大会负责民主监督。这一制度设计基本符合我国国情和外部行政架构，但在现实中，学术委员会及教职工代表大会的权力却没有得到具体保障和落实，导致教师群体在高校内部治理中丧失话语权。在现有管理体制的基础上，可通过以下两方面举措，尝试落实教授治校权。

（一）加强学院一级教授委员会建设

实践证明，自上而下的管理体制改革遭受重重阻力，进展缓慢。那么，是否可以通过自下而上的方式来推动改革？国外经验也证明"教授治校"尤其重视基层学术组织力量的发挥，特别是院系一级的教授委员会的作用，首先在院系中畅通教师参与决策的渠道，并予以制度保障。

在院系教授委员会的成员选拔上，应采用院内民主选举而非任命的方式，扩大普通教师的比例。院长等行政领导可以以平等的教师身份参与教授委员会，但不得兼任教授委员会主席职务，避免权力过于集中。教授委员会也应是一个常设机构，确保普通教师能够常态化地参与到院内重大事务的管理之中。委员会主席一职应予以固定任期规定，由教师民主选举。教授委员会拥有对院内涉及教学、科研、人事、财务等重要事务的审议权、决策权，同时对院长权力进行监督与问责。

（二）改革校长选拔方式及其角色定位

如同前文所说，校长治校与教授治校并不一定矛盾，其取决于校内决策的产生方式究竟是行政命令式的还是民主协商而来。校长，作为大学行政权力和学术权力二者的协调枢纽，其角色在今天的大学治理中尤为重要。

首先，我国大学校长的选拔方式有待改进。当前校长的选拔，还是采用行政干部任命的方式，校长的权力来源于上级教育主管部门的任命。所以，校长往往对上负责，而不对下负责；校长的权力受上制约，而不受下制约。校内教授委员会对于校长权力完全起不到监督、制衡的作用。故而，有必要改进当前大学校长的选拔机制，使校长选拔更加科学化、民主化，赋予大学教师在校长选拔中实质性的投票权。

其次，大学校长的自身角色也需要进行转变。依靠教授"治校"是大学校长治校的必然选择，而不能越俎代庖。校长应当尊重并切实履行校学术委员会的决议，而不是漠视、践踏学术委员会的权力。同时，经营和组织协调能力对于今天的校长日益重要。教授治校，将部分权力及具体管理事务委托给校内具体职能部门，这就要求专业的校长带领专业的管理团队更好地履行教授委员会的决议，高效地进行校内治理。

目前已有诸多高校对于落实教授治校进行了一些有益探索，如东北师范大学的教授委员会制度强调基层教授委员会的建设（严蔚刚，2014）[26-33]，以及吉林大学、华中师范大学等一批高校校领导退出校学术委员会的举措（汪洋，龚怡祖，2014）[25-30]。然而这些探索是否得以切实实施、实际效果如何，都还有待更多的研究。

参考文献

伯顿·克拉克. 1994. 高等教育系统：学术组织的跨国研究[M]. 王承绪等译. 杭州：杭州大学出版社

陈何芳. 2010. 教授治校：高校"去行政化"的重要切入口[J]. 教育发展研究，(Z1)：68-73

韩骅. 1995. 论"教授治校"[J]. 高等教育研究，(6)：36-40

韩骅. 1998. 再论"教授治校"[J]. 高等教育研究，(1)：39-43

彭阳红. 2011. "教授治校"的现代变革：以德、法、美为例[J]. 现代教育管理，(4)：122-125

彭阳红. 2012. "教授治校"与"教授治学"之辩：论中国大学内部治理结构变革的路径选择[J]. 清华大学教育研究，(6)：106-110

眭依凡. 2002. 教授"治校"：大学校长民主管理学校的理念与意义[J]. 比较教育研究，(2)：1-6

汤智，李小年. 2015. 大学基层学术组织运行机制：国外模式及其借鉴[J]. 教育研究，(6)：136-144

王洪才. 2015. 大学治理的四种内涵[J]. 苏州大学学报（教育科学版），（4）：17-19
王冀生. 2002. 现代大学制度的基本特征[J]. 高教探索，（1）：13-18
汪洋，龚怡祖. 2014. "校长退出学术委员会"的改革取向分析：兼论大学校长选拔制度的去行政化[J]. 高等教育研究，（6）：25-30
严蔚刚. 2014. 我国高校"教授治学"的实践调适及思考：以东北师范大学教授委员会为个案[J]. 中国高教研究，（9）：26-33
杨叔子. 2002. 论教授治学：兼议《华中科技大学学术委员会工作条例（试行）》[J]. 高等工程教育研究，（1）：1-6
杨兴林. 2012. 关于"教授治校"与"教授治学"的再思考：与赵蒙成教授商榷[J]. 高等教育研究，（4）：45-51
杨兴林. 2014. 关于教授治校与教授治学的再探讨：与赵蒙成教授之《再商榷》的商榷[J]. 高教探索，（1）：18-24，35
张君辉. 2006. 论教授委员会制度的本质——"教授治学"[J]. 东北师大学报（哲学社会科学版），（5）：150-155
张意忠. 2007. 论"教授治校"及其现实意义[J]. 江西教育科研，（9）：71-74
赵蒙成. 2011. "教授治校"与"教授治学"辩[J]. 江苏高教，（6）：1-5
赵蒙成. 2013. "教授治校"的实质与边界：与杨兴林教授再商榷[J]. 江苏高教，（2）：1-5
周川. 2014. 中国近代大学"教授治校"制度的演进及其评价[J]. 高等教育研究，（3）：77-84
朱守信，杨颉. 2015. 教授治学与教授治校：一个似是而非的争论[J]. 大学教育科学，（1）：64-68
胡建华. 2001. 战后日本大学史[M]. 南京：南京大学出版社
朱永新，王智新. 1992. 当代日本高等教育[M]. 太原：山西教育出版社

作者简介 | 刘隽颖，厦门大学教育研究院博士生，高等教育基本理论研究方向。

The Realistic Significance
of "Professorial Governance" and Its Pathways

Liu Junying

Abstract: In order to avoid some misunderstandings, it is necessary to clarify the meanings of "Professorial Governance" and "Professorial Governance on Academic" after retrospecting the argument on them. The fundamental divergences between these two opinions caused by their different designs on the extent of professor's power and the power structure in university. In foreign universities, the democratic management in the colleges and departments plays an important role in their traditional professorial governance and becomes an effective counterweight to administrative power. "Professorial Governance" is still suitable for Chinese universities nowadays, and especially helpful in the construction of our modern university system. The pathways to "Professorial Governance" include the enhancement of Professor Committee in colleges and reforms on the selection methods and roles of university presidents.

Keywords: professorial governance, realistic significance, pathways, professorial governance on academic

我国现代大学治理模式研究

刘 慧

摘　要：建立现代大学制度是当下我国高等教育面临的重要挑战。大学治理作为一种新型理念受到我国高等教育学术界和管理界高度重视。随着大学治理理念被应用到高等教育领域中来，各具特色的现代大学治理模式初步形成。针对国内大学治理状况，本文提出以利益相关为基础的现代治理模式、以制度建设为保障的科学治理模式、以部分管理为关键的分权治理模式、以共同治理为重点的民主治理模式和以质量追求为核心的理性治理模式等五种模式。

关键词：现代大学制度　大学治理　治理模式

一、大学治理的内涵及其解析

概念是理论建构的最基本要素，对概念内涵的探讨与界定对于研究在统一规范内进行具有重要意义。哈克耶（2014）[128]曾说："在对人类事务的研究中，交流的困难始于我们想分析的对象的定义和命名。"因此，我们有必要探讨"治理""大学治理"的内涵。

（一）"治理"

"治理"（governance）一词最早源于古典拉丁文和古希腊语，原意是控制、引导和操纵。在1989年，世界银行的报告中首次提出"治理危机"（crisis in governance）问题以来，"治理"这一概念之后在许多国家的政治、经济和社会管理中得到了广泛的应用，并逐步构建了治理理论的框架和逻辑体系。联合国发展研究所副主任休伊特指出:"今天的国际多边、双边机构和学术团体及民间志愿者组织关于发展问题的出版物很难有不以它(治理)为常用词汇的。"(宜勇,2009)[420] 由于治理被广泛地应用于各个领域,不同领域差异性的存在,使得人们对治理并没有一个可以适用于任何领域的统一解释。虽然治理没有统一的、普适的概念,但人们往往从自身的学科视角出发做出解释。

治理理论的主要创始人詹姆斯·罗西瑙(2001)[55]认为治理是:"一系列活动领域的管理机制,他们虽未得到正式授权,却能有效发挥作用。与统治不同,治理指的是一种有共同目标支持的活动,这些管理活动的主体未必是政府,也无须依靠国家的强制力量来实现",治理"既包括政府机制,又包括非正式、非政府的机制,随着治理范围的扩大,各色人和各类组织得以借助这些机制满足各自的需要,并实现各自的愿望"。

罗伯特·罗茨(1996)[42]认为,治理标志着政府管理含义的变化,指的是一种新的管理过程,或者一种改变了的统治状态,或者一种新的管理社会的方式。他主要从六个相对独立的角度和层次来理解和使用"治理":一是最小国家的管理活动的治理,指国家削减公共开支,以最小的成本取得最大的收益。它重新界定了公共干预的范围和形式,以及利用市场或准市场的方式来提供"公共服务"。二是作为公司治理模式的治理,强调服务提供中的公正性、开放性和全面解决问题的责任。三是作为新公共管理的治理,倡导将私营部门的管理主义精神和市场竞争机制引入公共管理部门和公共服务中,提高公共管理的绩效。四是作为善治的治理,强调效率、法制、责任的公共服务体系。善治涉及一种有效率的公共服务、一种独特的司法体制以及履行合同的法律框架。五是作为新的社会控制系统的治理,认为新的社会政治体系或模式的形成是行为者互动参与的结果。六是作为自组织网络的治理,强调建立以信任、合作、互惠为基础的社会资本资源交换和共享的自主性网络,形成社会自主的和公民自我的管理模式。

可以看出,要对治理作出一个统一的概念似乎比较难。研究治理理论的知名学者格里·斯托克(1999)[19-30]总结了关于治理的五个方面的主要内容:第一,治理是出自政府组织,但又不限于政府的一套进入公共政策过程的社会公共机构和行为者；第二，治理意味着在为社会和经济问题寻求解决方案的过程中存在着界限和责任方面的模糊性；第三，治理肯定了在设计集体行动的各个社会公共结构之间存在着权力依赖；第四，治理指社会中各类行为者网络组织的自主自治管理；第五，治理意味着，办好事情的能力并不在于政府的单一权力和力量，也不在于政府是否下命令或运用其权威，而在于政府与公民社会之间广泛的社会联系，在于政府运用新的治理工具和技术来引导其发展。

此外，理解治理的含义，必须了解与它相似的概念，如管理、新公共管理的区别。

1. 管理

现代经营理论之父法约尔，在1916年出版的《工业管理和一般管理》一书中首次提出，"管理活动指的是计划、组织、指挥、协调、控制"（亨利·法约尔，1980）[5]。美国管理学家哈罗德·孔茨在《管理学》一书中说："管理是一门科学，是一种手段，还是一种艺术"（哈罗德·孔茨，海因茨·韦里克，1993）[1]。可以看出，管理通过计划、组织，指挥协调各方，控制组织目标的达成。

2. 新公共管理

新公共管理是一种国际性思潮，它起源于英国、美国、新西兰和澳大利亚，并迅速扩展到其他西方国家。新公共管理运动的兴起意味着公共部门管理尤其是政府管理研究领域范式的转变。胡德在其担任伦敦经济学学院院长的就职演说中，将"新公共管理"的内涵特征刻画为如下七个方面：①向职业化管理的转变；②标准与绩效测量；③产出控制；④单位的分散化；⑤竞争；⑥私人部门管理的风格；⑦纪律与节约（赵景来，2001）[72]。

那么治理的全新、超越意义在哪里呢？具体来说，第一，治理是不断壮大、发展和进行改革的管理。治理具有发展性，不仅体现在治理目标的发展性上，也体现在治理是动态发展的过程中。第二，治理具有否定之否定的蕴涵，是对管理弊端的否定，是管理的前进。治理最突出的特点就是对于管理弊端的克服，它不是完全抛弃管理，而是有所选择，是更加科学化、现代化的一种管理。第三，治理不是和管理明显地区别开来，管理是治理的初级阶段，治理是管理的高级阶段，管理作为治理的初级阶段包含于治理之中，治理并不排斥管理，治理是管理的改进与变革。第四，治理是管理的成熟阶段，是作为一个新的理念，是以对管理的革命出现的。第五，治理是一种"善治"，治理本身是"善"的，是发展的，包容的，灵活的。治理在质量追求、共同治理、制度建设、部分管理、利益相关等方面与管理有着相似又不同的更高的要求。

（二）"大学治理"

治理作为一种新的理念和实践模式逐渐被应用，这也逐渐影响到大学的改革。大学治理是治理的亚层次概念，是治理在具体领域的深化与改造。治理与大学治理具有通约性。对于治理的讨论，部分适用于对大学治理的理解。不同的是，大学治理是针对具体大学组织而言的，有具体的大学组织目标。

我们认为，大学治理应当包含以下几个方面内容：

第一，大学治理主体更为多元。大学越来越成为多方利益相关者的纽带，各利益相关者越发关注大学的发展，通过直接或间接地方式参与到现代大学治理中去，构成大学治理的主体。

第二，大学治理方式更加多维。各利益相关者来自不同领域，代表着社会力量、行政力量和学术力量等对大学治理产生影响，更加完善的治理体系和更加强大的治理能力促使大学治理方式更加多维化，大学治理过程也更为民主化。

第三，大学治理的目标更为理性。随着高等教育大众化以来，人们对大学教育质量的关注也越来越多。大学治理的出发点和落脚点都应当是大学教育质量的治理。这也是大学治理与其他组织治理的区别所在。

第四，大学治理追求秩序与和谐的同时，更注重大学使命的回归。秩序是大学运行的依据，也是高效运行的表现。如果大学没有秩序，就会处于混乱之中。和谐是大学治理使得大学各方利益相关者都达到目的的舒适状态，是大学治理以秩序为内核的外在呈现。秩序与和谐都是大学治理要追求的目标，但大学治理并不等于秩序加和谐，大学治理还要实现大学使命的回归。如果说大学秩序和和谐是大学治理的表现，那么大学使命的回归就是大学治理的灵魂。

第五，大学治理强调协商共治。如今大学是与社会各界有着多样化联系的综合体。大学职能呈现细分化、多样化特点；大学组织结构也变得松散化、边界模糊化；大学治理活动个性化、自主化；大学利益相关者复杂化、多元化等。这些特点的出现，使得大学治理主体呈现"去中心化"的特点。"在今天，对于边界的界定与坚守关乎大学存在的种种合法性；与此同时，超越边界则往往意味着大学失去稳定性，面临重新合法化的选择。"（王建华，2006）[1]大学所涉及的利益相关者越来越多，多方参与式的共同治理成为一大趋势。各方权力主体，经过合作、协商、包容、互动，达到价值理念和制度上的共识，将差异性主体统一，进而相辅相成，达到自治基础上的共同治理。

二、大学治理的五种模式

（一）模式分析方法

大学作为组织形态的一种，具有和其他组织相似的特点，也有自身的特殊性。对大学组织进行研究，往往采用"模式"分析方法。

所谓"模式"分析方法，就是对现实进行抽象的一种研究方法，抓住事物的主要方面，忽略事物的次要方面，以认识事物变化的本质规律。模式可以起到从现实抽象出概念，并利用概念系统的逻辑分析方法，间接地对现实世界进行深入分析和推理的作用。之所以采用模式分析方法来研究组织行为，是由于组织行为的复杂性及人们认识组织运行规律的需求。在高等教育研究发展过程中，研究人员先后提出大学组织的多种分析模式，包括科层、学者团体、政治、有组织的无政府模式等。研究人员选定的分析模式不同，对于大学组织的分析逻辑也不同，得到的管理策略也有所差别。大学组织现象本身是复杂和多样的，多种分析模式增加了我们对于大学组织认识的全面性，在多种分析模式之间，没有绝对的孰对孰错、孰优孰劣之别，只有哪一个模式更适合于分析和解释研究对象的行为。（阎凤桥，2006）[1]

美国学者彼得森于 1985 年撰文，回顾了高等教育组织理论研究的发展历史。他把这个领域的发展划分为三个阶段：20 世纪 60 年代为"婴儿期"，这个时期有关高等教育组织和管理的文献十分缺乏；70 年代为"少年期"，研究人员试图建立相关的理论；80 年代进入"青春期"，学术团体开始注意确立高等教育管理研究在学术界的地位，为丰富和发展学术做出自己的贡献（Peterson，1985）。20 世纪 50 年代以来，学者们在研究大学组织的基础上，逐渐提出一些理论模型。这些模型主要包括学院模型、科层模型、政治模型、有组织的无政府模型、文化模型等（托尼·布什，2000）。

1. 学院模型

研究人员最早采用学院或学术共同体模型来描述大学组织的特征。主要认为学院模型特征的大学，往往建立开放性的论坛。供参与者自由表达意见；权威来自学术专长，学者是学校活动的中心；采取集体决策方式，行政只起执行决策的功能。

2. 科层模型

一些研究人员借用韦伯"科层"概念，研究大学组织的运行机制。它的特征是：效率、可计算性、可预测性和可控制性。但是也有更多的研究表明，大学的科层特性与"理想"的科层形式有较大的区别。

3. 政治模型

有研究人员针对上述两个模型的不足之处，提出了政治模型。认为大学中存在不同的利益群体；由于利益群体的存在，所以矛盾不可避免；提高决策的参与程度可以缓解矛盾；决策比领导和管理更重要。

4. 有组织的无政府模型

该模型主要有三个特点：一是大学的目标是模棱两可的。目标无法对行动以明确的指导，也无法测量目标的实现程度。二是大学的技术是不确定的。实现目标的有效方式是不确定的。三是大学的参与者是流动的。不存在这样一群人，他们始终关心和参与某项决策。

5. 文化模型

一些研究者认为，文化是组织成员在处理环境适应和内部协调问题时所持有的基本假设。对于那些控制机制较弱的大学来讲，文化发挥着积极的整合作用（阎凤桥，2006）[69-73]。

可以看出，高等教育研究人员对大学组织的运行方式进行了分析，采用了模型研究方法，有的从大学的组织结构上，有的从大学运行的机理上对大学组织进行分析。这可以加深我们对大学组织特性的认识，顺应了特定时期下大学组织发展的要求。

（二）现代大学治理的五种模式

随着大学在社会生活中的地位和作用发生变化，大学的管理也进一步发展，管理理念被纳入治理中来，成为治理理念发展的初级阶段，原有的在大学管理理论盛行时期构建的大学组织模型，逐渐不适应现代大学发展的需要，大学治理模式研究开始受到广泛关注。建立现代大学制度是社会各界，尤其是高等教育研究领域持续关注的话题。潘懋元（2001）[29]指出："大学要完成其使命，还有许多制度方面的问题需要解决，而且没有现成的解决方案。开展现代大学制度研究，促进大学制度现代化，是我国大学完成其使命的需要。"建立现代大学制度是大学发展新阶段的时代要求，大学改革逐步推广开来，大学治理也逐渐形成新的特点。现总结有如下五种大学治理模式。

1. 以利益相关为基础的现代治理模式

现代大学已经不是单纯的独立个体，而是与社会各界有着多样化联系的复合体。不同群体之间因为利益的关联性，而获得对大学的治理权利。在大学治理中，构成以利益相关为基础的现代治理模式。以利益相关为基础的现代治理模式主要具有两方面特征。

（1）大学治理以利益相关为基础

亨利·罗索夫斯基（1996）[59-83]就社会群体与大学之间的重要性程度，列举出最重要群体（包括教师、学生、行政人员）、重要群体（包括董事、校友、捐赠者）、部分拥有者（包括政府、银行）和次要群体（包括市民、社区、媒体等）四类群体。在现代大学制度建设中，采取大学治理理念，就是在充分认识大学作为多个利益相关者的综合体前提下，以各利益相关者的利益联系、共同利益作为基础而展开大学治理。

具体来说，教师、学生、行政人员具有生存与发展的利益诉求，作为大学的最重要群体，是大学内部活动的直接参与者和直接获益人。教师、学生、行政人员对于大学治理中的教学治理、科研治理、师生学校生活治理等方面有着明显的利益诉求。董事、校友、捐赠者作为大学的重要群体，对大学治理起到支持和监督作用，大学治理必须满足该群体的发展要求。大学治理的权力主体、大学治理机制、大学治理经费支配等必然要受到该群体的影响。现代大学被定位成准公共产品，政府对大学的发展具有行政上的部分拥有权，银行作为大学办学经费的提供方之一也成为大学的部分拥有者。这就使得在大学治理中，政府与银行作为部分拥有者的身份，会对大学的发展产生影响，大学治理必须要考虑政府、银行的利益诉求。市民、社区、媒体等是大学的次要群体，这是大学作用具有外溢性的表现。周边的生态环境，社会媒体的监督都会对大学的发展产生一定的要求，大学治理不得不考虑这一群体的利益诉求。

总之，大学治理以各利益相关者的利益联系和共同利益为基础展开，以各利益相关者对大学的忠诚以开展基础，是这一模式的主要特征之一。

（2）大学治理具有现代性

大学治理具有现代性的突出表现就是创新与求变，体现开放、包容、科学、变革、追求卓越的现代精神。

大学治理的现代性体现在各个方面。大学治理的主体不再是一元的，而是多元的；大学治理的权力分配不再是独裁的，而是民主的；大学治理的动力不再是唯一的，而是多样的；大学治理的机制不再是僵化的，而是灵活的；大学治理的成果不再是独享的，而是共享的。同时，大学治理的现代性也体现在大学治理具有包容性。在对大学治理方法的选择上不是非此即彼，而是设计具有针对性、个性化的大学治理方案，达到治理体系和治理能力的科学化与现代化。此外，大学治理的现代性还体现在大学治理由信任导向达到的自律境界。在利益相关的基础上，为了实现共同利益，大学治理的信任机制开始发挥作用。这种信任机制是以共同利益为条件的，进而达到追求卓越、止于至善的自律境界。

2. 以制度建设为保障的科学治理模式

以制度建设为保障的科学治理模式强调制度建设，用制度建设来保障大学治理模式的科学性与合法性，认为制度建设是进行科学的大学治理的重要保障。该模式体现了对在大学内部系统的制度设计上和在大学外部系统的对大学法人地位认证上的关注。

这一模式主要有两方面的特征，即大学系统内部治理制度设计的科学性和大学系统外部治理大学实行法人化改革。

（1）科学的制度设计

早在 17 世纪，捷克的大教育家夸美纽斯就强调了制度对于学校运作的意义。他认为制度是学校一切工作的"灵魂"，"哪里制度稳定，那里便一切稳定；哪里制度动摇，那里便一切动摇；哪里制度松垮，那里便一切松垮和陷入混乱"（任钟印，1990）[243]。按照大学制度颁布的主体不同分类：一是由国家以及代表国家的各级部门统一规定的规章制度，主要通过法律的形式规定下来；二是大学组织为维护日常运作而颁布的各种常规制度和实施细则；三是大学组织各部门根据具体的情况和特点制定或形成的有关规则（高桂娟，2007）[9]。

本文认为，大学系统内部治理制度设计的科学性主要由大学章程来体现。大学章程是建设现代大学制度的重要载体，是促进大学完善治理结构、科学发展的重要内容。《国家中长期教育改革和发展规划纲要（2010—2020 年）》中也要求完善中国特色现代大学制度，加强章程建设。各类高校应依法制定章程，依照章程规定管理学校。

大学章程的内容涉及大学身份标识，大学内部管理体制，教职工、学生及校友的权利与义务，经费、财产和财务制度，社会服务与外部关系，章程制定与修改程序等大学治理的内容。大学在理顺内外部关系的基础上，明确大学章程的制定主体，严格制定程序，保障师生权利，优化大学内部治理结构，形成科学的制度设计。

（2）大学法人化

大学法人化是以制度为保障的科学治理模式的另一主要特征，它是从大学系统外部关系上来探讨的。

大学没有独立的法人地位，就谈不上治理。大学治理的前提是必须拥有独立的法人地位，实现大学法人化。大学法人化为大学治理提供合法性依据，使大学可以在与政府、企业的谈判中拥有平等的地位。在大学拥有独立法人地位的基础上，遵循教育规律原则、保障学术自由原则、遵循法人人格独立原则、教育民事主体地位平等原则、教育非行政化原则、权利与义务统一原则、他律与自律相结合的原则等构建大学法人治理结构。

大学法人化为大学治理提供了相对独立的环境,能够激发大学治理的潜力,发挥大学治理的效力,是以制度建设为保障的科学治理模式的重要特征。

3. 以部分管理为关键的分权治理模式

管理往往是以行政权威、学术权威为实施基础,通过计划、组织、指挥、协调、控制等手段,自上而下地对大学产生影响。部分管理是指大学治理作为管理的成熟阶段出现,但并非完全抛弃管理阶段的有效行为,而是有所扬弃,有所继承。在大学治理中,对管理进行改革,采取部分管理的方法,对于政府、大学、企业等之间权力的分散与制衡具有积极意义。以部分管理为关键的分权治理模式是本文提出的第三种模式,主要有两个特征。

(1)政府角色转变

政府角色转变是以部分管理为关键的分权治理模式的重要特征之一。

在大学治理中,政府角色发生变化,但并非完全退出大学治理之列。政府作为大学治理的利益相关者,对于作为准公共产品的大学治理具有法律上的责任和义务,并能够为大学的发展提供支持。政府具有部分管理权,不具有完全控制权,这是政府角色转变的体现。大学治理是以大学具有完全独立的法律地位为基础,与政府展开的平等对话,政府作为大学治理的参与者出现,而不是行政命令的发布者。

(2)各治理组织间分权与制衡

政府作为多元的利益相关者之一,与其他众多利益相关者一起,成为大学治理的主体。不同的治理群体以利益相关和共同利益作为大学治理的基础,在对大学治理的权力主体的划分上显得更加审慎,为达到各治理组织间分权与制衡不遗余力。大学教师、学生、行政人员、董事会、捐资者、校友、政府、银行、市民、媒体等对大学具有治理的权力,但根据不同群体与大学的重要程度而具有不同程度的权利比重,从而达到各治理组织间的分权与制衡。

大学利益相关群体多元而复杂,若将大学治理权力分散到具体的个体身上而进行大学治理，显然是一种缺乏效率的做法。各利益相关者通过委托代理相关专业组织或专业团队对大学展开治理，表达该利益群体的利益诉求和治理愿望，提供专业、科学的治理手段。

4. 以共同治理为重点的民主治理模式

以共同治理为重点的民主治理模式是现代大学治理的又一模式。该模式形成基础依然是各利益相关者的利益联系和共同利益，在治理方式上是共同治理。

（1）复合共治

复合共治是基于共同的利益诉求，采用不同的治理方式相互合作、相互补充，协同治理大学的一种互动机制（盛正发，2009）[1]。复合共治的主体是高校利益相关者，并且在复合共治过程中能够融合不同利益相关者的多元治理方式。因此，复合共治具有治理主体的多元性、治理方式的多维度性和共治关系的协商合作性这三大特征。

复合共治的实现受共同目标导向、合作信任导向、行为规范导向的影响。共同目标导向是指以各利益相关者共同利益的实现为目标。为了实现各利益群体的利益而具有共同的目标，在共同目标导向下实现复合共治。合作信任导向是在共同目标导向的基础上，各利益相关者逐渐磨合形成的合作信任机制，这一合作信任机制构成了复合共治的又一重要导向。行为规范导向是在前两种导向机制基础上，在大学治理的实践中建立的。各利益相关者建立各方认可的行为规范，依据行为规范的要求，展开大学的共同治理工作。

共同目标导向、合作信任导向、行为规范导向的共同影响达到大学治理的复合共治状态，是以共同治理为重点的民主治理模式的重要特征。

（2）民主治理

民主是现代社会文明进步的要求，大学是实现民主的主要阵地，大学治理实现民主治理具有重要的进步意义。

民主治理体现在大学治理主体多样化、大学治理权力分配民主化、大学治理方式的多维化和大学治理成果的共享化等方面。大学利益相关者群体的多样化决定了大学治理主体的多样化。大学治理主体的多样化要求大学治理权力分配必须科学和民主。大学治理方式与各利益相关者的智能水平与治理能力高度相关，产生多维化的大学治理方式。大学成果的共享化是大学民主治理的诉求和大学治理目标的体现。

民主治理是以共同治理为重点的民主治理模式最为明显的特征，是在大学各利益相关者协商合作、相互信任与制度规约的基础上形成和发展起来的。

5. 以质量追求为核心的理性治理模式

目前在高等教育领域中，"质量"越来越成为一种强势话语，人们对大学质量的追求越来越强烈。以质量追求为核心的理性治理模式是现代大学治理中的一种优质模式，主要有两个特征。

（1）大学治理的质量导向性

以质量追求为核心是现代大学治理理性精神的体现。大学是知识的中心，以追求真理为目的，以实现人的全面发展为重要目标。大学治理的质量导向性对大学发展起到指引与规束作用，是大学治理科学性的根本检验标准。

质量导向性的形成是大学理念中驱动性因素作用的结果，是精神性的，是融入大学治理方方面面的质量文化。以质量追求为核心的理性治理模式重视对各利益相关者质量追求理念的渗透，重视质量文化的培育。大学治理的质量追求是大学面对各种挑战与诱惑时的理性选择，是对大学本质的准确把握与对大学职能的笃定坚守。

（2）实现大学使命的回归

布鲁贝克（1987）[13]认为："每一个较大规模的现代社会，无论它的政治、经济或宗教制度是什么类型的，都需要建立一个机构来传递深奥的知识，分析批判现存的知识，并探索新的学问领域。换言之，凡是需要人们进行理智分析、鉴别、阐述或关注的地方，那里就会有大学。"这体现了大学的学术性、研究性和批判性。大学是传授高深知识的场所，是追求真理的场所，是人才培养的场所。

大学自治与学术自由是大学治理不可缺少的原则与条件。大学以知识的权威地位为立足之本，以大学自治与学术自由为现代大学制度之基，以人才培养的高质量为大学的理想追求。

在现代社会，大学不可避免地被卷入市场化的洪流中，大学对其使命的承担受到市场化、功利化等不利因素的影响。而以质量追求为核心的理性治理模式要牢牢把握大学使命，保证大学追求真理、培养高质量人才的使命得以完成。

总的来说，以利益相关为基础的现代治理模式，一方面揭示了现代大学治理的基础是各利益相关者组织的共同利益，另一方面也揭示了大学治理的"现代性"特征。以制度建设为保障的科学治理模式揭示了现代大学通过制度保障达到治理的科学化，而非依靠行政指令或个体力量。以部分管理为重点的分权治理模式则从治理权力的分配上、治理主体的变化上，揭示现代大学分权治理的特点。以共同治理为重点的民主治理模式揭示了现代大学实现共同治理、民主治理的特征。以质量追求为核心的理性治理模式揭示了大学组织的独特之处，强调人才培养的质量保障。这五种模式既有联系又有区别。它们的联系在于，最基本的逻辑起点都是以各利益相关者共同利益为基础的，并在此基础上通过共同协商，达成治理方案的一致性；它们的区别在于，各有侧重，现实中的大学治理特点可能更倾向于某一模式而具有鲜明特点。这五种大学治理模式共同勾勒了现代大学制度建设的重要内容。

三、制度环境与大学治理模式

这部分主要探讨大学治理模式生长的大的制度环境是怎样的，即这五种大学治理模式存在于怎样的现代大学制度中，尽管有些制度正在生成中，并非是完善的。

如果说这五种大学治理模式主要着眼于大学系统内部环境的话，那制度环境的研究就是从与大学治理联结的包括社会层面、国家层面等宏观制度环境进行的分析。下面主要从依法治校、办学经费拨款制度及现代大学领导制度这三个方面展开。

（一）依法治校

党的十八届四中全会提出全面推进依法治国的总目标是"建设中国

特色社会主义法治体系，建设社会主义法治国家"①。从国家政策方针层面上，为大学依法治校提供了客观的制度环境。《国家中长期教育改革和发展规划纲要（2010—2020）》就将新型的"政校关系"作为建立现代学校制度的基本要求，其第38条规定："推进政校分开、管办分离。适应中国国情和时代要求，建设依法办学、自主管理、民主监督、社会参与的现代学校制度，构建政府、学校、社会之间新型关系。适应国家行政管理体制改革要求，明确政府管理权限和职责，明确各级各类学校办学权利和责任……随着国家事业单位分类改革推进，探索建立符合学校特点的管理制度和配套政策，克服行政化倾向，取消实际存在的行政级别和行政化管理模式。"这也就意味着重构政府与大学之关系，将大学职能的行政化通过法律的方式来规范，是推行依法治教的基础，也是符合依法行政的基本理念的。行政法律制度的完善将成为大学职能依法行使的保障。

推进中国大学法人化的探索，逐渐触及法人治理的核心立法问题，是依法治校、实现大学治理的重要保障，也是现代大学治理模式拥有客观法律制度空间的关键所在。

（二）办学经费拨款制度

现代大学成为多元利益相关者的纽结，随之而来，在经费来源上也拓展更多的渠道。随着社会经济市场化的进一步加深，大学无可避免地卷入这场洪流之中，大学公私界限呈现模糊状态。在大学经费的筹集上，一方面大学依赖于政府的财政拨款；另一方面大学经费来源于市场的比例逐步增加，呈现多样化。现代大学治理中，大学如何顺应市场化发展浪潮，协调大学、政府、社会三者关系，扩大经费来源渠道，是现代大学治理必须面对的内容。

大学经费来源的变化与发展，是大学治理需要把握的财政环境，也是现代大学治理模式运行的基本参照。大学办学经费拨款制度更加完善，为现代大学治理提供保障。

---

① 2014年中国共产党第十八届中央委员会第四次全体会议公报[M]. 北京：人民出版社：3.

（三）党委领导下的校长负责制

大学治理权力分配体现大学各治理主体的资源对比与力量格局。在我国，大学与政府关系最为密切，在很大程度上依然受到行政力量的支配，学术力量与社会力量的作用相对较弱。去行政化改革是要求权力分配公平、实现权力制衡的重要举措。现代大学治理需要权力分化、权力下放的发展环境。实现大学治理权力主体的多元化，要求政府简政放权，提高学术权力的地位。党委领导下的校长负责制在协调政府与大学之间的关系起到重要作用。要继续坚持和完善党委领导下的校长负责制。

大学治理权力分配问题是现代大学治理必须要解决的问题，是现代大学治理模式生长、发展的关键条件，党委领导下的校长负责制为现代大学治理提供了制度保障。

四、现代大学治理模式的典型案例

（一）汕头大学个案研究

1. 汕头大学概况[①]

汕头大学设立于1981年，是教育部、广东省人民政府、李嘉诚基金会三方共建的综合性大学，也是全球唯一一所由私人基金会——李嘉诚基金会持续资助的公立大学。设有文学院、理学院、工学院、医学院、法学院、商学院、长江艺术与设计学院和长江新闻与传播学院，面向全国（含港澳台地区）招收博士、硕士和本科生。

汕头大学得到著名爱国人士及国际企业家李嘉诚先生的鼎力相助，李嘉诚基金会对汕大（包括长江商学院）的支持款额达80亿港元（至2018年）。不仅如此，李嘉诚先生还为汕头大学的建设和发展付出了大量的心血，充分显示出李嘉诚"造福桑梓"的高尚情怀和对国家教育事业重要性根深蒂固的坚定信念。学校秉承"建立自我，追求无我"的育人思想，坚持以学生为本，进行大学管理体制的改革和

---

① 汕头大学官网. 汕头大学概况[EB/OL]. http://www.stu.edu.cn/. [2016-1-15].

人才培养模式的创新,并计划全新兴建的医学院将开展全球最前瞻的生命科技教学课程。2001年起,学校全面启动以国际化为导向的改革工程,聘请外籍人才担任执行校长、副校长、院长等职务,在课程、教学、资源管理及人事制度等方面进行具典范意义的全方位改革。汕头大学将致力于建设成教育质量卓越,体制机制先进,国际化特色鲜明,服务国家和广东经济社会重大需求,具有鲜明创新、创造、创业特色的高水平大学。

2. 汕头大学治理模式

汕头大学章程表明:学校是非营利事业单位法人,具有独立法人资格,依法享有办学自主权,独立承担法律责任[①]。汕头大学的治理主体呈现多元化特征,是汕头大学各利益主体相互协调的结果。目前的汕头大学治理主体的组织主要有董事会、校长、中国共产党汕头大学委员会、监事会、学术委员会、教职工代表大会、学校共青团、学生会组织及学生代表大会等。

(1) 董事会

董事会是学校最高决策机构,对学校的重大事项行使决策权,协助政府管理学校。董事会由21—31名(单数)董事组成。董事由与汕头大学实际工作有关系的人员和社会知名人士担任。广东省教育行政主管部门负责人、学校校长和党委书记是董事会当然成员。董事会每届任期三年。根据工作需要,下设常设或临时专门委员会。董事会委任董事会成员领导各专门委员会,专门委员会可吸纳非董事成员。专门委员会接受董事会委派的工作,并向董事会负责。

董事会行使下列职权:推荐校长人选、审议副校长人选;决定学校发展的重大议题;审议学校办学性质、宗旨、类型等;审议和决定校内学院、学科门类的设置、调整等;帮助筹集办学基金,监督学校建设和资产管理;保护学校名誉;积极争取各方面人士对学校的支持;审议和决定董事会成员和校长提出的其他事项。董事会会议由董

---

① 汕头大学官网. 汕头大学章程[EB/OL]. http://www.stu.edu.cn/. [2015-5-4].

事会主席主持，主席因故不能参加会议时，可制定一名董事会成员主持。董事会会议在有不少于3/4董事参加时方可作出决定，董事会决议须得到出席会议人数的半数以上表决同意方可通过。董事会每年必须召开至少一次全体会议，也可根据需要召开特别会议。

（2）校长

校长受广东省人民政府和董事会授权，对学校行政事务、学术事务、资源使用行使决策权和管理权。任期五年，可连任。

校长行使以下职权：推荐副校长人选；选聘各院院长；主持拟定学校发展规划，并提交董事会审议，组织实施学校工作；决定校内管理机构的设立、任命各机构负责人；聘任教师；决定教职工和学生的奖励与处分；审批年度经费预算方案；负责招生工作；负责学院、学科建设工作等。校长行使权力受董事会和监事会监督。

（3）中国共产党汕头大学委员会

中国共产党汕头大学委员会领导学校党的建设工作，履行政治领导和政治保障职能。

中国共产党汕头大学委员会行使以下职权：宣传和执行党的路线方针政策，宣传和执行党中央、上级组织和本组织的决议；做好干部和人才工作；领导学校思想政治工作和德育工作；领导学校党的纪律检查工作；领导学校各级党组织建设；领导学校教育工会、共青团、学生会、研究生会等群众组织和教职工代表大会；负责统一战线工作。

（4）监事会

监事会是学校办学活动的监督机构，其职责是保证办学活动符合法律、国家政策、学校章程和董事会的决定。监事会由九名监事组成，学校党委书记任监事会主席，领导监事会工作。监事会其他成员包括：学校董事会成员两名（不含校长或者执行校长），学校党委委员一名，纪委委员一名，教职工代表两名，学生代表两名。监事会成员人选由学校党委提出并交由董事会表决通过。监事会每届任期五年。

监事会行使以下职权：就学校办学中的事项向校长、副校长提出质询和建议；监督校内各机构及其负责人、教职工的工作；定期向董事会和教职工代表大会报告学校执行法律、国家有关政策和董事会决定的情况；监事会不干涉校长、学术委员会和基层学术单位独立开展工作。监事会每年召开会议不得少于两次。学校或学校组织不接受监事会的质询和建议时，监事会可提请董事会作出裁定。

（5）学术委员会

学术委员会是校内最高学术机构，统筹行使学术事务的决策、审议、评定和咨询等职权。学术委员会由不低于25人的单数成员组成。学术委员会设主任一名，由校长提名、学术委员会选举产生。学术委员会每届任期四年，学术委员会委员连任不超过两届。

学术委员会行使以下职权：决定各层次教育标准、学位标准和学位授予；制定学术规范，处理学术纠纷和学术不端行为；制定学校招生标准和规则；审议学校宏观学术政策；新学科、新专业的设置；制订教师引进、考核、引进标准和方案；设立各类学术、科研奖学金；负责高层次人才引进；以学术事由对学生进行奖励和处分等。学术委员会可下设学位评定、教师聘任、教学、科学研究、学术规范等专门委员会，审议、决定学术事务。学术委员会建立年度报告制度，每年度对学校整体的学术水平、学科发展、人才培养质量进行全面评价，提出建议、意见；对学术委员会履职情况进行总结。学术委员会年度报告应提交教职工代表大会审议，有关意见或建议的采纳情况，校长应作出说明。董事会、校长、学校党委和监事会应尊重学术委员会在其职权范围内对学术事务作出的决定，行政管理机构和学术单位应执行学术委员会在其职权范围内对学术事务作出的决定。

（6）教职工代表大会

教职工代表大会是教职工参与学校民主管理和监督的基本形式，教育工会是教职工代表大会的工作机构。

教职工代表大会行使以下职能：听取学校相关工作的报告，并提出相应的修改意见和建议；讨论通过学校提出的与教职工利益直接相关的福利、校内分配实施方案及教师聘任、考核、奖惩办法；评议学校领导干部；对学校工作提出意见和建议等。

（7）学生会组织及学生代表大会

学生会、研究生会是学生自我管理、自我服务、自我教育的主体组织，代表学生的根本利益。学生代表大会是全体在校学生行使民主权利和参与学校民主管理的基本形式。

汕头大学的治理模式是以利益相关为基础的现代治理模式的典型代表。汕头大学的治理主体是多元而复杂的，这直接决定了汕头大学为协调各利益相关者的共同利益，必须通过设立董事会、校长、中国共产党汕头大学委员会、监事会、学术委员会、教职工代表大会、学校共青团、学生会组织及学生代表大会等，来代理各方利益相关者利益，表达不同的利益诉求，行使特定权力，各尽其责，并通过共同协商达到大学治理的秩序与和谐状态。此外，由此衍生了各具特色治理方式方法，形成高效的独具特色的现代治理模式。

（二）诺丁汉大学个案研究

1. 宁波诺丁汉大学概况①

宁波诺丁汉大学创建于2004年，是经中国教育部批准，由英国诺丁汉大学与浙江万里学院合作创办，在中国设立的第一家引进世界一流大学优质教学资源、具有独立法人资格和独立校区的中外合作大学。根据泰晤士高等教育以及上海交通大学公布的权威排行榜，诺丁汉大学位列世界高校百强。

宁波诺丁汉大学以"一流学术成就一流国际化人才"为办学宗旨，将英国诺丁汉大学的优势学科与中国社会经济发展实际所需相结合，引进一系列具国际一流水准的学位课程，使中国学生能以较低的成本获得世界优质高等教育。学校的所有本科和研究生课程实行全英文授课，实行与英国诺丁汉大学完全一致的教学评估体系，并专门设有英语语言教学中心来培养学生的学术英语能力。在科研方面，学校同国内外的学术机构有着各种形式的合作，并设有一系列研究机构，

---

① 宁波诺丁汉大学官网. 宁波诺丁汉大学概况[EB/OL]. http://www.nottingham.edu.cn/en/index.aspx. [2016-1-15].

包括亚太研究所、应用语言学研究所、可持续能源技术研究所、国际金融研究所、全球化与经济政策研究所、创意与数字文化研究所、可持续制造研究中心、中外合作大学研究中心等。

国际化是宁波诺丁汉大学的一项核心发展战略。这一战略的实现由一支强大的国际师资队伍加以保证。学校师资全部由英国诺丁汉大学严格选派，从而使中国学生以远低于海外留学的费用、不出国门就能享受到国外一流大学的教育资源。目前，学校已拥有众多来自世界上不同国家的专任外籍教师，从事学术英语及专业课程的教学。同时，学校有一支不断壮大的国际学生队伍，包括全日制国际生、学年或学期制的交流学生，攻读学位课程。随着学校的不断发展，国际生的比例将逐渐达到在校生总数的15%。此外，每一个宁波诺丁汉大学学生都有机会通过夏季短学期，或通过交换项目与海外学习项目到英国诺丁汉大学或其他世界著名院校学习。目前，学校已与加拿大、美国、英国、澳大利亚、新西兰、马来西亚、荷兰、爱尔兰、挪威、瑞士、韩国、智利、新加坡、香港等国家和地区的知名高校建立了交流学习的项目。

2. 宁波诺丁汉大学治理模式

宁波诺丁汉大学行政服务部门包括：人力资源办公室、信息服务办公室、国际交流办公室、国际职业发展培训中心、学术支持（ASU）、英文图书馆、就业指导办公室、市场与传媒办公室、心理咨询中心、招生办公室、教务办公室、教育发展基金会、校友会、环境健康与安全部、研究生部、科研办公室、资产办公室。①

人力资源办公室通过吸引、激励人才来支持大学的发展，并在大学为学校员工提供服务，与之保持密切的联系。在就业问题上，提供相关服务与专业咨询。参与大学人员规划、组织结构和政策的调整。

信息服务办公室的职能主要在于为学生提供IT服务及网络学习资源。

---

① 宁波诺丁汉大学官网. 宁波诺丁汉大学行政服务机构[EB/OL]. http://www.nottingham.edu.cn/cn/faculties/professionalservicedepartments.aspx. [2016-1-15].

国际交流办公室主要负责国际留学生的相关工作。国际职业发展培训中心的主要职能有：通过与英国诺丁汉大学、国内外领先行业学会、知名企业开展深入合作；通过组织一系列高质量的活动和项目、积极引进行业导向人才培养模式、组织高端职业发展课程和进行国际注册工程师资质认证；致力于提升在校生学术实践水平、深化终身教育理念、打造未来职业发展路径的规划能力；疏通诺丁汉与其他专业、学术、决策机构交流的渠道；致力于推进国内外学会、学校与企业、学校与学会之间的对话。

学术支持（ASU）负责：提供英语和学术技能支持；鼓励自主学习和自主语言学习的发展；通过课外活动培养英语语言环境；提供与学生的专业直接相关的有针对性的学习经验；增强毕业生技术转换能力。

英文图书馆负责：覆盖所有UNNC科目；电子数据库集合包括电子书、电子期刊和数据库；对学习技术如Moodle的支持。

就业指导办公室负责：提高毕业生就业能力；掌握毕业生就业去向；开办促进就业的活动或组织举办招聘会。

市场与传媒办公室负责：学校的宣传工作，扩大学校的知名度和影响力；学校本科生、研究生招生简章的制订与宣传；为学生、家长和社会提供相关服务信息等。

心理咨询中心为所有注册的学生和大学雇员提供免费咨询，提供专业而机密的帮助，促进解决情感或心理健康问题。

招生办公室负责本科生、研究生、国际生、港澳台学生的招生工作，并通过对就业和校友信息的宣传等做好学校的招生工作。

教务办公室负责为所有教师和学生提供教学支持。办公室的主要职责包括：制作教学日历和课表，统筹安排教室，组织考试，奖学金管理，学籍管理以及为各学院提供行政支持。办公室（包括一年级办公室、理工学院教务办公室、人文教育学院教务办公室、社会科学学院教务办公室、综合教务办公室）负责学术申诉、学生服务、考试、教学课表、奖学金等具体工作。

教育发展基金会负责：筹集和管理社会各界给予宁波诺丁汉大学

的捐赠；负责制定基金会章程；选定组织成员；管理筹款项目；制定捐赠办法；负责捐赠管理工作；播送捐赠新闻等。

校友会负责：为学校、毕业校友与在校学生搭建沟通的桥梁；发展壮大全球诺丁汉校友队伍并且以此不断提升诺丁汉大学的综合竞争力；打造校友网络的品牌形象；开展一系列的校友相关项目，如导师计划、行业分享会、返校日、校友聚会等。

环境健康与安全部负责：为大学发展提供建议与支持；开展相关训练课程；确保员工、学生和游客具有安全的环境。

研究生部负责：为研究生提供支持与指导；提供基础培训和社会事件结合的课程；与英国和马来西亚学校保持密切联系，以提供相关的研究与培训支持。

科研办公室负责：定期举办讲座；管理项目申报工作；提供科研支持；管理学术机构。

资产办公室负责为支持大学基础设施、建筑物和土地提供战略运营和支持服务。

宁波诺丁汉大学的治理模式是以制度建设为保障的科学治理模式。宁波诺丁汉大学是英国诺丁汉大学与浙江万里学院合作创办，既具有明显的国际化办学特色，又带有民办院校精简机构、直线治理的特点，在大学治理上强调达到一种国际化办学的理想。在治理跨度更大、治理文化背景更复杂的情况下，宁波诺丁汉大学更加依赖于科学的制度设计，以达到在国际化人才的选拔与引进、国际学生招生、办学方向的把握等方面具有公认的制度依据。

五、结语

现代大学治理模式是现代大学制度建设的核心所在。它既有利于为现代大学制度建设提供便捷的治理思路与参考，又直接关系到现代大学在新时期管理方式转型的成败。本文对现代大学治理模式的研究，其主旨就在于揭示现代大学治理的主要特征，现代大学治理不仅应及时成为渗透到现代大学管理中的新理念，而且应逐渐发展成为具有独特的现代性特征又体现多样化的大学治理模式。

在此，笔者试图对本研究作一个简要的总结。概括来说，笔者认为，要让大学治理成为现代大学制度建设应用的新理念，让这五种大学治理模式有更广阔的发展空间，要做到以下几个方面。

1. 树立大学治理理念，推广大学治理模式

大学治理理念是在新的时期引进的一种办学方案，人们对该理念的认识尚处于模糊、肤浅阶段。因此要及时更新观念，树立并传播这一新的大学治理理念，在新舆论的引导下，让社会各界充分认识自己是大学的利益相关者，积极调动各方办学力量，增强现代大学治理的能力。同时，要加强对依法治校、和谐共治理念的传播与推广，促使社会、国家、政府、大学行动起来，加强立法工作，制定相应的政策法规，为达到和谐共治提供有力的法律保障。此外，要发动大学进行管理模式变革，建立现代大学治理模式，并注重推广、应用与改进。

2. 建立协商合作的大学治理机制，保障大学治理模式的运行基础

大学治理机制是大学运行依循的规则与轨道，大学治理必须要有配套的具体规范。建立协商合作的大学治理机制，从现代大学发展的规律出发，从各利益相关者共同利益出发，从学术力量、行政力量和社会力量的制衡出发，通过构建起科学合理的大学治理机制，注重大学质量文化的培育，保障大学治理模式的操作环境，从而促进现代大学制度建设。

3. 拓宽参与渠道，提供参与大学治理模式构建的机会

大学在现代社会中扮演着多种角色，大学治理受到多元的利益相关者的关注与干预。这就给大学治理带来多重困扰，也带来多种发展机遇。大学要主动适应这种变化，增强自身的包容性和主动适应性，积极拓宽各利益相关者参与大学治理的渠道，提供各利益相关者参与大学治理模式构建的机会。

参考文献

高桂娟. 2007. 现代大学制度演进的文化逻辑[M]. 武汉：武汉理工大学出版社
格里·斯托克. 1999. 作为理论的治理：五个论点[J]. 国际社会科学杂志，（1）：19-30
哈克耶. 2014. 致命的自负[M]. 冯克利等译. 北京：中国社会科学出版社
哈德罗·孔茨，海因茨·韦里克. 1993. 管理学[M]. 郝国华等译. 北京：经济科学出版社
亨利·法约尔. 1980. 工业管理与一般管理[M]. 迟力耕，张璇译. 北京：中国科学出版社
亨利·罗索夫斯基. 1996. 美国校园文化：学生、教授、管理[M]. 谢宗仙译. 济南：山东人民出版社
罗茨. 1996. 新的治理[J]. 马克思主义与现实，（5）：42
潘懋元. 2001. 走向社会中心的大学需要建设现代制度[J]. 现代大学教育，（1）：29
任钟印. 1990. 夸美纽斯教育论著选[Z]. 北京：人民教育出版社
盛正发. 2009. 复合共治：中国现代大学治理的新向度[J]. 现代教育管理，（9）：1
托尼·布什. 2000. 当代西方教育管理模式[M]. 强海燕等译. 南京：南京师范大学出版社：35
王建华. 2006. 大学边界论[J]. 清华大学教育研究，（6）：1
阎凤桥. 2006. 大学组织与治理[M]. 北京：同心出版社
宜勇. 2009. 大学变革的逻辑（下），学科制构建：公共治理的视角[M]. 北京：人民出版社
约翰·S. 布鲁贝克. 1987. 高等教育哲学[M]. 王承绪等译. 杭州：浙江教育出版社
詹姆斯·N. 罗西瑙等. 2001. 没有政府的治理[M]. 张胜军等译. 南昌：江西人民出版社
赵景来. 2001. 新公共管理若干问题研究综述[J]. 国家行政学院学报，（5）：72
Peterson M W. 1985. Emerging development in post-secondary organization theory and research：Fragmentation or integration[J]. Educational Researcher，14（3）：5-12

作者简介 | 刘慧，厦门大学教育研究院，硕士生，高等教育理论研究方向。

Research on Governance Mode of Modern University in China

Liu Hui

Abstract：Establishing modern university system is an important challenge for today's Chinese higher education. As a new concept, university governance has been paid much attention by higher education circle in China. In the process of university governance concept going into practice, some special university governance modes come into being. Based on the domestic condition of university governance, there are five models put forward as follows: Modern Governance based on stakeholders, Scientific Governance based on normalization, Decentralized Governance based on partial management, Democratic Governance based on co-governance, and Rational Governance for quality assurance.

Keywords: modern university system, university governance, governance mode

党委领导下的校长负责制之问题及对策分析

——中国梦时代高等教育的必破之茧

魏娜娜

摘　要：党委领导下的校长负责制是我国高校的根本领导制度，是新中国成立以来高等学校内部领导体制长期探索和发展的历史选择。但它在实施过程中存在着诸如党委行政职责界限不清、党委书记与校长关系复杂、选拔与退出机制不健全等问题。为此特提出改进书记校长选拔方式、建立监督与退出机制等措施，以期促进高等教育健康快速发展，为实现伟大的中国梦而助力加油。

关键词：中国梦　党委领导　校长负责制

在总结新中国成立以来正反面经验教训的基础上，我国确立了具有中国特色的高校领导体制——党委领导下的校长负责制。这是中国特色社会主义理论在高等教育事业中的具体实践，是我国高等教育发展实践的必然选择。进入21世纪，高等教育改革和发展的形势和任务日益严峻，高等教育发展所面临的挑战和机遇也更加多样和困难。《国家中长期教育改革和发展规划纲要（2010—2020年）》再次强调"公办高等学校要坚持和完善党委领导下的校长负责制"。2012年，习近平总书记提出"中国梦"这一指导思想，作为能够为经济和文化繁荣发展提供最强和最持久动力的高等教育就更加任重道远。因此，准确把握这一领导体制的科学内涵，对其存在的问题进行剖析及对策分析，并完善工作支行机制，不断提升该领导体制促进高等教育科学发展的能力，是实现高等教育跨越式发展的关键性问题。

一、中国梦与高等教育

2012年11月29日,在国家博物馆参观"复兴之路"展览时,习近平总书记第一次提出"中国梦"重要指导思想,并且表示这个梦想"一定能实现"(李斌,陈二厚,王甘武,2012)。在十二届全国人大一次会议闭幕会上,习近平总书记又发表重要讲话,表示实现中国梦必须弘扬中国精神。这就是以爱国主义为核心的民族精神,以改革创新为核心的时代精神。其实施手段是政治、经济、文化、社会、生态文明五位一体建设[①]。改革创新当然离不开文化和教育,文化这个软实力的影响力越来越受到世界各国的重视。美国在全球推销其影视作品及餐饮产品,使其文化理念渗透到世界各地,意图持续强化其文化霸主的地位。而我国也逐渐认识到文化软实力的作用与影响力,据孔子学院官网数据显示,截至2015年12月1日,我国在全球134个国家(地区)建立500所孔子学院和1000个孔子课堂,世界刮起一股中国风。这将有助于增强我国的国际影响力和话语权,同时为"一带一路"建设打下良好的思想和文化基础。所以文化强国战略在"中国梦"中的地位不容小觑。

而在文化的创造和传播方面,高等教育当是首当其冲,功不可没。2016年2月22日,中国大学第一所海外分校——厦门大学马来西亚分校举行首批新生开学典礼[②],标志着我国高等教育已经开始走出国门,更好地发挥其教育服务与文化传播的功能,增强我国的国际影响力。由此,可以看出高等教育与"中国梦"关系紧密。中国梦最大的特点就是把国家、民族和个人作为一个命运的共同体,把国家利益、民族利益和每个人的具体利益都紧紧地联系在一起。高等教育领导与管理体制中的不合理之处就像一个茧,必定会束缚我国高等教育事业的健康快速发展,要想让我国高等教育与世界接轨,打造世界一流大学,就非常有必要对我

---

① 中国广播网. 2013. 习近平在十二届全国人大一次会议闭幕会上的讲话(全文)[EB/OL].(2013-03-17). http://www.cnr.cn/gundong/201303/t20130317_512169849.shtml. [2016-2-29].
② 中国新闻网. 2016. 厦大马来西亚分校举行首批新生开学典礼[EB/OL].(2016-02-23). http://news.xinhuanet.com/world/2016-02/23/c_128741561.htm. [2016-2-29].

国高校的根本领导体制——党委领导下的校长负责制再进行一番深入地研究与探讨。我们要凝聚每一个人的力量和每一份梦想,以期更好地助力我国实现"中国梦",实现中华民族的伟大复兴,造福中国人民和世界人民。

二、党委领导下的校长负责制的科学内涵与精神实质

(一)科学内涵

《高等教育法》第三十九条明确规定:国家举办的高等学校实行中国共产党高等学校基层委员会领导下的校长负责制。中国共产党高等学校基层委员会按照中国共产党章程和有关规定,统一领导学校工作,支持校长独立负责地行使职权,即采取集体领导与个人分工负责相结合的一种领导体制。

> 集体领导与个人分工负责是既相互区别又相互统一的辩证统一体。这种统一表现为:管理目标统一,决策思想统一,工作部署统一,工作步调统一。它们的区别在于:集体领导主要是对重大问题的决策而言,重大问题的决策权属于党委集体,集体决策的事项按照领导班子成员的责权范围,由个人负责实施。(姜连策,2007)[8]

(二)精神实质

民主集中制是我们党的根本领导制度和组织制度,也是高等学校党委领导学校工作的根本原则。我国高校内部实行的党委领导下的校长负责制,是在民主集中制基础上确立起来的领导体制,党委领导、校长负责,工作中有分工又有配合(桑秀藩,2009)[64-69]。其实质是确立党委在高校的核心领导地位,同时充分发挥校长在学校的重要作用(李克勤,何基生,2012)[80-82]。

党委领导下的校长负责制,"是民主集中制在高校内部领导和管理工作中的创造性运用,体现了民主与集中、集体领导与个人分工负责相结合的原则"(钟秉林,2003)[4],必须在实践中不断地坚持和加强。同时,上

级主管部门对高校执行这项制度的实际效果也应该进行监督和考核，以达到较为理想的效果，促进我国高等教育的健康、快速发展。

三、党委领导下的校长负责制存在的主要问题剖析

党委领导下的校长负责制这一领导体制实施以来，对于促进我国高等教育的稳定和发展，对于培养全面发展的社会主义人才起到了重大作用。但在具体的操作与运行过程中仍然存在一些问题与偏差，其管理的有效性还有待进一步提高，以切实体现高校科学发展的目标。其在发展运行过程中存在的问题，主要包括以下几个方面。

（一）党委行政职责界限不清

虽然党委和校长在制度上，职责划分是非常明确的，但事实上却经常纠缠在一起。依照《高等教育法》的规定，党委的职责是"领导"，校长的职责是"负责"。但现实中常有"领导的不负责，负责的不领导"等说法。大学里书记和校长行政级别最高，他们是实质上的领导，而不是平等协商的关系。即使两个同级别的领导之间由于权力之争也经常矛盾不断，常常出现权力向一方倾斜。最理想的状态是一个完全平衡的状态，但是往往难以出现。集体领导体制容易被架空，党委领导下的大学校长负责制容易变成职责不明，容易变成相互推诿的借口。在集体领导制中主要领导各自责任不清的问题，特别是校长和书记角色不清，非常容易出现争权夺利、领导班子不团结、扯皮和内耗现象（王洪才，2009）[180]。

虽然《高等教育法》规定了党委是进行党的领导，党委对学校重大问题进行决策并直接主管干部人事。但学校中的事务性质往往难以明确界定，一切事项既可变成大事，也可以化为小事，而且许多事都是联系密切，你中有我，我中有你。因此，一到具体的管理过程中，就容易产生摩擦，形成冲突。实践证明，一所党委领导和校长负责职责分明，相互协作的高校，该校领导班子就会有向心力、凝聚力与战斗力（李克勤，何基生，2012）[80-82]。例如，中山大学的前任校长黄达人与前任书记李延保在工作中相互合作、积极配合，被称作"黄金组合"。在他们的共同努力

下，中山大学呈现出强劲的发展势头。而职责不明，相互扯皮与推诿的高校，则必然造成领导班子的离心离德、软弱涣散。

（二）党委书记与校长关系复杂

书记是党委的一把手，校长是行政工作的第一负责人。书记和校长的关系是高校领导班子内部诸多关系中最为核心的关系，也是真正处理好"党委领导"和"校长负责"这对关系的关键所在。校长与书记在工作中的关系往往容易受到他们之间个人关系的影响，个人品性比较宽容大度的，往往他们之间相互配合的默契度也就越高。

有的高校书记校长表面上看起来一团和气，其实在暗地里较劲，并结成各自的势力范围和利益集团，矛盾斗争非常激烈。有些高校呈现出"一头大"的局面（一强一弱），即高校书记是绝对权威，实际上掌权"以党代政"。还有的高校强势的校长当政，导致"党虚政实"等。各种原因，或名或利，或性格都可能会造成书记和校长的关系不融洽。出现这些情况，必然会破坏学校的团结，败坏大学的风气，最终不利于党政工作的开展和高校的健康快速发展。

（三）权力监督与制约机制不完善

相对来说，各级政府对高校领导（尤其是书记和校长）的制约和监督比地方与行政部门更弱。而且，书记与校长之间的相互制约机制比较缺乏。虽然高校内设有专门的监督机构纪委和监察处，但是它们都是学校党委与行政领导的下一级，事实上很难对有关领导特别是党政一把手起到制约和监督作用。因此，近年来高校也成为贪污腐败的易发地。目前，情况虽然有所改观，但在实践中效果如何还是不容乐观。

（四）一些党政领导人缺乏必要的管理知识和管理训练

许多大学领导班子实际上大都由学术上有成就的人士或专家担任，其中不乏管理知识和经验缺乏者，甚至以专业训练和专家习惯代替管理原理者，使本来界定就模糊的规则和程序在其对管理规则和程序不够了解和尊重的习惯下冲击得更加模糊不定，整个学校管理效率低下，队伍缺乏活力，管理团队惧怕创新和承担责任，人心涣散。

（五）制度建设不配套，程序和法规不完备

完善的法律制度是根本、是保障。虽然《高等教育法》中规定了党委的领导职责和校长的执行权力，但并没有规定相应的实施细则。缺乏比较具体的法规和操作流程来保障这一体制的有效实施，现实中主要依靠党政一把手之间基于情感融洽和长期磨合形成的历史传统来维护工作。

有些地方的教育主管部门制定了进一步完善党委领导下的负责制的若干条例规定，有些高校也结合自身实际制定了相应的实施细则，但由于权威性不够，这些细则、规定的实施并不理想。换言之，缺少了国家的法律认可和制度支撑，这些地方规定和高校实施细则就名不正言不顺，达不到预期的效果。党委和校长决策和执行程序不完备的一个主要后果是民主集中制原则流于形式，党政一把手谁的力量大就实际由谁来做个体决策，使得我国高校更多的是人治而不是法治。

就目前我国高等教育的管理体制而言，基本上是决策系统和执行系统，缺乏有效的咨询系统、反馈系统和评价系统。政府对高校的管理，基本上沿袭以往行政命令的方式进行，为高校服务的中介和社会组织很少。制度建设不配套，党政职责、权力界限不清，校长、书记等重要领导人容易争权夺利，形成冲突，危害高校集体的利益和发展。

（六）校长与书记的选拔机制不合理

虽然现在我国大力提倡"依法治国"，但是却似乎并没有真正做到"依法治校"。无论是校长还是书记的选拔，并不是完全按照法定的程序和民主选举的原则来进行的，领导人的意志似乎更为关键。

一是对校长选拔方式的批评，该意见集中在批评现行的大学校长选拔过分"行政化"，即等同于普通官员选拔了（王洪才，2009）[4]。在选拔的过程中很少征求广大师生教职工以及教授团体等专业人士的意见和建议，直接任命，形式主义，缺乏真正的民主精神。

二是对校长任期制的批评。该意见认为应该实行职业化的校长制度，不受任期限制。这方面意见的代表是武汉大学前校长刘道玉教授……他指

出"教授治学,教育家治校,是一条教育规律"。他认为并不是一个人的学问越大就越适合当校长,"大学校长是一个特殊的职业,要求具有较高的职业素质,并不是任何一个教授和院士都可以胜任的"。(王洪才,2009)[5]

"……大学校长的任免,几乎都由上级部门钦定,虽然有民主推荐、教授荐举、考核小组与候选人谈话等形式,但那种民主推荐、教授荐举是一种民意测验,摸底形式,最后还是按长官意志办事,考核小组与候选人谈话也只是蜻蜓点水,走过场,靠一两个小时谈话,就决定此人是否具有领导才能和治校方略,决定能否担任校长,似乎不太科学。"(王洪才,2009)[6]

至于党委书记人选的选拔就更加缺少学术上或者民主的依据了,更多的是依靠候选人的党龄和党内职务以及对党的忠诚度。符合这些条件就比较容易被任命为大学党委书记,其他条件似乎都没有这些更为重要。

(七)学术权力依附性存在

党委领导下的校长负责制,说到底都是国家行政权力在起作用,而大学中最能反映其精神与实质的学术权力却得不到足够的重视,没有起到在大学这样的学术组织中本应有的引领与督导作用。现任中山大学校长罗俊在2015年"山海论坛"——厦门大学分论坛的讲话中,引用哥伦比亚大学教授拉比的著名言论,并将其升华为"教授不是大学的雇员,教授就是大学。大学是一个学术共同体,教授就是大学,没有教授,大学就不复存在"。由此,教授对大学的重要性可想而知。

"教授治校(学)"应该上升到与党委领导、校长负责同等重要的地位,应该在坚持党委领导下的校长负责制的同时,增加教授学者参与教学管理的决策权与话语权,完善学术治理,明确学术权力的作用。否则大学若失去了学术精神,就失去了其成为大学的根本,大学的精神将极度丧失。

四、加强和完善党委领导下的校长负责制的若干思考

（一）完善制度建设，明晰责任、加强权力制约与协调

制度是根本，要想实现依法治校，就必须加强制度建设。就目前而言各高校应根据自身实际情况，围绕教学、科研等制定本校章程，明晰党委书记、校长等重要领导人的权力界限，发挥教职工代表大会应有的作用，使民主集中制能够真正落实到高校的日常管理过程中，而不仅仅是停留在文件上。为了增加大学章程等规章细则的权威性，国家应出台或者修订相关的法律条文，对其进行法律上的确认，以使其拥有足够的法律权威性和震慑性。

失去制约的权力容易产生专制和腐败，失去协调的权力又极易产生阻碍与低效。只有完善的权力制衡与协调机制才是领导体制高效和清廉的真正保障。据此，应制定相应的法律条款及实施细则，明确、细化校长与书记等人员的职责、义务和权力范围，使其在各自的权责范围内更好地履行其职能，相互制约，相互协调、配合，以达到理想的治理效果。

要明确"党委领导"，但是也不能忽视"校长负责"，党委不能包办、代替校长行使法律规定的职权；"校长负责"是"党委领导"下的校长负责，不能削弱党委领导，更不能脱离党委领导。党委书记应积极支持校长在职权范围内开展工作，不应包揽行政事务，校长也应主动向党委报告情况，在决定重大问题前，党政一把手应及时通气、沟通思想、取得共识。还要明确党委书记和校长既要相互信任处理好关系，又要各自坚持原则互相提醒，互相监督。（李克勤，何基生，2012）[80-82]

（二）加强领导班子思想政治建设

思想是行动的先导。统一思想、正确理解和把握内涵是贯彻落实好党委领导下的校长负责制的前提和基础。要加强学习型党组织建设，提高自觉性。党委领导下的校长负责制是党的领导在高等教育领域的内在要求。应该利用党委中心学习组、民主生活会等形式，组织全体领导班子成员认

真学习《高等教育法》《中国共产党普通高等学校基层党组织工作条例》及全国和省高校党建工作会议的有关精神（师帅，2010）[32-33]。充分认识到党委领导下的校长负责制的实质和内涵，努力为高校的发展打好先进开放的思想基础，做到管理工作中民主协商、精诚协作、团结互助。

（三）改进党委书记和校长选拔方式，建立监督与退出机制

大学书记和校长的选拔虽有所改革，但仍需不断探索，特别是如何在更广的范围选拔合适人才，而不是一味只重视学术职位，甚至可以探索职业校长的竞聘模式（席酉民，张晓军，李怀祖，2011）[8-10]。为实现我国高等教育强国梦，可以借鉴美国的校长选拔方式，自由竞聘，从全球选拔合适的人才为我所用。

除了改革选拔模式，也要建立相应的监督与退出机制，比如成立教授监督评议会。由校纪检委书记出任会长，从教授代表中选取副会长。本校所有教授及选取的相应比例的其他职工代表，均有权对在任的校长和书记定期进行评议、审查，发现其有不利学校发展或者损害学校声誉的行为可以立即予以提醒、警告。情况严重的，如出现重大违纪行为或者损害师生及学校发展的行为，教授监督评议会代表80%以上通过的，可以直接行使职权对其进行罢免。

还要对选拔的人员与其职位是否匹配进行考核评估，如果发现选拔的人选不适合，无论是否到期都应尽快让其退出关键领导岗位。退出机制可以有如下几种：第一，劝说其主动辞职。第二，当事人主动向上级领导申请重新调配与之相匹配的岗位，待锻炼充分、能力充足，时机恰当时可重新调用。第三，对执迷不悟不愿放权者，须以法律手段强制其退出关键岗位，以免贻误学校的发展。对于第一种和第三种情况可予以适当补贴。以上内容均须形成学校的大学章程，或者得到相关的法律认可，才能拥有法律效力，并最终得到贯彻实施。

（四）强化学术权力，树立服务理念

改革与完善党委领导下的校长负责制，强化学术权力也是其中重要的一环。大学的权力结构应主要由学术权力与行政权力两大权力系统组成。

大学是创造知识、传授知识、传承文明、推动社会进步的特殊单元，大学要真正起到其原本意义上的作用，就应在其内部治理结构中科学划分权力界限，充分发挥"教授治校"，即学术权力的作用。凡是涉及学术方面的重大问题，应该遵循公开、公平、公正的原则，由教授委员会或者学术委员会讨论决定，而不是由"行政化"手段来决定（李克勤，何基生，2012）[80-82]。要形成学术权力决策、行政权力服务的学术管理模式及行政权力决策、学术权力监督的行政管理模式。在学术活动领域，高校行政部门要摆正自己的位置，树立"管理就是服务"的理念，为学术活动的开展提供各种服务（吴坚，2005）[33-37]。

（五）加强大学文化建设

学校文化是学校生活中普遍存在的比较稳定的思想意识、思维方式、行为方式和生活态度的总和，时刻影响着人们对教育的看法、对学校的理解、对学生的认识，以及对教育价值的追求（桑新华，2005）。大学中的各种制度安排构成了大学治理的主要框架，但并不是大学治理的全部，由于"有限理性"等原因，任何正式制度都不会是完全的，正式制度的空缺需要由文化来填补。大学是非营利组织，既然没有哪一个利益相关者承担最终责任，那么拥有一个共同的大学理念就显得尤为重要（赵成，陈通，2005）[18-22]。

一个好的大学理念可以凝聚人心，产生巨大的力量；一个良好和谐的校园文化，可以激发广大教职工和师生强烈的归属感和幸福感。文化的力量看似波澜不惊，实则是润物细无声，在不经意间带给人的感受和影响可能持续一生。

（六）创新管理体制和方式

1. 增加大学与政府之间的缓冲层，完善大学管理体制

各省成立高校评估发展委员会，定期对省内各高校的教学等各方面进行评估，发现存在问题的，及时进行提醒告知。对存在严重办学质量问题的高校，应削减其招生规模，甚至停止其招生。该缓冲层是具有专业资质的评估组织，是具有社会地位的官方组织，成员主要由招募的高等教育专

家人才组成,他们通过自己的评估行为引导大学的行为和发展。这一方面增加了大学的自主权,另一方面可抑制大学组织内部的争权夺利行为,促进大学内部领导层之间的合作。

2. 采取社会参与大学管理的方式

具体而言就是,招募有资历的社会贤达人士组成智囊团,例如,退休的校长、书记、教授或者其他行业的精英。他们大多出于公益的目的,对教育事业有着强烈的热爱和情怀,与学校不产生任何利益往来,只是单纯为学校的发展起一个监督、建议的作用。为大学的重大事务决策及大学校长的选拔提供建议和帮助,他们处于一个客观的、"置身其外"的位置,有利于促进大学内部的科学决策。

3. 积极推进党务、政务公开

积极加大推进党务、政务公开力度,大力推进学校民主政治建设,以党内民主推动校内民主,积极维护广大党员和群众的知情权、参与权、监督权,提高党组织的凝聚力、创造力和战斗力,为实施好党委领导下的校长负责制提供坚强的保障。制定完善学校党务公开、校务公开实施办法,明确公开事项、责任部门、公开范围、公开形式和公开时限,保证常公开、真公开、全公开(王国炎,陈钧,2011)[54-58]。

(七)促进校长联谊会切实发挥作用

1. 落实联谊工作的实质内容,监督会议有效进行

联谊会议大多选在风景秀美的城市或地区,各与会领导人要清楚明白自己的目的和任务是什么,端正态度,要以经验交流学习为主。会议组织单位要贯彻落实联谊工作的实质内容,切勿流于形式,让联谊会议成了吃喝玩乐的借口。大会应有相应的监督组织,对其总体行为进行督查。

2. 重视参会大学校长的交流感受及参与积极性

联谊会组办方应对参会大学校长的积极性和交流感受予以关注。无论是知名的"名"校长,还是不太知名的"普通"的校长,都应调动他们参与的积极性,关注他们的交流感受。因为他们都可能影响中国高等教育发展的未来。同时,这也彰显了人文关怀,以及公平、平等等社会主义理想和精神。

促进高校之间和高校领导人之间的沟通，促使他们相互交流共享一些好的管理和决策经验，促进校长联谊会切实发挥作用，提高他们的管理能力和工作效率。这也有助于创新、探索更为有效地高校领导管理模式，以节约国家资源，维护高校教职工和学生的利益，维持高校的良好发展。

五、结语

高校党委应该代表广大高校教职工和学生的利益，端正为人民服务的态度，而不是做官的心态；校长做出重大决策应该由党委会讨论通过，按照"集体领导、民主集中、个别酝酿、会议决定"的原则，对重大事项的决定，做到决策前充分沟通，决策中发扬民主，决策后坚决落实（王国炎，陈钧，2011）[54-58]。我们要聚全社会之集体智慧，谋全社会之集体利益。无论校长或者书记都要恪尽职守，力求为学校、为教师、为学生、为学术、为发展，不谋求个人私利，全力奉献自己的教育和管理才华。把高校事业当做自己的人生理想和追求，努力营造一方净土，打造精品学术殿堂，使大学回归办学的根本，培养人才，为社会服务。我们要谨记习近平总书记提出的"中国梦"这一指导思想，努力使高等教育能够更好地为经济和文化繁荣发展提供最强和最持久动力。我们要凝聚每一个人的力量和每一份梦想，更好地助力我国实现"中国梦"，实现中华民族的伟大复兴，造福中国人民和世界人民。

参考文献

姜连策. 2007. 关于加强和改进党委领导下校长负责制的思考[J]. 鸡西大学学报，(6)：8

李斌，陈二厚，王甘武. 2012. 学习贯彻习近平总书记参观《复兴之路》展览讲话述评[EB/OL].（2012-12-06）. http：//news.xinhuanet.com/politics/2012/12/06/c_113936084.htm. [2016-2-29]

李克勤，何基生. 2012. 对完善党委领导下校长负责制的若干思考[J]. 湖南师范大学教育科学学报，(1)：80-82

桑秀藩. 2009. 高校贯彻党委领导下校长负责制的理论思考与实践探索[J]. 思想理论教育，(6)：64-69

桑新华. 2005-07-12. 关于学校文化的初步解读[N]. 中国教育报，第六版

师帅. 2010. 坚持党委领导下校长负责制建设引领科学发展的坚强核心[J]. 中国高等教

育，（12）：32-33
王国炎，陈钧. 2011. 高校坚持党委领导下校长负责制的实践与思考：以南昌航空大学为例[J]. 南昌航空大学学报（社会科学版），（3）：54-58
王洪才. 2009. 大学校长：使命. 角色. 选拔[M]. 上海：上海交通大学出版社
吴坚. 2005. 高校管理中学术权力与行政权力的协调[J]. 高等教育研究，（8）：33-37
席酉民，张晓军，李怀祖. 2011. 改善党委领导下校长负责制管理有效性的思路[J]. 高教探索，（4）：8-10
钟秉林. 2003. 从理论与实践结合上探索党委领导下的校长负责制[J]. 中国高等教育，（24）：4
赵成，陈通. 2005. 治理视角下的大学制度研究[J]. 高等教育研究，（8）：18-22

作者简介 | 魏娜娜，厦门大学教育研究院硕士生，国防教育学研究方向。

On the President-in-charge System under the Leadership of the Party Committee: A Reflection of Chinese Higher Education for "Chinese Dream"

Wei Nana

Abstract: The president-in-charge system under the leadership of the Party committee is the basic system of colleges and universities in China, which was chosen by history since new China has been found. But there are still some deficiencies in the process of implementation, such as the duties of Party administrative are not very clear, which lead to the fact that the relationship is uncertain between the secretary of the Party committee and the president, and the mechanism of selection and exit is not perfect, etc. Therefore, some measures are put forward in this article, such as improvement of the selection mechanism of presidents and secretaries, reinforcement of supervision and exit mechanism and so on, which could help Chinese universities develop healthier and faster and provide an inexhaustible motive force for the realization of the great "Chinese Dream".

Keywords: Chinese Dream, Leadership of the Party Committee, President-in-charge

高校人才培养

大学生参与服务学习及其对社会责任感发展的影响

陆根书　胡士亮

摘　要：随着高等教育的发展，高校越来越强调理论与实践的结合，重视学生在实践中学习。服务学习的发展顺应了高等教育的这一变化趋势，但我国对服务学习的研究与实践还比较少。为了解高校大学生参与服务学习的现状，探讨服务学习对大学生社会感发展的影响，为高校有针对性地开展服务学习活动提供参考，本研究以西安交通大学、长安大学两所高校不同年级、学科的700名大学生为对象进行了调查研究，分析了大学生参与服务学习的状态及其对社会责任感发展的影响。在此基础上，针对高校和大学生，提出了拓展服务学习活动，强化大学生社会责任感的政策建议。

关键词：服务学习　实施品质　社会责任感

一、引言

（一）研究背景

随着高等教育的发展，高校越来越强调理论与实践的结合，重视学生在实践中学习。服务学习（service learning）的发展顺应了高等教育的这一变化趋势，它兴起于美国，并在英国、加拿大、日本等地获得了发展。经过多年的实践，服务学习已经成为一种重要的服务社区、培养大学生社会责任感和公民意识的重要方式，成为促进学生发展，提升其素质的有效途径，对高校提高人才培养质量具有重要意义。

服务学习在一些发达国家和地区已经推行多年，但在我国还处于初步发展阶段。我国高校虽然比较强调对学生进行思想道德教育，但让学生在服务社会的真实情景中应用所学知识、发展社会责任感与公民意识的实践较少。在我国，较早推广服务学习的是香港和台湾地区。香港在2000年把社会服务纳入高校课程；台湾自2006年起在高校开展服务学习相关的课程与活动。近年来，我国也出台了很多政策，鼓励大学生参与志愿服务和社会实践，以便提升大学生的能力与素质。例如，2004年教育部印发了《关于深入推进学生志愿服务活动的意见》，要求切实加强对学生志愿者服务活动的领导，建立健全大学生志愿服务活动长效机制，深入推进学生志愿服务活动。《国家中长期教育改革和发展规划纲要（2010—2020年）》强调要加强校内外实习基地建设，强化对大学生开展志愿服务的引导。一些高校也积极开展服务学习的探索和实践。例如，南开大学是国内较早引入服务学习理念的高校，在2007年开设了无年级、专业选修限制的、学习与服务相结合的公共选修课程。汕头大学从2010年暑假开始推行公益类课程，运用"服务学习"模式，分为课程培训、公益实践、反思分享等阶段实施，透过服务活动与结构化的反思过程，深化学生对知识的理解和运用，培养学生的奉献精神、社会责任感和服务社会的能力。吉林大学等高校将志愿服务列为本科生必修的实践类课程，并出台了详细的管理办法。华中师范大学、陕西师范大学、湖北大学等高校将志愿服务列为本科生选修课，以学分形式强化学生的志愿服务和社会活动。但由于种种原因，我国高校开展的服务学习活动大多数是去社会福利机构、公共场所服务，开展助残助学、环境保护、暑期支教等活动，利用学生的专业知识开展的专业服务学习活动还不多，也没有将服务学习活动和课程学习很好地结合起来，或将服务学习融入课程学习之中。此外，我国高校在开展服务学习活动时在组织管理、实施、监督等方面也存在一些问题。在当前情景下，高校有必要进一步拓展大学生的服务学习活动，促使学生更全面地了解社会、服务社会，在服务学习活动中提高自己对社会的认识和了解，明确自己的社会责任。因此，有必要加强对服务学习的深入研究，以期进一步推动高校服务学习活动的开展。

（二）研究意义

本研究主要在相关理论及文献的基础上，根据我国高校的实际情况，围绕如下有关内容展开相应的研究：①服务学习的概念与内涵研究；②高校开展服务学习的现状与基本特征的研究；③学生参与服务学习的影响因素研究；④大学生参与服务学习对其社会责任感发展的影响研究；⑤高校开展服务学习的对策研究。开展这些方面的研究具有如下理论价值与实践意义。

1. 理论价值

第一，开展服务学习研究有助于进一步明确服务学习的概念及其内涵，梳理其与我国高校开展的社会实践、志愿服务等活动的区别与联系。

第二，本研究在 Astin、Kolb 等学者提出的相关理论指导下，开展有关服务学习的输入、过程与产出关系的研究，这可以更全面地探讨服务学习的基本特征、过程及其影响因素，以及服务学习对学生发展的影响，从而丰富和发展服务学习的相关理论。

第三，开展服务学习与大学生社会责任感发展之间关系的研究，可以深化对服务学习与大学生发展之间关系的认识，为更好地开展服务学习活动，促进学生发展提供理论支撑。

2. 实践意义

第一，可以了解当前高校开展服务学习的现状，以及学生参与服务学习的类型与程度，探讨影响高校开展服务学习活动和学生参与服务学习的因素，进而可以为高校进一步完善和发展服务学习活动，积极引导学生参与服务学习活动提供指导。

第二，通过研究，探讨将服务学习与课堂学习结合起来的形式，有助于将服务学习融入课程学习之中，促进高校服务学习的可持续发展。

第三，探讨服务学习与大学生社会责任感发展之间的关系，可以为高校有针对性地开展服务学习活动，培养和提升大学生的社会责任感提供重要参考。

二、文献概述

(一) 关于服务学习的概念与内涵

1. 服务学习的概念

服务学习是在杜威的经验主义哲学的影响下发展起来的。1967 年，Robert Sigmon 和 William Ramsey 在美国一次教育会议上首次提出了"服务学习"的概念。之后，服务学习逐渐发展为一场备受重视的教育改革运动。从相关研究文献对服务学习的界定看，对服务学习的定义可以分为如下两个不同的视角。

(1) 从教育教学的角度定义服务学习

这类定义强调服务学习是通过在社区中参与和学习有关的服务，来巩固课程学习效果。这类定义把服务学习看做一种教学方式，强调服务学习与课程学习之间的联系。例如，美国教育改革服务学习联盟（Alliance for Service-Learning in Education Reform）认为，服务学习是一种教学方式，通过这种教学方法，学生运用所学知识和技能解决所在社区中的实际困难及问题，培养其社会关怀和公民责任意识（Jacoby，1996）。美国颁布的《1990 年国家与社区服务法案》（National and Community Service Act）将服务学习界定为"是学生通过参与社区开展的、满足社区实际需要的服务活动而进行学习和发展的一种方法，通过这个途径，可以促进学生的发展，培养学生的公民责任感"（Bruce & Sherry，2004）。Jacoby 认为，服务学习是经验教育的一种形式，是学生通过参加旨在满足社区及学生学习需要而精心安排的活动，透过结构化的反思过程，满足被服务者的需求，并获得自身发展的一种方法（Jacoby，1996）。

(2) 从学生发展的角度定义服务学习

这类定义强调服务是学习的前提和基础，把服务学习看做学生在服务社会过程中的一种学习活动，强调服务学习带给学生的各项收获，如巩固学生所学的知识和技能，促进学生发展，培养学生的社会责任感等。例如，美国教育协会（American Association for Education）将服务学习定义为"是学生通过有目的、有组织地参与服务进行学习、获得发展的一种学习活动。这些服务活动既满足了社区需要，又有助于促进学生发展，培养学生的公民责任"（Butin，2005）。美国社区服务委员会认为："服务学习是经验教育的一种形式，学生通过积极参与由学校或社会组织的、符合社会需要的服务性活动来进行学习，获得发展的一种学习方式，通过这样的一种形式，可促进学生的身心发展"（Steven，2000）。这种经验教育既可以与学生学习的课程整合，也可以是单独开展的课外服务活动。

由上述不同的定义可知，服务学习强调服务与学习并重，是连接学校与社会、促进个人成长与发展的途径与方法；服务学习通过设定学习目标，安排多元服务活动，让学生在服务社会中应用所学知识，帮助解决社会问题，同时透过反思与总结，促进学生发展与提高。在这种意义上，可以将服务学习定义为学生有目的、有组织地参与社会服务活动进行学习并获得发展的一种学习方式。

服务学习是在社区服务（community service）、志愿活动（volunteer action）、专业实习（internship）等活动的基础上发展起来的，但它们之间既有联系，又有区别。社区服务主要是为了满足社区居民的需要，为服务对象提供服务。社区服务更多的是强调利他行为和慈善。志愿活动主要是提供一些志愿的或免费的服务，受益者主要是服务对象，其本质是以服务为中心，为他人提供服务与帮助。专业实习主要是让学生通过参与实践来强化专业知识，增进对知识的理解，学生是主要的受益者，其重点强调的是学生的学习。Cress 等人指出，服务学习与其他活动的主要区别是重视反思的作用（Cress et al，2013）。Denby 认为，服务学习与社区服务、志愿服务的区别主要是：服务与学习的整合程度，学生和社区的相互参与程度，反思的程度和质量（Denby，2008）。Jacoby 则强调，反思和互惠是服务学习的关键组成部分（Jacoby，1996）。服务学习主要是为了达到提供服务和学习的双重目的，其本质特征就是服务、学习和反思，通过让学生为社会提供无偿服务，用自己的技能和能力来解决现实生活中的问题，学生对所参与的服务活动进行反思，有意识地把学习和服务经历连接起来，以帮助学生从经验中获得对活动意义的理解，强化对知识的掌握（Mooney & Edwards，2001）[181-194]。服务学习的发展过程大致经历了"服务至上""大服务，小学习""服务与学习并重"三个阶段（Speck & Hoppe，2004）。

2. 服务学习的类型

服务学习是在社区服务、志愿活动等的基础上发展起来的。因此，广义的服务学习类型比较广泛，活动类型多种多样。

有的学者将服务学习分为四种类型：①一次或短期的服务学习。这种服务学习是短期的，通常是为了引导学生进入服务领域、了解服务学习，为以后长期投入做准备。常见的活动类型包括校园清洁、公益助残或者其他特色主题日活动等。②长期的课外服务学习。这种类型的服务学习通常是由学校、社团、学生会或其他组织开展的活动，学生长期地参与到社会服务中，使其成为学生课外生活的有机组成部分。③与课程相结合的服务学习。将服务学习引入课程之中，帮助学生将知识的学习与实践结合起来，使得学生的知识、能力、品质等多方面都在实践中得到提高。这类服务学习纳入教学计划，有利于保障活动持续的开展、较高的学生参与度和教师的科学规划与引导，是目前学术界研究较多的类型，也可以说是狭义上的服务学习。④密集经验的服务学习。这是指在某一段较集中的时间内，深入开展服务活动，参与者和服务对象一起生活、一起反思、一起学习，从更深层次的角度去了解被服务对象的生存环境和面临的问题，同时为服务对象提供服务、帮助解决困难等。

郝运（2009）在总结美国高校的服务学习类型的基础上，以课程化、专业服务为划分标准，把服务学习分为四类：①与课程相结合的专业服务学习。该类服务学习通常由专业教师将其融入到教学计划中，要求学生运用所学的专业知识和技能解决社区实际问题，为社区提供专业服务，再通过反思深入理解所学知识，从而促进自身专业知识和专业技能的提升。例如，法律专业的学生可以应用所学的法律知识，进行法律知识的宣传和讲解。②与课程结合的非专业服务学习。此类服务学习虽然把服务纳入了学生的课程体系，但服务的内容与学生所学的专业技能没有直接联系。③与课程无关的专业服务学习。此类服务学习主要是学生运用所学专业知识开展具有针对性的、具体的专业活动。他们在学生社团、社会团体的组织下，为社区提供专业的服务，以满足社区的实际需求。此类服务学习以服务为主导，重在服务的效果。④与课程无关的非专业服务学习。此类服务学习不与课程结合，学生所从事的服务工作也不具有专业性，不需要具备专业知识和技能，如组织学生开展助残、助学、环境保护等活动，多以人文关怀、助残关爱及帮扶活动为主。这类服务学习主要是引导学生参与其中，培养学生的兴趣，树立服务意识，提高服务积极性。组织者多为学生个人、社团及社区组织。这类活动与我国高校组织的志愿活动、实践活动等很相似。

3. 服务学习的特质

黄玉（2000）[20-42]认为，要想让服务学习发挥作用，必须掌握服务学习的核心特质及有效服务学习的因素。他将服务学习的核心特质概括为如下几个方面：①协同合作（collaboration）。协同合作即双方是平等、互利的关系，双方通过一起合作共同努力，分享责任与成果。被服务的社区和提供服务的学校、学生一起设定服务学习目标，决定服务方式，以满足双方的需求与期待。②互惠（reciprocity）。服务与被服务者彼此互惠。③多样化（diversity）。多样化指服务学习应包含多元族群，有不同年龄、社会背景、性别、地区的人参与其中，服务者与被服务者均有机会接触与自己背景、经验不同的人，在服务中挑战自我。④反思（reflection）。服务学习强调学习与服务并重。学生在参与服务学习过程中，要撰写服务日志，进行反思活动，以达成学习之目的。杜威强调，学习应发生在对经历的反思中，而不是简单的活动。反思连接着思考和行为，把服务和学习连接起来，把服务活动转化为学习，是服务学习的关键部分（徐碧鸿，张阳，2011）[125-128]。在 Kolb 的经验学习模型中，学生透过观察反思，能产生运用于新经验的新概念（Kolb，2005）[36-39]。Wilczenski 和 Coomey（2007）认为，反思可以让学生把知识应用到真实情景中，提升其解决问题的技能。Eyler 和 Giles（1999）认为，反思是服务和学习之间的连接点，高品质的服务学习方案最重要的是有经常性的反思过程。他们认为，有效服务学习的反思具有五个特质（5C）：连接（connection），即帮助学生与不同背景学生、社区成员及教师联系起来，也连接学校与社区；持续（continuity），即反思在服务学习中是一个持续的过程，在服务前、服务中、服务后要反复持续进行反思；情景（context），即学习来自将知识运用到真实情景中解决问题，此为反思获得学习效果的核心；挑战（challenge），即在服务学习过程中，学生面对如何解决问题的挑战，应用反思使困惑转为成长动力；督导（coaching），即学生在新情景下获得支持，同时通过督导与觉察平衡学生的挑战与支持。⑤以社会正义为焦点（social justice focus）。这五个方面的特征是理想的服务学习方案应具有的基本特质。其中，协同合作与互惠说明学校与社区、学生与被服务的群体双方在服务学习中的地位和角色；多样化强调给学生学习提供多样化的机会；反思强调结合服务经验以产生学习的功能与目标；以社会正义为焦点则是服务学习的基本精神与内在核心价值的体现。

4. 服务学习的实施过程

Fertman 等（1996）认为，成功的服务学习过程应该包括四个阶段：①准备阶段。这一阶段主要有两个目标，即了解学校与社区。此阶段必须探讨学校发展目标，将学校课程学习与服务方案相结合。而了解社区，需要发挥服务学习协同合作与互惠之特质，了解学校与社区双方需求，设计出符合双方期待的服务学习方案。②服务阶段。主要包括确定服务方式，决定服务类型，开展不同类型的服务活动，以及对活动进行监督管理。在服务阶段应给学生提供多样化选择机会，以适应不同学生的特质与能力。③反思阶段。这一阶段使服务具有了学习的功效。反思是服务学习的关键，没有反思，服务学习就是一般的志愿服务。④庆贺阶段。庆贺阶段是指服务学习的成果分享，学生与服务机构、老师一起分享经验，表达内心感知及收获。

Wilczenski 和 Coomey（2007）在整理有关文献的基础上，提出有效的服务学习的实施过程应包括：①准备。包括发生在服务之前的所有活动。学生需要知道他们需要什么和他们期望从服务活动中学到什么。必须确立清晰明确的服务学习目标，这样才能让学生参与到对自己知识的建构之中。学生应该明确自己的身份，并在服务学习活动中成为选择、设计、执行和评价环节的一个积极角色。准备部分包括认识和分析问题、选择和计划活动、培训和选择等。②行动。这是服务本身。服务可以采取多种形式，但应该适合学生和社区的真正需要。服务学习应该和个人、社会、职业和学习目标相联系。服务学习行动应该满足如下标准：有意义、与课程相整合、有充分的指导、有利于学生发展等。③反思。给学生机会来处理服务学习经验，并与学习目标连接起来。反思应该出现在服务之前、服务期间和服务之后。反思可以增加学生对价值多样性的认识，同时可以促进与学校和社区之间的整合与交流。④评价和修正。评价应该持续进行以确保目标实现。确定服务项目对每个参与者（包括学生、学校、社区）的影响是非常重要的。服务学习项目可能需要根据评价反馈而重新配置。评价应包括形成性评价和总结性评价两个方面。⑤庆贺。学生和社区成员应该对服务学习进行总结。庆贺可通过集会、发放证书、媒体报道、聚会等多种方式来实施。

（二）关于服务学习的理论基础

1. 经验主义理论

杜威的经验主义理论是服务学习的重要理论基础。杜威的"从生活中学习、从经验中学习""从做中学""体验"等概念构成了服务学习的基本框架。

学习不仅是对知识的记忆，更是通过与社会环境进行交流和互动来获得对世界的感知与体验。杜威提出，有效体验必须满足两个原则，即连续性和互动性原则。连续性原则指所有的体验都是一个连续的过程，互动性原则指个人与社会、自然环境之间的互动和相互影响（Giles & Eyler，1994）[77-85]。学习是一个持续、互动的体验过程，学习必须连接学校与社会，强调理论与实践结合。但是，简单的连续性并不能有效地促进学习，因为学生还需要与其自然、社会环境进行互动与交流，这样才能促使学生真正了解其所服务的社会的情况、存在的问题，进而为社会提供有针对性的服务并解决问题。

杜威也强调反思在学习活动中的作用。杜威把反思定义为"有意地在我们的行动和相应的后果之间建立起联系"（游柱然，2009）[111-113]。反思是服务学习的核心特质，是联系服务与学习二者之间的重要桥梁，是服务转化为学习的重要载体，是学生发现问题、思考问题、寻求解决问题的最佳途径和方法（Saltmarsh，1996）[13-21]。通过反思，可以将社会服务与课程学习紧密联系起来。可以说学生服务学习的学习效果在很大程度上取决于他们对社区情境、相关课程知识所进行的反思。

2. 经验学习理论

Kolb 在杜威经验主义理论的基础上，提出了经验学习理论（Kolb，1984）。它构成了服务学习的重要理论基础，对服务学习影响较大。Kolb 提出了经验学习的四个阶段（图1）：第一阶段是学习者在具体情境下活动，获得直接经验；第二阶段是学习者对获得的直接经验进行理性思考；第三阶段是进行概括、总结，形成抽象的概念及原则，并能在未来的具体情境中运用所形成的原则；第四阶段是积极检验、运用第三阶段所形成的结论，反思哪些经验是有意义的，并在此基础上形成一个经验学习的新的循环。这四个阶段是一个连续的过程，使学习处在一个循环发展过程中。

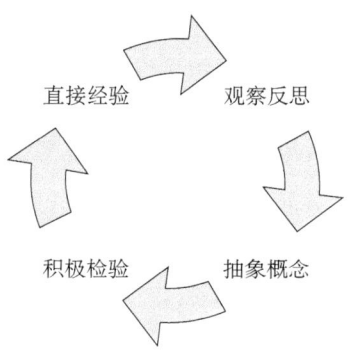

图1　Kolb 的经验学习模型

Kolb 的经验学习理论在服务学习中具有多方面的应用。第一，服务学习经历应该参与到循环的所有阶段。第二，Kolb 的理论强调了反思在学习过程中的重要性。第三，Kolb 提出的经验学习过程促进了直接经验和抽象概念的整合，反思具有连接功能。

（三）关于学生参与服务学习的阻碍因素

许多研究者对阻碍学生参与服务学习的因素也展开了相应的研究。有的研究者将阻碍因素分为个人内在因素、人际阻碍因素、结构性阻碍因素等类别（Raymore et al, 1999）[79-103]。有的研究者将阻碍因素分为自我因素、互动因素及外部干扰因素等类别（张同庙，王薇雅，2011）[1-34]。有的研究者认为，阻碍服务学习的因素主要有时间与经费问题、学生个人能力与认知问题、专业责任等（Banerjee & Hausafus，2007）[32-45]（Mckay & Rozee，2004）[21-33]。Gage 和 Thapa（2011）[405-430]认为，阻碍学生参与服务学习的因素主要包含三个方面：①结构性因素。主要指从学生自身角度考虑的一些客观因素，如我没有时间和机会参与、我有很多其他的义务和责任、经济条件有限、资金不足等。②人际关系因素。例如，我的朋友中没有人参与、我不知道有谁在做服务学习活动、没有人和我一起参与志愿活动、家庭不支持等。③自身内在因素。例如，我没有必要的技能、我感觉服务活动地点不安全、我认为那会消极地影响我的学习、我没有足够的精力参与等。本研究将从自我因素、人际因素、活动因素、学校因素等角度探讨阻碍大学生参与服务学习的因素。

（四）关于服务学习对大学生的影响

1. 不同背景个体参与服务学习及其影响的比较

一些研究探讨了不同背景的个体参与服务学习活动及其效果的差异。例如，Gray 等（2000）[30-39]研究了不同性别、年龄、年级、专业、社团经历、成绩的个体在参与服务学习水平上的差异，发现只有性别因素对个体参与服务学习的水平有显著影响，其他因素则没有显著影响。他们还从学术技能、专业技能、生活技能、公民准备四个维度考察了服务学习的效果，发现性别因素对服务学习的效果没有影响；参与志愿服务多于 20 个小时，并把所学知识应用到服务中的学生有助于提升其学术水平；学生在课堂上讨论服务经历也会提高他们的生活技能。王薇雅对台湾南部四所大学学生的研究也表明，不同年级、社团经验、专业的学生参与服务学习的态度及成效存在差异（王薇雅，2009）。

2. 参与服务学习对学生发展的影响

（1）是否参与服务学习对学生发展的影响

大学生参与服务学习与不参与服务学习对其发展的影响是不一样的。Astin 和 Sax（1998）[251-263]应用输入—环境—输出模型（I-E-O 模型）对 20 000 多名大学生参与服务学习活动的影响因素及其产出效应进行了研究，分析了学生个体因素、高校环境因素对服务学习的影响，以及服务学习对学生学术发展、社会责任感及生活技能发展的影响。研究发现，30%的学生参与过服务学习，46%的学生参与过其他形式的社区服务，有24%的学生则没有参与过任何形式的社区服务；参与服务学习和社区服务可以显著提升学生的学术参与能力、自我效能、领导力和职业选择能力。Schamber和Mahoney（2008）[75-99]的研究也发现，与没有参与服务学习的学生相比，参与服务学习的学生在政治意识和社会正义感方面有显著提升。

（2）参与不同类型的服务学习对学生发展的影响

参与不同类型的服务学习对学生发展的影响是否会有不同？Astin和Sax（1998）[251-263]比较了学生参与教育（通过提供服务来实现学校的目标）、健康和人类需要（通过为低收入群体、老年人及残疾人提供服务来提高健康和医疗保健水平）、公共安全（包括为阻止犯罪提供服务或者提高社区对犯罪的回应）、环境保护（包括自然环境如公园或河床，以及邻里环境如小区或商业区等）等四种不同类型的服务学习对提升学生的学术发展、生活技能和公民责任感的影响。发现这些类型的服务学习对学生发展都有积极影响。

（3）参与服务学习次数及时长对学生发展的影响

参与服务学习的次数及时长也会影响学生的发展。一些研究发现，学生投入服务学习的时间越多，其对学生发展的影响越大；参与志愿服务20小时以上的学生在生活和学术技能上的得分更高（Gray et al，2000）[30-39]。Molee等（2010）[239-257]的研究发现，服务学习参与时数与其服务意愿、政治态度两个维度显著相关。

（4）服务学习实施过程对学生发展的影响

一些研究者探讨了服务学习的实施过程对学生发展的影响。例如，Giles和Eyler（1994）[77-85]的研究发现，服务学习地点的选择、课程学习和服务的联系、书面和口头的反思、多样性和社区交流等都对学生个人和人际关系的发展具有积极的影响。

3. 服务学习对学生社会责任感发展的影响

（1）社会责任感的概念及内涵

责任主要指个人做好自身应做的事，以及对自身责任行为所产生的后果和过失负责。按照《现代汉语词典》的解释，责任有两层含义：使人担当起某种职务和职责；没有做好份内的事，因而应承担的过失（吕叔湘等，2002）[1574]。因此，责任就是作为社会人应该承担的义务和职责，做好份内的事。

责任感也称责任意识，是指个体在自身和社会发展过程中做出的行为选择及相应结果是否符合需求而产生的情感认知与体验。从道德发展角度看，责任感是个体对自身在社会发展中所承担责任的一种认识，对自身的道德行为是否符合社会道德标准，以及是否满足社会需求的一种认知（任伟，2010）。从价值观角度看，责任感反映的是人的价值以及在社会中作用的认识，突出强调个人与社会的关系，重视个人对社会的贡献，主要包括人的自我价值和社会价值（王继军，2009）[79-81]。

社会责任感是指个人作为社会中一员，在社会发展中，个人在心理和行动上对社会中的他人以及事务所承担的责任关怀及职责义务，突出强调个体对他人、对社会所承担的责任和使命。Scales 等（2000）[332-358]认为，社会责任感是个体积极为社会发展做出贡献，付出社会关怀，增强自身公民责任，因此社会责任感包含社会关怀与公民责任。Moely 等（2002）[18-26]认为，公民责任主要指作为公民应担任的任务和职责，未来参与社会服务或社区服务的意愿及决心。游欣义（2003）从公民参与社会服务的角度出发，认为社会责任包括社会关怀、公民责任、时事关心、关心他人四个维度。还有学者认为，社会责任感可以从广义和狭义上来理解：从狭义上讲，社会责任感主要指大学生在社会发展过程中，对他人、对集体、对社会、对国家所承担的相应责任及所履行的相应义务；从广义而言，大学生的社会责任感还包含自我责任感，因为大学生也是社会的一员，对自己负责也是对社会负责（叶怀祥，2004）[113]。本研究将从广义的角度理解学生的社会责任感。

（2）学生参与服务学习对其社会责任感发展的影响

服务学习引导学生关注社会、关心社区。在服务学习活动中，学生走出校园去关注并解决社会问题，在真实的服务情景中体验社会，思考个人权利与义务的关系、个人利益与公共利益的关系，养成自律、合作、人文关怀、参与公共事务、关心环境和回报社会等素养。学生从实际的服务中体会到自己能够为社区做出贡献，有助于培养学生的社会责任感，提高学生的社会服务意识和参与意识，为学生成为对社会有责任的公民做准备。例如，有研究发现大学生参与志愿服务可以显著提升其公民责任意识，他们会变得更愿意帮助他人、服务社区，特别是可以增强其继续做志愿工作的自我认识，促进其更积极地参与解决社会问题（Astin & Sax，1998）[251-263]。Hunter 和 Brisbin（2000）[623-626]发现：与没有参与服务学习的学生相比，参与服务学习的学生社会责任感更高；青少年参与服务社会的活动可以为其提供与社会互动的机会，从而促使其使命感、社会意识的发展。冯莉雅（2004）[1-11]指出，服务学习有助于学生培养良好的服务意识和责任意识。黄玉（2000）[20-42]发现，高校开展服务学习和社团活动皆有助于培养学生良好的社会服务意识，有助于提升大学生洞悉社会、观察社会、积极参与社会事务的能力。张同庙和刘廷扬（2010）[273-278]发现，大学生参与服务学习的实施品质越好，其参与社会、学校、班级事务的积极性越高，责任感越强。

（五）小结

服务学习在国外高校经过较长时期的研究与实践，对服务学习的内涵、特征、实施过程及品质，服务学习的影响因素，参与服务学习对个体发展的影响等多个方面进行了比较系统的研究，取得了一些重要的成果，对促进大学生发展产生了重要影响。但是国内学者对服务学习的研究与实践还处于起步阶段：介绍国外经验与做法的多，缺乏有深度的实证研究；开展一般性的社会实践活动多，与课程学习相结合的专业服务学习活动比较少。因此，非常有必要进一步加强对服务学习的研究与实践，以便更好地促进学生的发展。

三、研究设计

（一）研究框架

为了了解大学生参与服务学习的现状，分析大学生参与服务学习对其社会责任感发展的影响，本研究以 Astin 的输入—环境—输出模型、Kolb 的经验学习模型和社群主义理论为理论基础，结合上述有关文献，建构了大学生服务学习与社会责任感之间关系的分析框架（图 2）。

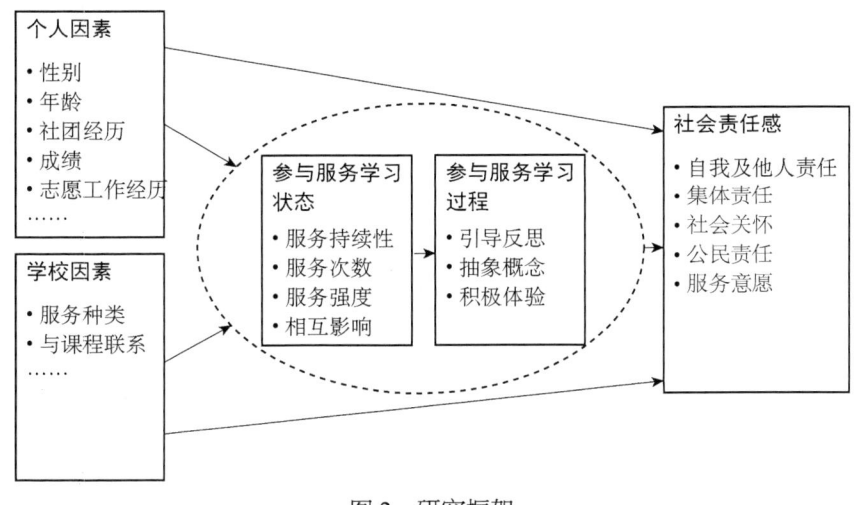

图 2　研究框架

Astin 的输入—环境—输出模型指出，高等教育的"输出"（学生的成就、知识、技能、价值、态度等）是"输入"（学生的天赋、个人特点、学习与发展的经历、潜力等）与"环境"（学校课程教学、教学实践及其他环境因素）相互作用的结果（Astin，1993）。输入因素可以直接影响输出因素，也可以通过与环境的交互作用对输出产生影响。根据 Astin 提出的这一模型，本研究认为，大学生参与服务学习的状态与过程是受输入因素（个人和环境因素）影响的，而大学生参与服务学习的状态与过程又会对其社会责任感这个输出结果产生影响。从输入因素对大学生服务学习的影响看，以往的研究文献探讨了个体性别、年龄、专业、年级、学习成绩、担任干部经历、参与志愿服务经历、工作经验等一系列因素对大学生参与服务学习的影响，也有很多研究分析了高校提供的服务学习活动种类、内容、与课程的联系等对大学生参与服务学习的影响。

在探讨大学生参与服务学习的过程时，本研究主要以 Kolb 的经验学习理论为基础。如前所述，Kolb 的经验学习模型将经验学习分为直接经验、观察反思、抽象概念、积极检验四个阶段。本研究基于该模型来分析大学生参与服务学习的过程及其特点。

从文献研究可以看到，对个体社会责任感的分析，可以涉及自我责任、他人责任、集体责任、社会责任、公民责任等不同方面。本研究主要从自我责任、他人责任、集体责任、社会关怀、公民责任、服务意愿等方面探讨大学生的社会责任感。在分析服务学习对大学生社会责任感发展的影响时，本研究主要以社群主义理论作为理论基础。社群主义强调社会中群体的重要性，认为公民通过参与社会实践，可以培养公民关心社会福祉、参与公共事务的意识，提升社会认同感及责任感（俞可平，2005）[118]。社群主义强调通过学校、社区组织活动来开展社会服务，将社会服务与学校的学习结合起来。在社群主义的推动下，高校重视通过服务学习活动培养大学生的社会责任感。

（二）研究样本

本研究以西安交通大学和长安大学不同年级的部分大学生为调查对象。问卷调查在 2015 年 1—3 月进行。本研究共发放问卷 700 份，其中西安交通大学发放 450 份，长安大学发放 250 份；回收问卷 632 份，其中有效问卷 582 份，有效率为 83.1%。表 1 列出了调查样本的基本情况。

表 1　调查样本情况

类别		人数	比例/%
学校	西安交大	362	62.2
	长安大学	220	37.8
性别	男	350	60.1
	女	232	39.9
年级	大一	187	32.1
	大二	142	24.4
	大三	141	24.2
	大四	112	19.2
专业	工科	248	39.9
	理科	101	42.7

续表

类别		人数	比例/%
专业	人文社科	138	17.4
	经管	77	23.7
	医学	17	2.9
有无干部经历	有	393	67.5
	无	188	32.5
有无社团经历	有	323	55.5
	无	259	44.5

（三）研究工具

本研究采用的调查工具为自编的"大学生服务学习调查问卷"。该问卷主要包括三部分内容：①学生背景因素；②大学生参与服务学习的状态及过程；③大学生社会责任感发展状态。

1. 学生背景因素

主要包括性别、年级、专业、干部经历、社团经历等。性别变量分为男、女；年级分为一至四年级；专业分为工科、理科、人文社科、经管、医科五个类别；干部经历、社团经历都分为有、无两类。

2. 大学生参与服务学习的状态及过程

主要从以下几个方面考察：服务学习的种类、参与次数、参与时数、与课程结合状态，以及大学生不参与服务学习的影响因素。该部分内容是在参考研究文献的基础上，通过对西安交通大学团委、书院、学生会、社团的有关师生进行访谈后设计的，访谈在2014年11—12月进行。其中设计的服务学习活动类型包括：环境保护、助残关爱、知识普及宣传、专业服务、公共场所服务、爱心助学、社会实践等7个方面。同时，在每种服务学习活动类型之下，列出了一些具体活动供学生进行选择，并在每类服务学习活动后面调查学生参与的次数和时长。

对大学生参与服务学习过程实施品质的调查。在Kolb经验学习理论的基础上，主要借鉴了严秋莲（2012）设计的调查问卷，将大学生参与服务学习过程实施品质从准备与服务、引导反思、庆贺分享等环节进行分析。其中，准备与服务强调活动前期的准备与开展；引导反思强调对活动的反思，是服务转化为学习的重要阶段；庆贺分享强调活动后期的感知及收获。这部分调查题目采用 Likert 式四点量表设计，选项分别为：从不如此、有时如此、经常如此、总是如此。学生选择这四个选项分别赋值 1—4 分。分值越高，表示学生参与服务学习过程的实施品质越好。

对大学生不参与服务学习活动原因的调查，借鉴了 Gage 等的有关研究成果，主要从自我因素、人际关系、学校因素、活动因素等方面展开。这部分调查题目采取 Likert 式五点量表设计，每个题目共分为非常不同意、不同意、不确定、同意、非常同意五个选项，学生选择结果依次赋值 1—5 分。得分越高，表示影响程度越大。

3. 大学生社会责任感发展状态

在参考有关文献的基础上，本研究主要从自我及他人责任、集体责任、社会关怀、公民责任、服务意愿等维度对大学生社会责任感的发展状态进行调查。调查采取 Likert 式五点量表设计，每个题目共分为非常不同意、不同意、不确定、同意、非常同意五个选项，学生选择结果依次赋值 1—5 分（其中部分题目采用反向计分）。得分越高，代表学生的社会责任感越强。

四、研究结果与分析

（一）不同背景大学生参与服务学习活动的情况

表 2 列出了不同组别大学生参与服务学习活动的情况。由表 2 可见，就总的情况而言，在调查样本中，参与过服务学习活动的学生占 66.3%，没有参与过服务学习活动的学生占 33.7%。这说明两校大学生中参与服务学习活动的比例还是比较高的。从学校看，西安交通大学学生中参与过服务学习活动的比例，要高于长安大学学生中参与过服务学习活动的比例；从性别看，男生和女生中参与过服务学习活动的比例基本持平；从年级来看，大二、大三学生中参与过服务学习活动的比例要高于大一和大四的学生；从专业类别看，理科类学生参与过服务学习活动的比例最低，其后依

次是工科类学生、经管类学生、人文社科类学生，医学类学生中参与过服务学习的比例最高；从干部经历看，有干部经历的学生参与服务学习活动的比例要高于没有干部经历的学生比例；从社团经历看，有社团经历的学生参与服务学习活动的比例要高于没有社团经历的学生。

表2 不同组别大学生参与服务学习活动的情况

类别		参与过		未参与过	
		人数	比例/%	人数	比例/%
学校*	西安交大	252	69.8	109	30.2
	长安大学	133	60.5	87	39.5
性别	男	231	66.0	119	34.0
	女	155	66.8	77	33.2
年级	大一	109	58.3	78	41.7
	大二	103	72.5	39	27.5
	大三	101	71.6	40	28.4
	大四	73	65.2	39	34.8
专业*	工科类	160	64.5	88	35.5
	理科类	59	58.4	42	41.6
	人文社科类	98	71.0	40	29.0
	经管类	54	70.0	23	30.0
	医学类	14	82.4	3	17.6
干部经历*	有	289	73.5	104	26.5
	无	96	51.1	92	48.9
社团经历	有	262	81.1	61	18.9
	无	124	47.9	135	52.1
总计		386	66.3	196	33.7

注：学生选择参与服务学习活动情况时，存在1个缺失值，所以*号表示这些组参与过服务学习的人数相加小于386。

（二）大学生参与服务学习的类型、次数与时长分析

1. 大学生参与服务学习活动的类型、参与次数与时长

在调查问卷中，我们把大学生参与的服务学习类型分为7类，分别为环境保护类、助残关爱类、知识普及宣传类、专业服务类、公共场所服务

类、爱心助学类、社会实践类等。每类服务学习活动下有多种不同类型的活动，只要学生参与其中一种或一种以上活动，即认为该学生参与过该大类服务学习活动。表3列出了大学生参与不同类型服务学习活动的分布情况。

表3 大学生参与服务学习活动种类分布情况

服务学习活动种类	参与人数	占调查样本比例/%	次数/次		时长/小时	
			均值	标准差	均值	标准差
环境保护	211	36.3	2.30	2.79	5.32	7.70
助残关爱	221	38.0	3.37	5.05	10.62	18.13
知识普及宣传	187	32.1	2.56	1.85	5.49	4.34
专业服务	40	6.9	2.67	3.97	7.90	10.58
公共场所服务	146	25.1	2.35	3.18	10.56	25.10
爱心助学	114	19.6	2.32	2.44	20.70	31.79
社会实践	126	21.6	1.25	0.73	33.20	28.88

从表3可见，大学生参与过助残关爱、环境保护、知识普及宣传类服务学习活动的比例都在30%以上，参与过公共场所服务、社会实践类服务学习活动的学生比例为20%—30%，参与教育爱心助学类服务学习活动的学生比例接近20%，而参与过专业服务的学生比例不足7%。这说明大学生所参与的服务学习活动中，涉及专业服务的活动比较少。从表3也可以看出，参与过服务学习活动的学生中，平均参与的服务学习活动次数为1—4次，参与的时间则介于5—35小时。

2. 大学生参与的服务学习活动与课程学习相结合状况

表4列出了大学生参与的服务学习活动与课程学习相结合的情况。从中可见，在参与过各类服务学习活动的学生中，选择参与服务学习活动与课程学习相结合的学生比例为6%—25%；就整体而言，认为参与服务学习活动与课程相结合的学生比例仅为9.1%。这一结果说明大学生参与的服务学习活动与课程学习的关联程度较低。在34名认为参与的服务学习活动与课程学习相结合的学生中，有7人（20.6%）认为与学校公共课相结合，10人（29.4%）认为与选修课相结合，14人（41.2%）认为与专业课程相结合。

表4　大学生参与的服务学习活动与课程学习相结合状况

活动种类是否与课程结合		环境保护	助残关爱	知识普及宣传	专业服务	公共场所服务	爱心助学	社会实践	总计
是	人数	17	14	10	8	10	8	17	34
	比例/%	8.1	6.5	5.7	22.2	6.9	6.5	14.4	9.1
否	人数	194	201	165	28	135	115	101	341
	比例/%	91.9	93.5	94.3	77.8	93.1	93.5	85.6	90.9
总计	人数	211	215	175	36	145	123	118	375

3. 不同背景大学生参与服务学习活动的次数与时长比较

（1）不同高校大学生参与服务学习活动的次数与时长比较

表5比较了两校学生参与服务学习活动的次数与时长。从中可见，两校学生参与助残关爱、知识普及宣传、社会实践类服务学习活动的次数与时长都存在显著差异，但在参与环境保护、专业服务、公共场所服务和爱心助学类服务学习活动的次数与时长则不存在显著差异。

表5　不同高校大学生参与服务学习活动的次数与时长比较

活动类型		学校	人数	均值	标准差	t
环境保护	次数	西安交大	252	1.36	2.76	1.164
		长安大学	133	1.12	1.29	
	时长	西安交大	252	3.06	7.18	0.583
		长安大学	133	2.67	3.96	
助残关爱	次数	西安交大	252	2.30	5.00	3.341***
		长安大学	133	1.17	1.29	
	时长	西安交大	252	7.39	17.53	3.376***
		长安大学	133	3.36	5.00	
知识普及宣传	次数	西安交大	252	1.40	2.06	1.976*
		长安大学	133	1.05	1.31	
	时长	西安交大	252	3.05	4.54	2.263*
		长安大学	133	2.15	3.13	
专业服务	次数	西安交大	252	0.22	1.38	-0.733
		长安大学	133	0.35	1.67	
	时长	西安交大	252	0.52	2.03	-1.436
		长安大学	133	1.33	6.36	

续表

活动类型		学校	人数	均值	标准差	t
公共场所服务	次数	西安交大	252	0.88	2.06	-0.207
		长安大学	133	0.93	2.65	
	时长	西安交大	252	4.27	16.96	0.392
		长安大学	133	3.58	15.05	
爱心助学	次数	西安交大	252	0.73	1.88	0.566
		长安大学	133	0.62	1.32	
	时长	西安交大	252	6.15	18.09	-0.007
		长安大学	133	6.16	22.40	
社会实践	次数	西安交大	252	0.45	0.69	2.107*
		长安大学	133	0.29	0.74	
	时长	西安交大	252	13.03	24.22	3.420***
		长安大学	133	5.65	17.43	

注：*$p<0.05$，***$p<0.001$

（2）不同性别大学生参与服务学习活动的次数与时长比较

表6比较了不同性别大学生参与服务学习活动的次数与时长。从中可见，除男生参与环境保护类服务学习活动的次数显著高于女生外，参与其他各类服务学习活动的次数和时长都不存在显著的性别差异。

表6 不同性别大学生参与服务学习活动的次数与时长比较

活动类型		性别	人数	均值	标准差	t
环境保护	次数	男	231	1.48	2.57	2.224*
		女	155	0.96	1.98	
	时长	男	231	3.41	7.52	1.857
		女	155	2.20	3.63	
助残关爱	次数	男	231	2.10	5.02	1.100
		女	155	1.63	2.27	
	时长	男	231	6.70	17.89	1.115
		女	155	5.00	7.37	
知识普及宣传	次数	男	231	1.29	1.78	0.106
		女	155	1.27	1.93	
	时长	男	231	2.69	3.98	-0.281
		女	155	2.82	4.35	

续表

活动类型		性别	人数	均值	标准差	t
专业服务	次数	男	231	0.33	1.82	0.956
		女	155	0.18	0.72	
	时长	男	231	0.94	4.94	0.822
		女	155	0.59	2.25	
公共场所服务	次数	男	231	0.97	2.12	0.652
		女	155	0.81	2.49	
	时长	男	231	3.74	11.83	−0.441
		女	155	4.49	21.36	
爱心助学	次数	男	231	0.76	1.96	0.900
		女	155	0.60	1.30	
	时长	男	231	6.25	18.26	0.093
		女	155	6.06	21.56	
社会实践	次数	男	231	0.37	0.65	−0.931
		女	155	0.45	0.81	
	时长	男	231	10.61	23.26	0.008
		女	155	10.59	21.34	

注：$*p<0.05$

（3）干部经历对学生参与服务学习活动的次数与时长的影响

表 7 分析了干部经历对学生参与服务学习活动的次数与时长的影响。从中可见，有干部经历的学生参与知识普及宣传类服务学习活动的时长要显著多于没有干部经历的学生；有干部经历的学生参与社会实践类服务学习活动的次数和时长也显著高于没有干部经历的学生。

表 7 干部经历对学生参与服务学习活动的次数与时长

活动类型		干部经历	人数	均值	标准差	t
环境保护	次数	有	289	1.29	2.53	0.293
		无	96	1.21	1.79	
	时长	有	289	2.98	6.80	0.311
		无	96	2.75	4.35	

续表

活动类型		干部经历	人数	均值	标准差	t
助残关爱	次数	有	289	1.98	4.62	0.536
		无	96	1.72	2.17	
	时长	有	289	6.11	16.05	0.216
		无	96	5.74	9.14	
知识普及宣传	次数	有	289	1.37	1.95	1.798
		无	96	0.98	1.39	
	时长	有	289	2.98	4.44	2.061*
		无	96	1.97	2.80	
专业服务	次数	有	289	0.31	1.69	0.959
		无	96	0.14	0.46	
	时长	有	289	0.74	3.10	−0.505
		无	96	0.98	6.18	
公共场所服务	次数	有	289	0.99	2.51	1.198
		无	96	0.66	1.34	
	时长	有	289	4.57	18.19	1.094
		无	96	2.46	8.26	
爱心助学	次数	有	289	0.73	1.79	0.662
		无	96	0.60	1.42	
	时长	有	289	6.70	20.97	0.886
		无	96	4.63	14.87	
社会实践	次数	有	289	0.46	0.77	2.982**
		无	96	0.25	0.50	
	时长	有	289	11.84	23.96	2.136*
		无	96	7.04	17.07	

注：*$p<0.05$，**$p<0.01$

（4）社团经历对大学生参与服务学习活动次数和时长的影响

表8分析了社团经历对大学生参与服务学习活动次数与时长的影响。从中可见，有社团经历的学生参与环境保护、爱心助学类服务学习活动的次数要显著多于没有社团经历的学生；有社团经历的学生参与助残关爱、公共场所服务类服务学习活动的次数和时长也显著高于没有社团经历的学生。

表 8　社团经历对大学生参与服务学习活动的次数与时长的影响

活动类型		社团经历	人数	均值	标准差	t
环境保护	次数	有	262	1.42	2.64	2.131*
		无	124	0.96	1.60	
	时长	有	262	3.17	7.25	1.126
		无	124	2.40	3.40	
助残关爱	次数	有	262	2.44	4.84	5.082***
		无	124	0.79	1.40	
	时长	有	262	7.71	17.15	4.625***
		无	124	2.40	4.75	
知识普及宣传	次数	有	262	1.18	1.75	−1.582
		无	124	1.51	2.01	
	时长	有	262	2.61	4.11	−0.975.
		无	124	3.05	4.15	
专业服务	次数	有	262	0.24	1.35	−0.469
		无	124	0.32	1.74	
	时长	有	262	0.65	2.33	−0.797
		无	124	1.11	6.35	
公共场所服务	次数	有	262	1.12	2.60	3.540***
		无	124	0.43	1.20	
	时长	有	262	5.26	19.43	3.045**
		无	124	1.43	4.13	
爱心助学	次数	有	262	0.87	1.96	3.949***
		无	124	0.32	0.82	
	时长	有	262	7.39	20.63	1.912
		无	124	3.56	17.08	
社会实践	次数	有	262	0.39	0.75	−0.631
		无	124	0.44	0.65	
	时长	有	262	10.52	24.90	−0.107
		无	124	10.78	16.39	

注：*$p<0.05$，**$p<0.01$，***$p<0.001$

（三）大学生参与服务学习过程实施品质分析

1. 大学生参与服务学习过程实施品质调查工具的结构效度与信度分析

为了调查大学生参与服务学习过程的实施品质，本研究围绕准备与服务、引导反思、庆贺分享等方面设计了相关的测量题目。为了检验大学生参与服务学习过程实施品质调查工具的结构效度，对该部分问卷进行了 KMO 和 Bartlett 检验。结果表明，KMO=0.946，χ^2=3907.1（p=0.000），说明该量表非常适合做因素分析。表 9 列出了因素分析的结果。从表 9 可以看出，大学生参与服务学习过程实施品质可以分为三个因素，根据这三个因素所包含的测量题目，分别命名为"准备与服务""庆贺分享""引导反思"。这三个因素可以解释的总方差为 54.96%。这与问卷设计时的考虑是一致的。

表 10 列出了大学生参与服务学习过程实施品质调查工具的信度系数（Cronbach's α），从中可见，三个因素的信度系数都在 0.80 以上，说明其内部一致性较高。

表 9 大学生参与服务学习过程实施品质因素分析结果

题目	因素负荷量		
	准备与服务	庆贺分享	引导反思
01）参与服务学习活动前，会拟定服务方案与学习目标	0.489	-0.060	0.253
02）参与服务学习活动前，会接受服务所需的知识、技能等方面的指导培训	0.482	0.117	0.000
03）服务过程中，我有机会与不同背景的人互动交流	0.690	0.164	-0.005
04）服务过程中，教师会和我们讨论服务中发生的问题	0.693	0.289	0.139
05）服务过程中，我可以运用所学知识展开服务	0.540	-0.046	0.346
07）我会与伙伴讨论如何解决活动中遇到的冲突与困难	0.591	0.314	0.222
08）服务过程中，我不仅是服务者，提供了服务，而且还是学习者，也获得了提升	0.644	0.356	0.189
09）我会和服务对象相互学习，共同成长，分享成果	0.693	0.317	0.228
10）我会与服务对象沟通讨论，帮助其解决困难	0.681	0.178	0.172
16）我会和同伴一起分享服务经验	0.239	0.597	0.231
17）我能与老师、同伴或机构人员分享自我的成长	0.238	0.593	0.241

续表

题目	因素负荷量		
	准备与服务	庆贺分享	引导反思
18）庆贺活动中，有鼓励、肯定自己的参与及表现	0.287	0.725	0.117
19）庆贺活动可以激起我持续服务的意愿及决心	0.252	0.717	0.193
20）活动结束后会对活动的学习效果进行评价总结	0.230	0.467	0.241
21）庆贺活动中，会开展活动，进行成果分享	0.185	0.592	0.357
06）我从事与社区（校园）实际问题有关的服务	0.238	0.154	0.599
11）活动后，我会撰写活动报告（论文），服务日志	0.133	0.137	0.775
12）我会在服务前，服务中，服务后持续进行反思	0.318	0.301	0.569
13）活动后，会针对服务学习活动进行小组讨论	0.157	0.365	0.608
14）我会思考在服务学习活动中做了什么，看到了什么，学到了什么，有何收获、提升与改变等	0.394	0.385	0.459
15）我会将活动与所学知识结合起来进行反思	0.185	0.265	0.561
特征值	3.751	3.618	3.286
解释的方差/%	20.307	18.731	16.285
累计解释的方差/%	20.307	38.678	54.963

表10 大学生参与服务学习过程实施品质：测量信度及水平

维度	题目数	α	均值	标准差
准备与服务	9	0.834	2.55	0.55
庆贺分享	6	0.861	2.39	0.58
引导反思	6	0.802	2.48	0.63
总量表	21	0.928	2.48	0.53

由表10可见，就大学生参与服务学习过程实施品质而言，准备与服务环节平均得分2.55，略高于中间值2.5分，而引导反思、庆贺分享的平均得分分别为2.39和2.48，均低于中间值2.5。由此可见，就大学生参与服务学习过程的实施品质的水平有待提高。其中，在准备与服务环节，学生感知在参与服务学习活动过程中，不仅提供服务，而且提升了自己；他们与服务对象的互惠交流比较多，但他们获得的教师指导和监督较少。在引导反思环节，学生比较看重在活动后对活动的自我感知及收获，他们认为现在的服务学习活动与解决社区（校园）实际问题的相

关性较弱。就总体水平而言，学生在参与服务学习活动过程中，引导反思还比较少。在庆贺分享环节，学生感知在参与服务学习活动过程中，会积极与同伴分享经验，但与老师、同伴或服务机构人员分享自我成长的活动较少。

2. 不同背景大学生参与服务学习过程实施品质的差异分析

（1）不同学校大学生服务学习实施品质差异比较

表11比较了不同学校大学生参与服务学习过程实施品质的差异情况。从中可见，无论是整个过程还是引导反思、庆贺分享两个环节的实施品质，长安大学学生感知的水平均显著高于西安交通大学学生，在准备与服务环节，两个学校学生感知的实施品质则没有显著差异。

表11 不同学校大学生参与服务学习过程实施品质的差异比较

实施品质	学校	人数	均值	标准差	t
准备与服务	西安交大	248	2.51	0.51	-1.759
	长安大学	125	2.63	0.63	
引导反思	西安交大	247	2.43	0.62	-2.333*
	长安大学	128	2.59	0.65	
庆贺分享	西安交大	246	2.34	0.54	-2.271*
	长安大学	128	2.49	0.65	
整个过程	西安交大	245	2.44	0.49	-2.218*
	长安大学	125	2.57	0.59	

注：*$p<0.05$

（2）不同性别、年级、专业、干部经历和社团经历的大学生参与服务学习过程实施品质的差异比较

数据分析发现，不同性别、年级、专业、干部经历和社团经历的大学生感知的参与服务学习整个过程及各个环节的实施品质不存在显著差异（数据分析结果略）。

（3）大学生参与服务学习的次数、时长与实施品质的相关分析

表12列出了大学生参与服务学习的次数、时长与实施品质的相关分析结果。从中可见，大学生参与服务学习的次数与时长存在显著的正相

关；大学生参与服务学习的次数、时长与其参与服务学习过程的实施品质也具有显著的相关性，随着大学生参与服务学习的次数、时长的增加，其参与服务学习过程的实施品质也处于提升状态。

表12 大学生参与服务学习的次数、时长与实施品质的相关分析

项目		参与次数	参与时长
参与次数与时长	参与次数	1	
	参与时长	0.508**	1
实施品质	准备与服务	0.156**	0.306**
	庆贺分享	0.141**	0.241**
	引导反思	0.158**	0.280**

注：**$p<0.01$

综上分析可见：就整体而言，大学生参与服务学习过程的实施品质还不是很高；两所学校学生感知的参与服务学习过程的实施品质存在一定程度的差异，但性别、年级、专业、干部经历、社团经历等因素对学生感知的参与服务学习过程的实施品质没有显著影响；学生参与服务学习的次数、时长与其感知的参与服务学习过程的实施品质则存在显著的相关性：随着大学生参与服务学习的次数、时长的增加，其参与服务学习过程的实施品质也处于提升状态。

（四）大学生不参与服务学习活动的原因分析

1. 学生不参与服务学习的归因分析

在调查过程中，本研究列出了学生不参与服务学习活动的15项原因，让学生进行判断。对这些项目进行KMO和Bartlett球形检验的结果表明，对这些项目适合于进行因素分析（KMO=0.814，近似χ^2=1484.011，df=105，p=0.000）。为此对这些项目采取主成分因素分析方法并应用最大方差法进行正交旋转进行了探索性因素分析。从因素分析结果看，学生不参与服务学习的影响因素可以归结为四个方面：活动因素、学校因素、人际因素和自我因素（表13）。

表13 学生不参与服务学习活动原因的因素分析

题目	因素负荷			
	活动因素	学校因素	人际因素	自我因素
07）我认为那会严重影响我的学习	0.635	-0.065	0.333	0.249
09）服务性学习活动不能吸引我的兴趣	0.771	0.204	0.028	0.132
10）服务性学习活动并不能促使我自身的发展	0.839	0.160	0.168	0.052
11）活动形式主义，仅仅是服务，而学习较少	0.676	0.299	0.025	-0.015
12）活动价值不大，不能解决实际问题	0.634	0.371	-0.062	-0.003
13）学校开展的服务性学习活动或项目较少	0.227	0.785	0.173	-0.030
14）学校对开展的活动缺乏有效的管理和监督	0.153	0.844	0.129	0.101
15）学校开展的活动，缺乏与专业知识的联系	0.081	0.849	0.000	0.171
03）我不知道该怎么参与服务性学习活动	0.230	-0.108	0.735	0.207
04）周围同学或朋友参与较少	-0.066	0.222	0.833	0.100
05）没有人和我一起参加	0.026	0.253	0.811	0.094
06）我缺乏参加服务所必需的技能	0.327	-0.092	0.614	0.265
01）课业负担较重，没有时间	0.099	0.065	0.183	0.844
02）我有很多其他的事情要做	-0.054	0.099	0.126	0.832
08）我没有足够的精力参与	0.396	0.071	0.202	0.671
特征值	3.052	2.848	2.626	2.110
解释方差/%	20.347	18.984	17.509	14.066
累计解释方差/%	20.347	39.331	56.840	70.906

表14列出了学生感知的这四个影响因素的适合程度。符合程度从完全不符合到完全符合共分为5个等级。表中可见，活动因素介于"不太符合"到"不确定"之间，学校、人际、自我因素均介于"不确定"到"比较符合"之间。

表14 学生不参与服务学习原因的原因

因素	均值	标准差
活动因素	2.86	0.89
学校因素	3.12	0.87
人际因素	3.25	0.86
自我因素	3.34	0.86

2. 没有参与过服务学习的学生参与的意愿

对没有参与过服务学习活动的学生，他们今后参与的意愿如何呢？表15列出统计分析结果。从中可见，在204名没有参与过服务学习活动的学生中，有82.3%的学生愿意参与服务学习活动。

表15　没参与过服务学习活动的学生参与的意愿分析

意愿	人数	比例/%
愿意	168	82.3
不愿意	36	17.7
总计	204	100.0

为了进一步探讨大学生愿意参与的服务学习类型，本研究对愿意参与服务学习的学生又作了进一步追问："愿意以哪种形式参与？"分析结果见表16。从表16可以看出，大学生愿意参与和课程结合的服务学习活动居多（31.9%），其次是密集经验的服务学习活动（24.0%），第三是一次或短期的服务学习活动（23.5%），第四是长期课外的服务学习（20.6%）。这表明大学生愿意参与的服务学习活动类型是比较多样的。

表16　愿意参与的服务学习类型基本状况

参与类型	人数	比例/%
一次或短期的服务学习	48	23.5
长期课外的服务学习	42	20.6
密集经验的服务学习	49	24.0
与课程结合的服务学习	65	31.9
总计	204	100.0

（五）大学生社会责任感的发展状态及差异比较

1. 大学生社会责任感测量工具的结构效度与信度分析

为了对大学生社会责任感量表进行因素分析，首先对大学生社会责任感量表进行了是否适合进行探索性因素分析的 KMO 和 Bartlett 球形检验。结果表明，大学生社会责任感量表的 KMO=0.957，近似 χ^2=15 459.249（p=0.000），表明该量表适合做因素分析。

在上述分析基础上，对大学生社会责任感量表进行了因素分析。本研究采取主成分因素分析方法，以特征值大于 1 为标准提取因子并进行最大方差旋转。表 17 列出了因素分析的结果。从中可见，大学生社会责任感可以划分了 4 个因素，这 4 个因素累计解释的方差为 54.169%。

表 17　大学生社会责任感量表因素分析结果

题目	因素负荷			
	自我及他人责任	社会关怀	公民责任	服务意愿
01）我会珍惜自己的生命，对自己的生命负责	0.778	0.238	0.204	0.011
02）要学会保护自己，掌握一些日常安全常识	0.801	0.169	0.254	0.007
03）我平时学习很努力，会认真完成作业	0.640	0.135	0.186	0.203
04）我会遵守社会公德，不会做违法犯罪的事	0.808	0.127	0.125	0.086
05）我平时严格要求自己，对自己的行为负责	0.786	0.121	0.118	0.200
06）如果做了错事，我会主动承认错误，承担责任	0.733	0.209	0.197	0.126
07）能给别人提供一些帮助，我感到很快乐	0.738	0.248	0.196	0.059
08）陌生人向我问路，我会指引	0.700	0.230	0.069	0.087
09）我会关心照顾好父母和家人	0.763	0.278	0.138	−0.035
10）我不会做损害他人利益的事情	0.739	0.239	0.137	0.063
11）答应了别人的事情就要做到	0.771	0.209	0.132	0.063
12）我会站在别人的立场上看待事情和问题	0.676	0.132	0.193	0.166
13）周围的人有困难，我会及时给予帮助	0.522	0.267	0.026	0.030
14）我时常关注国内外热点问题，了解社会发展	0.256	0.475	0.362	0.058
15）我相信参与社会服务很重要	0.260	0.647	0.383	0.235
16）我会参与环保志工，为改善环境尽一份力	0.117	0.574	0.310	0.354
17）关心社会发展是我应有的责任和义务	0.313	0.693	0.301	0.161
18）我会参与促进公共福祉的活动	0.175	0.668	0.327	0.354
19）我会自觉维护校园环境卫生，爱护公共设施	0.317	0.722	0.192	0.134
20）在公交车上我会主动给有需要的人让座	0.343	0.687	0.104	0.137
21）我会主动给灾区或有需要的人进行捐助	0.228	0.678	0.160	0.277
22）我非常关心国家的发展状况	0.219	0.673	0.095	0.129
23）每个人都有责任来帮助解决社会问题，使这个社会变得更好	0.260	0.662	0.055	0.159
24）我觉得有能力为社会（社区）带来改变	0.182	0.152	0.697	0.236
25）我乐意为争取他人权益而行动	0.291	0.160	0.668	0.224

续表

题目	因素负荷			
	自我及他人责任	社会关怀	公民责任	服务意愿
26）我会参与一些环保类的活动来保护环境	0.275	0.247	0.719	0.137
27）我会关心周围的人和生物，给予需要的帮助	0.354	0.303	0.696	0.107
28）我珍惜为社会（社区）服务贡献的机会	0.256	0.328	0.652	0.244
29）今后，我打算参加社会服务机构或组织	0.047	0.290	0.152	0.707
30）我愿意付出时间和精力帮助有困难的人	0.255	0.387	0.245	0.613
31）我打算参与一些志愿类的工作及活动	0.178	0.338	0.229	0.758
32）我愿意参与一些社区服务活动，为社区服务	0.159	0.329	0.293	0.734
特征值	8.268	5.691	4.165	3.003
解释的方差/%	21.200	14.591	10.678	7.700
累计解释的方差/%	21.200	35.791	46.469	54.169

对大学生社会责任感量表的信度检验结果表明，这4个因素的信度系数α介于0.871—0.946之间，说明各因素的内部一致性较高（表18）。

上述对大学生社会责任感量表进行因素分析和信度分析的结果表明，用这一工具可以对大学生的社会责任感进行科学、合理、可信的测量。

表18也列出了大学生社会责任感量表的描述统计分析结果。从中可见，大学生的自我及他人责任得分最高（4.31），其次是社会关怀（4.12），第三是公民责任（3.99），服务意愿维度得分最低（3.92）（每个因素得分按如下方式计算：每个因素中包含的题目，学生的选择分别是非常不同意、不同意、不确定、同意、非常同意，对学生的选择分别赋值1—5分，然后将各因素中包含的题目得分相加再除以该因素包含的题目数）。这表明就总体而言，大学生还是具有比较强烈的社会责任感的。

表18 大学生社会责任感量表的信度检验及描述统计分析结果

因素	题目数	α	均值	标准差
自我及他人责任	13	0.946	4.31	0.578
社会关怀	10	0.925	4.12	0.613
公民责任	5	0.883	3.99	0.667
服务意愿	4	0.871	3.92	0.705

2. 不同背景大学生社会责任感差异比较

（1）不同学校大学生社会责任感比较

表19应用独立样本t检验方法比较了不同学校大学生社会责任感的差异状况，从中可见，不同学校的大学生在社会责任感各个维度上不存在显著差异。

表19　不同学校大学生社会责任感比较

社会责任感维度	学校	人数	均值	标准差	t
自我及他人责任	西安交大	361	4.31	0.54	0.372
	长安大学	219	4.29	0.64	
社会关怀	西安交大	360	4.11	0.59	−0.209
	长安大学	219	4.12	0.65	
公民责任	西安交大	361	3.96	0.65	−1.198
	长安大学	220	4.03	0.69	
服务意愿	西安交大	361	3.89	0.70	−1.022
	长安大学	220	3.95	0.72	

（2）不同性别大学生社会责任感比较

表20应用独立样本t检验方法对不同性别大学生社会责任感的差异进行了比较，从中可见，在社会责任感各个维度上，女生的社会责任感都要显著高于男生。

表20　不同性别大学生社会责任感比较

社会责任感维度	性别	人数	均值	标准差	t
自我及他人责任	男	350	4.26	0.56	−2.558*
	女	232	4.38	0.59	
社会关怀	男	350	4.07	0.59	−2.249*
	女	232	4.19	0.65	
公民责任	男	350	3.94	0.66	−2.071*
	女	232	4.06	0.67	
服务意愿	男	350	3.83	0.70	−3.618***
	女	232	4.04	0.70	

注：*$p<0.05$，***$p<0.001$

（3）不同年级大学生社会责任感比较

表21应用单因素方差分析方法比较了不同年级大学生社会责任感的

差异。从中可见，不同年级大学生在服务意识维度上存在显著差异。分析表明，大一学生的服务意愿显著高于大四学生。

表21　不同年级大学生社会责任感比较

社会责任感维度	年级	人数	均值	标准差	F
自我及他人责任	大一	187	4.29	0.61	0.944
	大二	142	4.27	0.57	
	大三	141	4.30	0.59	
	大四	111	4.39	0.52	
社会关怀	大一	186	4.08	0.65	0.507
	大二	142	4.16	0.62	
	大三	141	4.14	0.60	
	大四	111	4.11	0.57	
公民责任	大一	187	4.00	0.68	0.121
	大二	142	4.00	0.64	
	大三	141	3.96	0.73	
	大四	112	3.99	0.60	
服务意愿	大一	187	3.98	0.69	4.660*
	大二	142	3.95	0.70	
	大三	141	3.93	0.73	
	大四	112	3.75	0.70	

注：*$p<0.05$

（4）不同专业大学生社会责任感比较

表22应用单因素方差分析方法比较了不同专业大学生社会责任感的差异。从中可见，不同专业学生在服务意向维度上存在显著差异。通过两两比较发现，经管类专业学生的服务意识显著高于理科类专业学生。

表22　不同专业大学生社会责任感比较

社会责任感维度	专业	人数	均值	标准差	F
自我及他人责任	工科类	248	4.30	0.55	0.711
	理科类	100	4.38	0.54	
	人文社科	138	4.26	0.66	
	经管类	77	4.29	0.58	
	医学类	17	4.38	0.50	

续表

社会责任感维度	专业	人数	均值	标准差	F
社会关怀	工科类	248	4.11	0.55	0.044
	理科类	100	4.10	0.62	
	人文社科	138	4.12	0.69	
	经管类	76	4.14	0.65	
	医学类	17	4.08	0.54	
公民责任	工科类	248	3.94	0.68	1.085
	理科类	101	3.96	0.64	
	人文社科	138	4.03	0.67	
	经管类	77	4.10	0.64	
	医学类	17	3.99	0.73	
服务意愿	工科类	248	3.88	0.65	2.678*
	理科类	101	3.77	0.73	
	人文社科	138	4.01	0.77	
	经管类	77	4.05	0.69	
	医学类	17	3.97	0.64	

注：*$p<0.05$

（5）干部经历对大学生社会责任感的影响

表23应用 t 检验方法分析了干部经历对学生社会责任感的影响。从中可以看出，有担任学生干部经历的学生在社会关怀、服务意愿两个维度上要显著高于没有担任学生干部经历的学生。

表23　干部经历对大学生社会责任感的影响

社会责任感维度	干部经历	人数	均值	标准差	t
自己及他人责任	是	393	4.31	0.54	0.100
	否	187	4.30	0.65	
社会关怀	是	392	4.15	0.57	2.023*
	否	187	4.04	0.69	
公民责任	是	393	4.02	0.64	1.685
	否	188	3.92	0.72	
服务意愿	是	393	3.97	0.68	2.544*
	否	188	3.80	0.74	

注：*$p<0.05$

（6）社团经历对大学生社会责任感的影响

表24应用 t 检验方法分析了社团经历对学生社会责任感的影响。从中可以看出，具有参与社团经历的学生，其社会关怀、公民责任、服务意识要显著高于没有参与社团经历的学生，这说明参与社团经历有助于提升大学生的社会责任感。

表24　社团经历对大学生社会责任感的影响

社会责任感维度	社团经历	人数	均值	标准差	t
自我及他人责任	是	322	4.30	0.57	0.145
	否	259	4.31	0.60	
社会关怀	是	322	4.18	0.58	2.675**
	否	258	4.04	0.64	
公民责任	是	323	4.10	0.63	4.452***
	否	259	3.85	0.68	
服务意愿	是	323	4.05	0.66	5.308***
	否	259	3.75	0.73	

注：**$p<0.01$，***$p<0.001$

由上分析可见，大学生具有较强的社会责任感觉。通过比较分析发现，除学校因素外，性别、年级、专业、干部经历、社团经历等因素对大学生社会责任感均有显著影响。这与国内外学者的研究基本上是吻合的。

（六）大学生参与服务学习活动对其社会责任感的影响分析

为了更好地把握大学生参与服务学习活动，以及参与服务学习活动的次数、时长，参与服务学习过程的实施品质等变量对大学生社会责任感发展的影响，下面我们对两者之间的关系进行相应的分析。

1. 大学生参与服务学习活动对其社会责任感的影响

表25应用 t 检验方法分析了参与服务学习活动对大学生社会责任感的影响。从中可见，参与过服务学习活动的学生，其社会责任感都要显著高于没有参与过服务学习活动的学生。这表明，参与服务学习活动是影响大学生社会责任感发展的一个重要因素。

表 25 参与服务学习活动对大学生社会责任感的影响

社会责任感维度	是否参与过服务学习活动	人数	均值	标准差	t
自己及他人责任	是	378	4.34	0.52	2.045*
	否	204	4.24	0.67	
社会关怀	是	378	4.20	0.57	4.478***
	否	204	3.96	0.66	
公民责任	是	378	4.08	0.61	4.544***
	否	204	3.81	0.73	
服务意愿	是	378	4.05	0.65	6.826***
	否	204	3.65	0.73	

注：*$p<0.05$，***$p<0.001$

2. 大学生参与服务学习活动的次数、时长与其社会责任感的关系

为了探讨大学生参与服务学习活动的次数、时长与其社会责任感之间的关系，我们应用皮尔逊积差相关分析方法探讨它们之间的关系，相关分析结果见表 26 所示。从中可见，大学生参与服务学习活动的次数与其社会责任感中的公民责任维度具有显著的正相关关系，大学生参与服务学习活动的时长与其社会责任感中的自我及他人责任、社会关怀和公民责任维度具有显著的正相关关系。这表明，随着参与次数及时长的增加，对提升大学生的社会责任感，尤其是其中某些维度具有重要意义。

表 26 大学生参与服务学习活动的次数、时长与其社会责任感的相关分析

社会责任感维度	次数	时长
自我及他人责任	0.072	0.124*
社会关怀	0.088	0.111*
公民责任	0.106*	0.156**
服务意愿	0.095	0.091

注：*$p<0.05$，**$p<0.01$

3. 大学生参与服务学习过程的实施品质与其社会责任感的关系

表 27 应用相关分析方法分析了大学生参与服务学习过程的实施品质与其社会责任感之间的关系。从中可见，大学生参与服务学习过程的实施

品质与其社会责任感之间存在显著的正相关关系。提升大学生参与服务学习过程的实施品质,有助于提升大学生的社会责任感。

表27 大学生参与服务学习过程的实施品质与其社会责任感的关系

社会责任感维度	实施品质		
	准备与服务	庆贺分享	引导反思
自我及他人责任	0.29**	0.24**	0.25**
社会关怀	0.33**	0.33**	0.35**
公民责任	0.25**	0.31**	0.33**
服务意愿	0.25**	0.27**	0.28**

注:**$p<0.01$

4. 大学生参与服务学习活动对其社会责任感影响的回归分析

在回归分析中,以大学生社会责任感各维度因素作为因变量,以学生背景因素、参与服务学习状况及参与服务学习过程的实施品质作为解释变量,回归结果见表28所示。

表28 大学生参与服务学习对其社会责任感的影响:标准化回归系数

自变量		因变量			
		自我及他人责任	社会关怀	公民责任	服务意愿
背景因素	性别(男性1,女性0)	−0.134*	−0.105	−0.108	−0.116*
	年级(大一为参考类型)				
	大二	−0.200**	−0.069	−0.052	−0.125
	大三	−0.159*	−0.008	−0.067	−0.062
	大四	−0.141*	−0.088	−0.036	−0.124
	专业类别(工科类为参考类别)				
	理科类	−0.066	−0.060	−0.058	−0.036
	人文社科	−0.029	0.040	0.025	0.057
	经管类	−0.051	−0.091	−0.042	0.056
	医学类	0.046	−0.020	0.020	0.031
	有无干部经历(有为1,无为0)	−0.020	−0.039	0.013	−0.022
	有无参与服务性社团(有为1,无为0)	−0.020	−0.007	0.037	0.039

续表

自变量			因变量			
			自我及他人责任	社会关怀	公民责任	服务意愿
参与服务学习类别	环境保护	次数	0.133	0.052	0.075	0.149
		时长	−0.143	−0.073	−0.067	−0.133
	助残关爱	次数	0.178	0.195	0.217	0.266
		时长	−0.191	−0.166	−0.229	−0.300*
	知识普及宣传	次数	0.199	0.183	0.032	0.088
		时长	−0.244	−0.178	−0.024	−0.019
	专业服务	次数	−0.051	−0.032	−0.087	0.042
		时长	−0.010	−0.067	0.069	−0.008
	公共场所服务	次数	0.000	−0.001	−0.001	−0.103
		时长	0.119	0.028	0.012	0.087
	爱心助学	次数	0.034	0.057	0.049	0.039
		时长	0.086	0.049	0.107	0.053
	社会实践	次数	0.236*	−0.062	−0.129	−0.047
		时长	−0.106	0.127	0.090	0.098
服务学习实施品质	准备与服务		0.175*	0.074	−0.011	0.048
	庆贺分享		0.065	0.137	0.156	0.126
	引导反思		0.070	0.220**	0.222**	0.141*
F			2.951***	3.382***	2.554***	2.480***
R^2			0.202	0.226	0.180	0.176

注：*$p<0.05$，**$p<0.01$，***$p<0.001$

从表 28 可见，就学生背景因素而言，在控制其他变量后，男学生在自我及他人责任和意愿两个维度上要显著低于女学生；大一学生在自我及他人责任维度上也显著高于大二、大三、大四的学生。

就大学生参与服务学习活动的类别及参与次数、时长而言，它们对大学生社会责任感的影响比较弱。在控制其他因素时，参与助残关爱类服务学习活动的时长越长，学生的服务意愿越低；大学生参与社会实践类服务学习活动的次数越多，他们在自我及他人责任维度上的得分越高。

参与服务学习过程的实施品质对大学生的社会责任感则有比较明显的影响：大学生在参与服务学习活动准备与服务环节的实施品质越高，他们在自我及他人责任维度上的得分越高；大学生在参与服务学习活动引导反思环节的实施品质越高，他们在社会关怀、公民责任和服务意愿维度上的得分越高。

五、结论与政策建议

（一）研究主要结论

1. 大学生参与服务学习活动比较积极，类型多样，但参与次数和时长有待拓展

在参与调查的大学生中，参加过服务学习活动的学生占到了65%，这说明大学生参与服务学习活动还是比较积极的。就参与服务学习活动的类型而言，以助残关爱、环境保护、知识普及宣传居多，分别占57.1%、56.1%、46.6%；参与的爱心助学、社会实践类服务学习活动与上述类型服务学习活动相比，相对略少一些，分别占32.5%、31.2%；而参与的专业服务类服务学习活动则很少，仅占9.5%，这说明大学生参与的服务学习活动中，与专业相结合的不多，是有待进一步加强的。

在参与服务学习活动的次数上，以1—5次所占比例最高（60.1%），6—10次占24.4%，而10次以上仅占了15.5%，这说明大学生参与服务学习活动次数一般，以10次以下居多。在参与服务学习活动的时长上，以1—15小时的居多（38.8%），而参与时长在50小时以上的仅占了19.4%。说明大学生参与服务学习活动的次数和时长还有待进一步拓展。

本研究也发现，学校类型、性别、干部经历、社团经历等因素对大学生参与服务学习活动的次数和时长也有不同程度的影响。

2. 大学生参与服务学习过程的实施品质一般，有待提升

本研究发现，大学生参与服务学习过程的实施品质可以从三个维度，即准备与服务、庆贺分享、引导反思进行考察。大学生在这三个维度上平均得分分别为2.55、2.48、2.39，表明大学生参与服务学习活动过程的实施品质一般，水平有待提高。

不同组别大学生参与服务学习过程的实施品质存在一定差异，但差异程度较小。例如，不同学校的学生在服务学习参与品质上有显著差异，长安大学的学生参与服务学习活动过程的实施品质要好于西安交通大学的学生；不同性别、年级、专业的大学生参与服务学习活动过程的实施品质没有显著差异；干部经历、社团经历对大学生参与服务学习过程的实施品质也没有显著影响。

大学生参与服务学习活动的次数、时长与其参与服务学习活动过程的实施品质具有显著的相关性。随着大学生参与服务学习活动次数、时长的增加，其参与服务学习活动过程的实施品质趋于提升。

3. 大学生不参与服务学习活动的原因是多方面的

本研究对大学生没有参与服务学习活动原因的分析表明，可以将它们概括为四个方面的因素，即活动因素、学校因素、人际因素和自我因素。这些因素对大学生参与服务学习活动产生了阻碍，消除这些因素的影响，可以更好地引导大学生参与服务学习活动。没有参与过服务学习活动的学生，他们今后参与服务学习的意愿是比较强烈的，其中有82.3%的学生表示愿意参与服务学习活动，他们愿意参与的服务学习类型也比较多样，其中：和课程结合的服务学习活动最受他们欢迎（31.9%），其次是密集经验的服务学习活动（24.0%），再次是一次或短期的服务学习活动（23.5%）和长期课外的服务学习（20.6%）。

4. 大学生的社会责任感较高，不同组别学生之间存在一定差异

本研究从大学生的自我及他人责任、社会关怀、公民责任和服务意愿四个方面考察了大学生的社会责任感。研究表明，就整体而言，大学生对社会责任感的感知较好，社会责任感较强。不同性别、年级、专业、干部经历、社团经历的学生，其社会责任感也存在一定差异。

5. 大学生参与服务学习活动对其社会责任感发展具有重要影响

本研究发现，是否参与服务学习活动，以及参与服务学习活动的次数、时长与大学生的社会责任感的不同维度在大多数情况下也存在显著的相关性。大学生参与服务学习活动过程的实施品质与其社会责任感也具有显著的相关性。这说明，大学生参与服务学习活动确实有助于其社会责任

感的发展。多元回归分析的结果也表明，在控制了大学生的背景因素后，大学生参与服务学习活动的次数、时长，以及大学生参与服务学习过程的实施品质对大学生社会责任感的影响虽然有所减弱，但仍然具有一定影响：大学生参与助残关爱类服务学习活动的时长越长，他们的服务意愿越低；大学生参与社会实践类服务学习活动的次数越多，他们在自我及他人责任维度上的得分越高；大学生在参与服务学习活动准备与服务环节的实施品质越高，他们在自我及他人责任维度上的得分越高；在引导反思环节的实施品质越高，他们在社会关怀、公民责任和服务意愿维度上的得分越高。

（二）政策建议

根据上述研究结果，本研究对高校和大学生提出如下提升学生参与服务学习活动水平及提高学生社会责任感的政策建议：

1. 对学校的建议

人才培养，以德为先。随着我国高等学校越来越重视人才的道德品质培养，服务学习也越来越受高校的重视。但研究发现，我国高校虽然开展了一定形式的服务学习活动，但仍然有很多学生由于缺少参与渠道，或对有关服务学习活动缺少兴趣等原因，而没有参与过服务学习活动。在高校已经开展的服务学习活动中，与学生的课程学习的结合也不够紧密，高校开展服务学习的种类还需要进一步完善和加强。为此，我们建议：

（1）高校应加强对服务学习活动的组织和宣传，鼓励更多的学生参与

高校应加大服务学习活动的组织和宣传，让更多的学生认识和了解服务学习活动，并完善激励机制，鼓励更多的学生参与其中。

（2）积极完善服务学习实施流程，提升大学生参与服务学习活动过程的实施品质

大学生参与服务学习活动过程的实施品质，不仅影响服务学习的质量与效果，而且对学生的社会责任感具有重要影响。因此，高校在组织开展服务学习活动时，应该优化组织程序，完善服务学习活动的准备、组织、实施、反思及分享过程和环节，加强对服务学习活动的监督管理，以提升大学生参与服务学习过程的实施品质，提高大学生参与服务学习的质量和

效果。

（3）积极开展与学生专业知识或课程学习相结合的服务学习活动

本研究发现，高校开展的服务学习活动与大学生的课程学习结合不够紧密。为此，高校应根据学校实际情况，多开展一些有针对性的、专业性质的服务学习活动，注重学生知识学习与社会实践相结合，让学生用专业知识服务社会。这样，可以更好地吸引大学生参与服务学习活动，提升大学生服务学习的效果。

（4）积极鼓励大学生提升组织领导能力，参与社团活动，激发学生参与服务学习活动的热情

从前面的分析可以看到，大学生的干部经历、参与社团活动经历对其参与服务学习活动具有积极的影响。因此，高校应从培养学生的组织领导能力出发，积极培养学生干部，鼓励学生多参与一些学校的社团组织活动，以提升大学生参与服务学习活动的水平，增强大学生的服务意识、服务能力和水平。

（5）积极开展密集经验型服务学习活动，引导学生参与长期、集中的服务学习活动

研究发现，开展长期的、集中性的密集经验型服务学习活动有助于提升大学生对社会的认识，使之更好地与学生的课堂学习相结合，因此，高校在组织服务学习活动时，应结合学生的课程学习，积极开展一些长期的、集中的密集经验型服务学习活动，以吸引学生的参与，提升服务学习活动的效果和质量。

（6）通过参与服务学习活动，提升大学生的社会责任感

研究发现，大学生是否参与服务学习活动，以及参与服务学习活动的次数、时长，参与服务学习活动过程的实施品质等，对大学生的社会责任感具有不同程度的影响。因此，高校应优化服务学习活动的组织体系，更多地开展与学生课程学习相关的服务学习活动，以吸引学生更多地参与服务学习活动，增加参与服务学习活动的次数、时长；并通过完善服务学习活动实施过程与环节，提升大学生参与服务学习活动过程的实施品质。这样才能更好地发挥服务学习的作用，更好地发挥服务学习活动的价值，提升大学生的社会责任感。

2. 对大学生的建议

（1）应投入更多的时间参与到服务学习活动中

大学生参与服务学习活动与其社会责任感发展的关系表明，大学生参与服务学习活动的次数越多、时长越长，参与服务学习活动过程的实施品质越高，对其社会责任感发展的影响越明显。因此，在不影响学业的前提下，大学生可根据自身兴趣，结合实际情况，通过与同伴一起参与，或通过社团、班级组织参与等多种形式，加大对服务学习活动的参与力度，增加参与服务学习活动的次数和参与时长，以更好地了解社会，服务社会，提升自己的社会责任感。

（2）应积极组织和参与结合课程与专业学习的专业服务学习活动

大学生参与结合课程与专业学习的专业服务学习活动，既可以更好地了解社会对专业的需求，又可以引导自己将所学专业知识应用于社会服务之中，深化专业学习，提升专业技能，培育社会责任意识。国外高校由于开展服务学习活动早，开展的服务学习活动中与课程学习相结合的活动比较多，而我国高校开展服务学习活动比较晚，开展的服务学习活动中与课程学习、专业学习相结合的活动相对较少。大学生应积极通过社会、学校、社团、班级等多种渠道争取资源，组织、参与和课程学习、专业学习相结合的服务学习活动，通过参与这类服务学习活动，应用和巩固专业知识，提升服务学习活动效果。

（3）在参与活动过程中积极提升服务学习过程实施品质

从研究结果可知，当前大学生参与服务学习活动过程的实施品质一般，尤其是引导反思环节的得分相对偏低，水平有待提升。而服务学习活动过程的实施品质对大学生的社会责任感具有重要影响，因此要培养大学生的社会责任，提升服务学习活动过程的实施品质就非常重要。例如，在开展服务学习活动的准备、实施等环节，应加强与服务对象的互动，充分与服务对象进行沟通交流，注重与服务对象的互动，以加深对社会的认识和了解；在庆贺分享环节，应主动与活动过程中不同背景的人相互分享活动的收获和感受，促进相互成长；在引导反思环节，除了要积极引导学生，组织各种形式的讨论，进行书面总结交流等外，学生也要根据自身实际情况，结合服务学习活动过程加强对活动的反思，以提升服务学习活动效果和自己的社会责任意识。

参考文献

冯莉雅. 2004. 美国高等教育服务学习与课程模式之研究[J]. 台中师院学报，3，（5）：1-11

郝运. 2009. 美国高校服务学习研究[D]. 长春：东北师范大学博士学位论文

黄玉. 2000. 服务学习：公民教育的具体实践[J]. 人文及社会学科教学通讯，12，（3）：20-42

吕叔湘等. 2002. 现代汉语词典[M]. 北京：商务印书馆：1574

任伟. 2010. 当代中国大学生社会责任感培养研究[D]. 济南：山东大学硕士学位论文

王继军. 2009. 论大学生社会实践与社会责任感的培养[J]. 河北师范大学学报（教育科学版），11，（2）：79-81

王薇雅. 2009. 大学生服务学习成效之相关因素研究——以南部四所大学为例[D]. 台南：台南科技大学硕士学位论文

严秋莲. 2012. 大学生参与服务学习课程与公民素养影响因素研究[D]. 台北：台湾师范大学博士学位论文

徐碧鸿，张阳. 2011. 从杜威教育哲学论服务学习的理论基础与本土化[J]. 徐州师范大学学报（哲学社会科学版），37，（6）：125-128

叶怀祥. 2004. 21世纪高校学生思想政治教育研究[M]. 成都：西南交通大学出版社

游欣义. 2003. 台北市社区大学学院公民意识、公民参与行为及其影响因素之研究[D]. 高雄："国立中山大学"硕士学位论文

游柱然. 2009. 杜威教育哲学与当代美国服务学习理论[J]. 求索，29，（1）：111-113

俞可平. 2005. 社群主义[M]. 北京：中国社会科学出版社

张同庙，刘廷扬. 2010. 南台湾地区大学生服务学习态度、阻碍与成效互动关系之研究[J]. 企业科技与发展，（14）：273-278

张同庙，王薇雅. 2011. 大学生参与服务学习课程之动机、阻碍因素与满意度研究：以六所私立大学为例[J]. 新竹教育大学教育学报，28，（1）：1-34

Astin A W. 1993. What Matters in College? Four Critical Years Revisited[M]. San Francisco，CA：Jossey-Bass

Astin A W，Sax L J. 1998. How undergraduates are affected by service participation[J]. Journal of College Student Development，39（3）：251-263

Banerjee M，Hausafus C O. 2007. Faculty use of service-learning：perceptions，motivations，and impediments for the human sciences[J]. Michigan Journal of Community Service Learning，14，（1）：32-45

Bruce W S，Sherry L. 2004. Service-Learning：History，Theory，and Issues[M]. Washington，DC：Praeger

Butin D. 2005. Service-Learning in Higher Education：Critical Issues and Directions[M]. New York：Palgrave Macmillan

Cress C M，Collier P J & Reitenauer V L. 2013. Learning Through Serving：A Student

Guidebook for Service-Learning and Civic Engagement Across Academic Disciplines and Cultural Communities（2nd edition）[M]. Sterling, VA: Stylus Publishing

Denby A. 2008. The Impact of Service-learning on Students' Sense of Civic Responsibility, Submitted in partial fulfillment of the requirements for the degree of Master of Education[D]. Ontario: The University of Western Ontario, Thesis for Master Degree

Eyler J, Giles D E. 1999. Where's the Learning in Service-Learning? [M]. San Francisco: Jossey-Bass

Fertman C I, White G P & White L J. 1996. Service-learning in the middle school: building a culture of service[R]. Columbus, OH: National Middle School Association

Jacoby B. 1996. Service-learning in Higher Education: Concepts and Practices[M]. San Francisco, Calif.: Jossey-Bass

Gage R L, Thapa B. 2011. Volunteer motivations and constraints among college students analysis of the volunteer function inventory and leisure constraints models[J]. Nonprofit & Voluntary Sector Quarterly, 41,（3）: 405-430

Giles D E, Eyler J. 1994. The theoretical roots of service-learning in john dewey: toward a theory of service-learning[J]. Michigan Journal of Community Service Learning, 1,（3）: 77-85

Gray M J, Ondaatje E H, et al.2000. Assessing service-learning: results from a survey of "learn and serve america, higher education" [J]. Change, 32,（2）: 30-39

Hunter S, Brisbin R A. 2000. The impact of service learning on democratic and civic values[J]. Political Science and Politics, 33,（3）: 623-626

Kolb D A. 1984. Experiential Learning: Experience as the Source of Learning and Development[M]. Englewood Cliffs, NJ: Prentice Hall

Kolb Y, Kolb D. 2005. The Kolb learning style inventory[J]. Technical Specifications, 15,（5）: 36-39

Mckay V C, Rozee P D. 2004. Characteristics of faculty who adopt community service learning pedagogy[J]. Michigan Journal of Community Service Learning, 10,（2）: 21-33

Moely B E. Mcfarland M M, Devi M, Sterett I, V. 2002. Changes in college students' attitudes and intentions for civic involvement as a function of service-learning experiences[J]. Michigan Journal of Community Service Learning, 9,（1）: 18-26

Molee L M, Henry M E, Sessa V I, et al.2010. Assessing learning in service-learning courses through critical reflection[J]. Journal of Experiential Education, 33,（3）: 239-257

Mooney L A, Edwards B. 2001. Experiential learning in sociology: service learning and other community-based learning initiatives[J]. Teaching Sociology, 29,（2）: 181-194

Raymore L A, Barber B L, Eccles J S, et al.1999. Leisure behavior pattern stability during the transition from adolescence to young adulthood[J]. Journal of Youth & Adolescence, 28,（1）: 79-103

Saltmarsh J. 1996. Education for critical citizenship: john dewey's contribution to the pedagogy of community service learning[J]. Michigan Journal of Community Service Learning: 3, (1): 13-21

Scales P C, Blyth D A, Berkas T H, et al.2000. The effects of service-learning on middle school students' social responsibility and academic success[J]. Journal of Early Adolescence, 20, (3): 332-358

Schamber J F, Mahoney S L. 2008. The development of political awareness and social justice citizenship through community-based learning in a first-year general education seminar[J]. Journal of General Education, 57, (2): 75-99

Speck B W, Hoppe S L. 2004. Service-Learning: History, Theory, and Issues[M]. Westport, CT: Praeger

Steven J M. 2000. Service Learning Across the Curriculum: Case Application in Higher Education[M]. New York: University Press of America

Wilczenski F L, Coomey S M. 2007. A Practical Guide to Service Learning: Strategies for Positive Development in Schools[M]. New York: Springer

作者简介 陆根书，西安交通大学中国西部高等教育评估中心主任、高等教育研究所所长，教授，博士生导师，主要从事大学学习理论、高等教育政策经济分析等领域的研究工作。

胡士亮，解放军信息工程大学军事教育和教学评估中心助教，主要从事高等教育学研究工作。

University Students' Participation in Service-learning and Its Impact on the Social Responsibility Development

Lu Genshu　Hu Shiliang

Abstract: With the development of higher education, universities emphasize more about the combination of theory and practice and pay more attention to students' learning in practice. The development of service-learning complies with the trend of change. However, the study and practice on service-learning at the universities of our country are limited and at the starting stage. To learn the current situation of service-learning of university students, to explore the impact of service-learning on students' social responsibility development, and to provide reference for university implementing corresponding service-learning, this paper analyzes on the status of university student participating in the service-learning and its impact on their social responsibility development based on the survey of 700 university students in different grades and disciplines from Xi'an Jiaotong University and Chang'an University. The following findings are concluded. First, university students' participation in the service-learning is relatively active with various types, but the frequency and duration of participation need to be strengthened. Second, the implementation quality of university students' participation in service-learning needs further improvement. Third, many factors explain the reason why university students do not participate in the service-learning. Students' individual factor, interpersonal factor, university factor and activity factor are all likely to impact their participation in service-learning. Fourth, university students have relatively strong social responsibility while differences exist among students in different groups. Fifth, university students' participation in service-learning impacts the development of their social responsibility. Some suggestions for universities are proposed as follows. First, reinforce the organization and propaganda on service-learning and encourage more participation from students. Second, improve the implementing procedure of service-learning and raise the implementation quality of university students' participation in service-learning process. Third, actively develop the service-learning activities related to students' expertise and class learning. Fourth, encourage students to improve leadership, participate in association activities, and motivate students' enthusiasm of participating in service-learning activities. Fifth, develop intensive service-learning activities, guide students to participate in long term and centralized service-learning activities. Sixth, raise students' social responsibility by the participation in service-learning activities. For students, first, more time should be committed to the participation in service-learning activities. Second, actively organize and participate in the professional service-learning activities related to courses and specialized learning. Third, actively raise the implementation quality of service-learning during the process of participation.

Keywords: service-learning, implementation quality, social responsibility

规训与抗拒：农村女大学生的选择困惑
——基于个案访谈的研究

武毅英　郑育琛

摘　要：农村女大学生作为女大学生乃至整个大学生群体中的重要组成部分之一，其学习和就业状况具有时代性与航标作用，客观反映了一个社会关于城乡差异、性别平等、性别意识觉醒等方面的发展状况与水平，从教育社会学角度对其深入考察将产生新的解释与新的观点。基于此，本文采用半结构个案访谈方法，通过一个农村女大学生的述说，将被访者碎片化的个人经历描述拼接为具有连贯性的真实故事，以再现其"面对传统规训—产生内心抗拒—最终驯服规训"的困惑与挣扎。目的是为了揭示其行为背后的城乡阶层符号及性别文化隐喻对其学习和就业产生的负面影响，更重要的是该研究有助于人们对制度文化所建构的性别差异及其影响有更深刻的认识、理解与反思。

关键词：规训　抗拒　农村女大学生　选择困惑　叙说

一、问题提出

随着我国高等教育的发展，越来越多的农村女大学生步入高等教育的殿堂。农村女大学生是高等教育图景中一个特殊的镜像，折射出高等教育的城乡和性别差异。受到阶层和文化的影响，有着男孩偏好的农村父母因子女的性别差异而有不同的"教育—收益"回报诉求，对农村女大学生的教育回报期待，常常是基于女大学生所积累的资本在今后择偶和婚姻市场上的资源获得，即女性的成功还是依附在"夫荣妻贵"的事实上。这使得父母在支持农村女大学生求学的背后，依然不忘对她们进行传统性别文化的规训。

当前，随着市场经济发展与社会文化转型，国家体制内倡导的男女平等意识形态让位于市场经济的女性意识，使得中国传统社会男尊女卑的性别文化有"复制、再生产"的现实土壤，并以"妇女回家""倡导传统女性美德"等话语体系对女性性别角色进行新时期潜移默化的形塑。中国农村虽然经历现代化的变革，但是传统文化的惯习和性别刻板印象的长期存在，性别的二元划分和价值观念上的等级序列，已经成为农村家庭场域根深蒂固的文化表达。这决定了农村女大学生在接受高等教育的过程中无法规避来自家庭场域的性别文化规训。随着农村女大学生接受高等教育带来主体意识的觉醒，她们开始用主观能动性和行动抗拒着既有的规训。

但是，面对由家庭、社会、职场所构建的强大性别文化规训体系，具有阶层和性别的双重弱势的农村女大学生，她们抗拒的力量有多大，这一力量又能够支持她们走多远？

二、文献回顾

近年来伴随中国社会结构弊端的凸显，教育公平问题，特别城乡、性别差异问题逐渐引起学者的关注。刘云杉等通过北京大学近 30 年的本科招生和专业选择的数据揭示了农村女性是一个利益缺失的群体，事实背后是阶层分离与城乡壁垒以及性别公平的缺失（刘云杉，王志明，2008）[49-61]。余秀兰采用质性研究方法对一位三本院校农村女大学生叙说个案进行分析，发现农村女性具有阶层出生和性别"先赋型"双重劣势，在对高等教育的选择和就读过程中，制度和结构所赋予个人的场域和资本始终左右着她们的行为选择。学者李春玲（2009）[14-18]、吴愈晓（2012）[112-137]、谢作栩和王伟宜（2006）[65-74]、陆根书等（2009）[14-29]通过大规模的关于高等教育阶层与性别差异的实证研究，揭示了农村女性接受高等教育机会和专业选择的不均衡问题。这些研究成果推动了教育公平的发展。但既有的研究多立足于教育公平宏大叙事的背景，运用阶层、性别和资本等社会学、经济学理论工具进行阐释，采用实证或思辨的研究方法，对基于城乡和性别交互效应的农村女性接受高等教育的情况进行探讨，注重对现有问题"应然"的思考；鲜见以农村女性在高等教育选择中所表现出来的"实然"状态作为研究的视角。少了这些特殊群体的发自内心的"声音"，使得研究的厚度和人性的色彩有所缺失，这些不能不说是对高等教育公平审视的一个缺憾。本研究试图从规训和抗拒的视角来解读农村女大学生在高等教育选择过程中，所呈现的、交织其中被性别文化所熏陶和形塑以及个体在其中反对、抗争的矛盾状态和过程。

对于"规训"和"抗拒"这组概念，国内外学者较多在文化学、社会学、哲学、教育学领域使用，并加以批判性反思。它为我们审视批判阶层、性别角色和学校教育中文化权力运用及其隐蔽性提供了一个全新的视角。其中，研究学校教育中的"规训"和"抗拒"是国内外研究的重点，最典型的是法国思想家福柯在其代表作《规训与惩罚》中，深刻地分析了教育中规训技术的精致化（米歇尔·福柯，1999）。其他学者也从不同的视域出发，对学校中的规训化教育进行了批判，如批判教育学代表弗莱雷的《被压迫者教育学》（保罗·弗莱雷，2001）、美国学者伊里奇的代表作《非学校化社会》（伊万·伊利奇，1992），以及我国学者金生鈜（2004）和马维娜（2003）等。这些对学校教育中"规训"和"抗拒"的研究，为本文对这组概念的移植使用提供了方法的借鉴，拓展了研究的学缘和现实的向度。

规训（discipline）是法国思想家福柯在其代表作《规训与惩罚》中所创用的一个核心概念，他认为社会权力的运作是围绕着"规训"而展开的。在英文中，这个词既可以用作名词，也可以用作动词，具有纪律、规范、训练、校正、训诫、约束以及熏陶等多种释义（Foucault & Gordon, 1980）[106]。规训作用于对象的方式既可以是有形的物质层面，如利用空间的控制、身体的惩罚等，也可以是无形的价值层面的，如道德的训诫、思想的灌输和自我形塑等。

抗拒（resistance）从字面上理解是抵抗和拒绝。社会学家莫顿以文化目标与制度化规范的接受与否，提出五种个人适应社会结构的方式，即顺从者、创新者、形式主义者、退缩者、反叛者；除了第一种类型（顺从）

之外，其他类型均可视为抗拒的形态（Merton，1968）[19]。麦可拉伦则根据抗拒行为的表现形态将其分为积极性抗拒与消极性抗拒（McLaren，1985）[84-97]。本文根据农村女大学生对性别文化规训的行为表现，把抗拒的形态分为建设性抗拒、背叛性抗拒和退缩性抗拒。

总的说来，本文借鉴这组概念，对农村女大学生的叙说进行解读。即采用半结构式的个案访谈，通过一个农村女大学生的述说，将被访问者碎片化的个人经历描述拼接成具有连贯性的真实故事，再现了入学（专业选择）—就学（专业学习）—就业（毕业去向）过程中交织在农村女大学生身上的性别规训和抗拒的现实图景，并运用话语分析的研究范式（陈向明，2000）[149-153]，从微观的视角进一步探索其行为的性别文化和教育公平的隐喻，以期对高等教育的公平问题的理解和思考有所裨益。

三、个案分析

（一）无处不在的规训

1. 专业选择背后的性别隐喻

M来自一个典型的农村家庭，家里还有一个哥哥。作为男孩偏好的农村家庭，家里首先考虑的是男孩的前程问题。但是她哥哥成绩比较一般，上了大专。M的成绩比哥哥好很多，考上了本科。在相对固化的社会中，接受高等教育是他们改变既有社会地位最可靠的途径，所以在家庭经济能力可以承受的范围内，他们都进入了高等教育学府。这是一种农村家庭对高等教育的集体信任。但是在专业的选择上，她与父母却出现了分歧。

> 我哥是模型制造专业，虽然这个专业的学费贵了些，但是父母觉得"男生要有技术，以后就业面广，可以赚更多的钱"。但是轮到我报考专业的时候，他们向别人打听了一下，听说读中文的以后出来可以当老师。他们觉得女孩子当老师挺好的，特别是有寒暑假可以照顾家庭。

专业是人才培养的重要载体，与个体未来的职业存在着密切的关系。个体通过职业这个载体，在激烈的市场竞争中找寻到岗位并决定今后社会阶层的归属。随着女性在高等教育中所占比例的增加以及专业性别的分化，性别与学科的研究成为一个重要议题。有学者用性别的视角重新审视学科的性别认同，构建出一套与性别文化对应的所谓的"男性学科"和"女性学科"，并认为女性学科往往是女性传统家庭领域活动在社会公共领域（主要为教育、护理、服务）的延伸（周小李，2011）[43-47]。学科性别划分的背后是一种与性别相对应的意识形态，即它是社会文化建构的结果，其中包括着男尊女卑的价值等级观念，有着深刻的文化基础（贝蒂·弗里丹，2001）。在农村，这种性别等级观念常常植根于他们的日常生活世界且转化为自觉自愿的行为模式。对 M 的家长来说，也许对专业的认知是模糊的，但是对子女的专业做出不同的选择却是不假思索的：男孩子以后应该赚更多的钱，承担家养糊口的责任，而 M 是女的，当老师可以照顾家庭。M 的成绩虽然好于其哥哥，但是专业选取标准不是子女的"学习能力"这样的人力资本，而是把社会性别规范之于男女两性所"应该"指向的角色作为思考和决策的逻辑，并把这种惯性和理念通过家长的权威作用在农村女大学生身上。

2. 隐秘的规训——"这是为你好"

对于面朝黄土背朝天的农村父母来说，他们经历过没有文凭所吃的"亏"——大半辈子被"钉"在土地上。在他们的精神世界里，女性接受高等教育的价值不只在于为个体实现向上流动的机会，更重要的是，这可为农村女大学生在今后的婚姻市场赢得更多的资本，从而为家族（父母）拓展社会资本，提升社会地位。缺乏文化教化的农村父母，虽然未能清晰而系统地向农村女大学生阐释接受高等教育与婚姻的关系，却从自身的经历中直观地感受到二者的相关关系，并用他们所熟悉而且朴素的话语"这是为你好"，构建出一种性别角色符合社会期盼的隐蔽的规训。

> 我爸爸常说："你是我们家族的第一个女大学生，毕业之后，也一定能够找到更好的工作和更好的平台，嫁个城里人，过上城市人的生活。过得好也是你自己的。"

> 我妈经常会用我表姐的例子来激励我：你看你表姐念了中专，分配到医院到当护士，就可以找一个交警大队工作的老公，多派头！你要是能够考上研究生，今后好歹可以找一个吃"公家饭"的，至少能过上衣食无忧的日子。说了这么多了，还是那句话，这都为你好。

这样，除了动用家长的权威，农村家庭还会以一种关怀的方式对农村女大学生接受高等教育的梦想背后的价值进行形塑、规范，试图使得农村女性在追求个人梦想的过程中不忘女性自身社会价值的归属。

在面对来之不易的求学机会时，农村的女生易于屈从父母的决策和期盼。而对于农村土壤所孕育的性别传统文化规范，生于斯、长于斯的她们便无意识地顺从了作用在她们身上的规训。

（二）有限的抗拒——"成为我自己"

抗拒形态是指个体为反抗某种规训，而呈现出来的外显行为或内在态度，包括认知冲突、逾越规范等行为表现，以及隐藏于内心的反抗心态。随着女大学生自我意识的觉醒，作用于大学生的"身体"的规训，则被女大学生以"建设"或"背叛"的抗拒形态慢慢地瓦解了。

1. 建设性的抗拒：梦想追求

新奇而开放的大学生活，多元化的价值冲击，失去农村性别规范习得的稳定环境，促使农村女大学生开始思考建构自己与专业、社会之间的关系和意义，反抗自己过去接受的价值灌输，一步步构筑自己梦想。

> 虽然父母帮我挑选了中文专业，希望我以后当老师，但我的梦想是当一名记者。因此，出来上大学的时候，我就加入了新闻社，从采编到录制，从校内到校外，从大一到大四，我从一个新闻社的一个小部员，成长为一个新闻社采写部的负责人。我觉得只有做自己喜欢的事情，才能让我感受到自己存在的价值。我母亲和我不一样，她没有文化，没有自己的职业和收入，所以必须听从我爸，依靠我爸过着。其实也挺可悲，但是也是无奈的。

本案中的 M，在大学的学习期间，用成为记者的梦想来抗争来自

"女孩子当老师好，有利于照顾家庭"的规训，用"积极参与和媒体有关活动"的积极追求梦想的行动表达了可以"成为我自己，不用依附男人"的性别平等诉求。这种梦想的构筑和追逐梦想的行动，就是农村女大学生以一种积极、建设性的抗拒来瓦解来自父母和农村家庭的性别规训。

2. 背叛性的抗拒：权力博弈

与建设性的抗拒不同，当女大学生们走到人生的另一个十字路口——毕业选择时，羽翼日益丰满的她们则敢于选择用"背叛性"的抗拒应对作用于自己身上的规训。

面临毕业去向的选择时，M 的父母希望 M 能够考研，因为"家族第一个女研究生，可以让 M 的父母很有面子"。研究生的头衔可以换取更高的婚姻资本。但是 M 并不是这样想的。

> 我刚开始也是想考研的，但是后面仔细想想还是决定放弃。我觉得我不能单纯考虑他们的想法。他们从自己的想法出发，觉得研究生可以让我获得更好的平台，找到更好的对象。我妈苦口婆心地劝我好好为自己想想。但是我不这么认为，我的梦想一直都是当一名记者，考研也不是很好，因为记者是一个应用性很强的专业，如果没有经验是做不好的。我希望我以后依靠我自己的力量去实现我的梦想，哪怕以后找老公，也是要能够理解并互相尊重彼此的工作。
>
> 后来在父母的压力下，我是报考了，但是没去参加考试。父母对我还生气了一段时间，也没有办法。后面我慢慢也告诉他们，我有我自己的想法。我也告诉我妈，时代不一样了，女人也可以自己过得很好。所以他们也没什么好说的。

这种背叛性的抗拒意义在于，某种程度上击败了试图强加在农村女大学生身上的性别文化规训，也在产生着反作用于规训的抗拒的力量，并且借由这种力量更新和改变原有的规训，推动着性别文化的发展。这样，"'被统治者'并非永远属于从属地位，它可经由策略的使用，结合反抗的力量，并通过文化吸纳改造而扩大反抗力量，进而经由意识形态的转换，更新了原有社会的生活方式、习俗、概念、文明和文化的形式和层次"（胡春光，2011）[184]。

(三)自觉成为被规训的"同谋"

毕业生就业表面上看是大学生通过进入劳动力市场获得一份职业的过程，背后的实质则是不同阶层的学生依据自身的资本数量和结构进行的角逐（陈卓，2009）[12-16]。阶层和性别作为一种重要的资本"符号"，已经成为这场角逐中无法规避的力量之一。长期以来，我国社会的发展以牺牲农村、优先发展城市的模式，形成了城乡资源不平衡的二元社会结构。在这一结构中，农村女大学生有着阶层出身和性别的双重劣势。对于农村女大学生来说，性别和阶层的"符号"资本在就业市场上意味着什么？她们能否平等、自由、自主地参与竞争？她们面对社会这样一个更大的社会场域时抗拒的力量有多大？能够支持她们走多远？

> 我刚开始找工作的时候，也是信心满满的，拿着简历到各种报社去应聘。我想凭我大学四年在新闻社积累的工作优势，应该是有足够的优势，我也获得了在一家报社实习的机会。刚开始也觉得很新鲜，后来发现记者的工作真的不是你所想象的那样。我实习的部门是采编部，80%的人都是男性。我刚开始也很纳闷，后来发现只有男的才能适应，因为由于新闻工作要求时效性，所以新闻事件一发生你就必须出现在第一现场，必须随时待命。等你以后成家了，你总不能随叫随到吧。另外，新闻工作经常要求出门采编，要录像、摄像啊，扛设备需要男壮丁。即使你是女汉子，后面也受不了这种工作强度。

在本案例中，M 从信心满满地进入记者行业，到后来发现即便是"女汉子"也无法做到"随时待命""扛设备"，女性天生的弱势，女性的性别分工，决定了有时候难以僭越性别"规约"而去抗争"男性主宰"的世界。

除了性别符号的弱势所指向的自我边缘化之外，阶层的弱势强化了农村女大学生的这种认知。性别和阶层的二元对立，并非静态的、孤立的范畴或观念，而是发挥具有等级区隔性的权力作用，使得社会再次强化了优势阶层的维系和再生产。这样，阶层和性别的劣势便在女大学生身上产生叠加的效用，使得农村女大学生不断调整自己的偏好，退缩到家庭领域，并用阿 Q 式的精神胜利法麻痹自己的抗争意识，弱化自我成就动机与成功自信，自觉成为了父权制和传统文化对女性性别角色规训的"同谋"，就像 M 所说的那样。

> 实习一个月下来，改变了我最初的设想。我觉得嘛，女人虽然说也要一份稳定的工作，但是你的角色决定家庭责任没办法推卸啊，所以我放弃了。我现在在一家房地产公司，主要也是做文字编辑的工作，但是岗位的特点还是属于秘书性质的，不需要 24 小时待命，我觉得也许这样的工作更适合女人吧。再说吧，我从农村出来的，有这样的一份工作，已经比其他的农村女孩子好很多了。也就这样吧。

四、分析与讨论

本个案中，为什么农村女大学生最终会屈从父权制性别文化的规训，甚至参与了其中呢？个案的背后，实际上是农村女大学生族群的故事，而这些个别的真实经验也许正凸现着背后结构性的性别问题。

布迪厄的"结构"概念可以是一个较有说服力的分析工具。在他看来，场域、资本、惯习都是结构不同向度的构成要素。惯习是外部结构内在于个体的认知行动模式，个体的认知、决策与行动无不建立在由场域和资本交相构建的结构基础之上"（乔纳森·特纳）[175]。也就是说，场域、资本和惯习是施加在行动者身上的决定性尺度和外在约束，个体行为是结构限制下做出选择的结果。

中国传统文化所衍生的对男女两性性别文化的建构，即男性意味着"公"（社会公共领域），女性则意味着"私"（家庭私人领域），使男女性别区分的陈旧结构得以保持下来，并成为农村家庭一种根深蒂固的文化表达。同时，我国城乡二元的社会结构、农村资源的相对匮乏，使得通过接受高等教育改变社会结构中的劣势地位成为农村家庭的内在期盼。农村女大学生便是在这种期盼和规训的交织中走进了高等教育的学府。在新的场域内，新鲜的生活、新奇的故事、更新的理念和规则又会作为一种新的元素不断地修补和扩展原有的认知结构，来摆脱规训的桎梏。这些个体经历的体验要求她们自我定位，实现主体权力的掌控。她们用各种抗拒形态实现对制度、资本的反抗和对父权制文化的挑战。但相对于城市学生优势资本累积建构的场域结构而言，"先赋型"劣势资本使农村女大学生所累积的抗拒的力量在范围和强度上都显得非常薄弱，决定了她们行为选择的有限性。当她进入了一个更大的社会场域，这种抗拒的力量难以抗衡由社会、家庭、职场等多重场域交织形成的强大的、网状的"规训"，最终使得女大学生自觉地退缩，驯服于性别文化的规训，并使得城乡、男女两性在社会地位的差序格局得以持久存在。这种行为的选择，并不是作为个体或群体行为的结果，而是社会结构权力和社会性别文化长期作用的产物。

伴随我国高等教育的发展，越来越多的农村女性将作为体系的受益者走入高等教育机构。从这个案例中，我们看到，她们的进入和发展依然面临着来自阶层、社会和文化的困扰。这种性别文化的产生与存在根植于富有中国本土特色的文化土壤，与我国的社会文化、政治、经济和制度等有着千丝万缕不可分割的关系。它如同割不断的历史，在人们反复的日常实践中，已经内化到个体的习惯和文化表达，影响着人们在家庭、教育、就业中的思维观念和行为模式（武毅英和杨珍，2013）[92-99]。这决定了她们在高等教育选择的过程，是一个规训和抗争相伴随的过程。单靠农村女大学生自身努力难以实现对此的改变，唯有深入地解读她们身上的关于制度和文化上的性别不平等的隐喻，打碎束缚在其身上的多重场域框约，从而让家庭、学校、职场及媒体和行政在相关理念、决策与行动上作出结构性的调整。除此之外，女性主体意识（乃至女性群体意识）的觉醒是首当其冲的问题，而作为女性群体中知识最高层的女大学生更应该充当意识觉醒者的先锋，并负有启蒙其他层次女性的责任（余秀兰，2011）[76-84]。

这将是社会相关各方力量一个长期博弈、变更的过程。

参考文献

保罗·弗莱雷. 2001. 被压迫者教育学[M]. 顾建新等译. 上海：华东师范大学出版社

贝蒂·弗里丹. 1988. 女性的奥秘[M]. 程锡麟，朱徽，王晓路译. 成都：四川人民出版社

陈向明. 2000. 质的研究方法与社会科学研究[M]. 北京：教育科学出版社

陈卓. 2009. 教育对社会分层的影响：基于职业获求的视角[J]. 教育发展研究，

（019）：12-16

胡春光. 2011. 规训与抗拒：教育社会学视野中的学校生活[M]. 武汉：华中师范大学出版社

金生鈜. 2004. 规训与教化[M]. 北京：教育科学出版社

李春玲. 2009. 教育地位获得的性别差异[J]. 妇女研究论丛，（1）：14-18

刘云杉，王志明. 2008. 女性进入精英集体：有限的进步[J]. 高等教育研究，29（2）：49-61

陆根书，刘珊，钟宇平. 2009. 高等教育需求及专业选择中的性别差异及其影响因素分析[J]. 高等教育研究，（10）：14-29

马维娜. 2003. 局外生存：相遇在学校场域[M]. 北京：北京师范大学出版社

米歇尔·福柯. 1999. 规训与惩罚[M]. 刘北成等译. 北京：生活·读书·新知三联书店

乔纳森·特纳. 2006. 社会学理论的结构[M]. 邱泽奇，张茂元等译. 北京：华夏出版社

武毅英，杨珍. 2013 大学生就业竞争力差异分析：基于社会性别的视野[J]. 大学教育科学，1（1）：92-99

吴愈晓. 2012. 中国城乡居民教育获得的性别差异研究[J]. 社会，32（4）：112-137

谢作栩，王伟宜. 2006. 高等教育大众化视野下我国社会各阶层子女高等教育入学机会差异的研究[J]. 教育学报，2（2）：65-74

伊万·伊利奇. 1992. 非学校化社会[M]. 吴康宁译. 台北：台湾桂冠图书股份有限公司

余秀兰. 2011. 认同与容忍：女大学生就业歧视的再生与强化[J]. 高等教育研究，（9）：76-84

周小李. 2011. 女大学生就业难：文化资本与符号资本的双重弱势[J]. 教育研究与实验（1）：43-47

Foucault M，Gordon C. 1980. Power/Knowledge：Selected Interviews and Other Writings，1972-1977[M]. New York：Pantheon Books

Giroux H A. 1983. Theories of reproduction and resistance in the new sociology of education：A critical analysis[J]. Harvard Educational Review，53（3）：257-293

Mclaren P L. 1985. The ritual dimensions of resistance：Clowning and symbolic inversion[J]. Journal of Education，167（2）：84-97

Merton R K. 1968. Social Theory and Social Structure[M]. New York：Free Press Meyersson Milgrom

作者简介 | 武毅英，厦门大学教育研究院、高等教育发展研究中心教授、博士生导师，高等教育质量建设协同创新中心研究员，主要研究方向为高等教育与经济、性别/教育研究、大学生就业问题、两岸高等教育等。

郑育琛，厦门大学嘉庚学院教师，博士。研究方向为教育经济与管理、性别与教育研究、大学生就业问题。

Discipline and Resistance: Employment Difficulties Come From the Rural Female Colleges Students
—A Narrative Interpretation of Student M

Wu Yiying Zheng Yuchen

Abstract: Rural female university students are an important part of female university students, even of all the university students. The situation of their learning and employment have obvious characteristics of the times, including the reflection of the level of development of urban-rural differences, gender equality and gender consciousness inside our society. If we look at the situation carefully from the perspective of educational sociology, then we will get some explanations and views that different from the past. The method of this paper is semi-structured case interview. Based on a number of pieces of personal experience which told by a rural female university student, we reproduce a coherent true story in order to analyze her confusion and struggles when she experienced "face to the traditional discipline—generating inner resistance—tamed final by discipline". The purpose of this study was to reveal the negative impact from urban-rural differences and gender culture to the rural female university students' learning and employment. More importantly, the study will help people to learn, understand and ponder for the gender differences which constructed by institutional culture.

Keywords: discipline, resistance, rural female university student, select confused, narrative

大学招生"综合评价"中审核学生课外活动参与程度的重要性

常桐善

摘　要：大学招生是一项极具挑战性，也是非常重要的工作，直接影响到大学的教育质量。加州大学（加利福尼亚大学）于2001年开始实施"综合评价"制度，规定各学校要利用多元化指标在充分考虑学生拥有的教育机会和面临的挑战的前提下，评审学生的学业成绩和个人成就，以及为大学做出贡献的潜能。其中一项指标是通过学生参与课外和社会活动的程度来评审学生的非认知能力。利用加州大学的招生数据分析结果显示参加课外活动多的学生具有更好的非认知能力，也更有可能完成大学教育。

关键词：大学招生　综合评价　课外活动

一、引言

美国研究型大学的本科招生采纳综合评价方法，即综合考察学生的认知和非认知能力。认知能力的考核通常是通过审核学生在高中完成的课程及其成绩，以及标准化入学考试（如 SAT、ACT 等）成绩等来完成。但评价学生的非认知能力常常比认知能力更具有挑战性。一方面非认知能力所包含的内容非常广泛，如领导能力、社交能力、团队合作能力、社会和自我认知能力、对就读大学和社会做出贡献的潜能等。另一方面，与学业成绩不同，非认知能力在很多情况下是难以量化的，其评价需要评审人员有更强的专业性判断能力。

也正因为如此，美国大学通常采用多元化方法评价非认知能力，例如个人陈述报告、推荐信、面试、学生参与课外活动和社区服务的广度和深度等（Sternberg，2010）[50-57]。个人陈述常常反映了学生成长的背景以及对某些专题问题的认识，有助于评审人员了解学生的思想情感和社会态度。推荐信可以从不同的视角反映学生在学校的综合表现，包括领导能力、团队合作精神等。面试可以比较直观地展示学生的交流能力、表达能力、解决问题的能力、处理和分析信息的能力及言行举止等。参加课外活动的广度和深度通常涵盖学生参与活动的种类、时间、长度及活动的难度、学生在活动中担任的主要角色和取得的成就等。大学希望通过对这些因素的评审，来推测学生作为一个社会人所具有的生活和实践经验，以及担当社会责任的意愿和具备的潜能。这种评价方法的依据主要是参与理论所倡导的"参与"是提高学生认知和非认知能力的关键途径（Astin，1984）[297-308]。

中国自1978年实施高考招生以来基本上以单一的入学考试成绩为录取依据，多年来没有太大的变化。2014年，国务院颁发了《关于深化考试招生制度改革的实施意见》，明确提出了"分类考试、综合评价、多元录取"的大学招生制度①。虽然该意见没有对"综合评价"提出具体的实施办法和评价指标体系，但相信在国家的大政方针指导下，大学、中学及社会团体能够充分利用这个契机，将大学招生"综合评价"提到招生改革的议事日程上。但我们也必须认识到"综合评价"是一项十分具有挑战性的工作，是需要强大的人力、财力、数据系统及社会诚信体系的支撑。

他山之石，可以攻玉。虽然中美大学的体制存在很大差距，招生背景也因此不尽相同，但美国许多研究型大学的"综合评价"基本理念及指标体系对中国开发自己的"综合评价"体系应该有借鉴价值。加州大学的"综合评价"制度就是其中之一。该校于2001年明确提出，并开始实施"综合评价"制度，规定各学校要利用多元化指标在充分考虑学生的背景和拥有的教育机会的前提下，评审学生的学业成绩和个人成就，以及为社

---

① 国务院. 2014. 国务院关于深化考试招生制度改革的实施意见[OL]. http：//www.gov.cn/zhengce/content/2014-09/04/content_9065.htm. [2015-08-15].

会做出贡献的潜能（常桐善，2007）[80-97]。其中一项指标是通过学生参与课外和社会活动的程度来评审学生的非认知能力。此项研究将通过分析申请加州大学的高中学生参加课外活动、义务工作及社区服务活动的程度，及其与他们进入大学后的学业表现和参与同类活动之间的相关性，来阐述在大学招生"综合评价"中考查学生参与课外活动的重要价值。旨在为中国推动国家招生改革政策，并有效实施"综合评价"制度提供参考建议。主要探讨的问题包括：

第一，不同中学生（如性别、族裔、所讲的第一语言、是否是家庭第一代大学生、家庭收入、学业成绩及录取状态）在参加课外活动、从事义务工作及社区服务活动方面是否存在差异性？

第二，加州大学录取的学生与被拒绝的学生参加课外活动、从事义务工作及社区服务活动的程度是否相同？

第三，学生在上大学前参加课外活动、从事义务工作及社区服务活动的程度，与他们进入大学后的就读经验、非认知能力及学业表现之间是否存在显著的相关性？

二、研究方法

（一）数据描述与概念界定

1. 课外活动、义务工作及社区服务活动

加州大学要求申请学生提供从中学9—11年级参与过的各类活动。这些活动根据其性质归类为课外活动、义务工作、社区服务、教育项目及带薪工作。根据申请指南，课外活动包括高年级足球队队长、学生会主席、学生年度纪念册编辑、学校交响乐第一演奏员、学校话剧团主要演员、领导艺术教育培训员等。义务工作及社区服务活动包括无薪工作和为社区提供的各种服务，例如给小学生提供的数学辅导、在教会帮助看管小孩、在医院担任义务护工等。教育项目则包括加州大学及其他有关机构提供的教育扶贫项目，如大学入学考试培训活动、大学申请辅导班等。

加州大学要求申请学生在填写这些活动时提供活动名称、活动组织机构及其联系信息（如电话、邮件、地址等）、申请学生参加活动时所在的年级、每周工作的小时数、每年参加活动的周数以及担任的主要角色和职位。需要说明的是，要求学生填写活动的组织机构及其联系信息的目的，是为了求证申请人提供信息的真实性。但由于申请学生很多，加州大学无法对所有学生的信息进行核查，但若发现有关信息与申请表中的其他信息不符，或者存在其他质疑时，加州大学也会联系相关组织机构核查信息的真实性。一旦发现学生提供的信息与事实不符，加州大学将拒绝录取这位学生。

在提供的这些信息中，学生在每项活动上所花费的时间对评价学生的能力有更有效的作用。例如，如果一位学生参加五项活动，但参加每项活动的时间只有几天或者几周，那么这位学生在申请评价中获取加分的可能性较小；相反，如果一位学生只填写了一项活动，而这位学生参加这项活动的持续期限达到三年，每周花费 3 小时，那么这位学生在招生中获取加分的可能性要高于参加五项活动的学生。所以有很多学生也许虽然只填写了两三项活动，但他们持续参加这些活动的时间超过两年，甚至更长。显然，参加活动的持续性时间对招生评价的作用往往大于参加活动的数量。非常遗憾的是由于通过网络收集的这项信息存在一些数据效度方面的问题，所以这项研究只考查学生参加课外活动、义务工作及社区服务活动的种类和数量，并将志愿者工作和社区服务合起来作为一个变量，称之为"义务工作和社区服务活动"。每个变量根据申请学生从 9 年级（相当于中国的初中三年级）开始参加过的活动种类数赋值。例如，如果学生没有参加任何课外活动，该生在课外活动这个变量上的赋值为"0"；如果报告了四项活动，则赋值为"4"。由于参加五项以上活动的学生较少，所以此项研究将五项或者五项以上的活动合并，赋值为"5"。

2. 大学就读经验

用于此项研究的大学就读经验包括加州大学一年级学生参与学习和社会活动的程度。相关信息是加州大学在 2008 年春季通过"加州大学本科学生就读经验调查问卷"收集的[①]。加州大学校长办公室目前负责这项调

---

① The University of California Office of the President.2015. University of California Undergraduate Student Experience Survey[OL]. http://studentsurvey.universityofcalifornia.edu/. [2015-08-15].

查研究工作，每两年收集一次数据，并对收集到的数据进行综合性研究，为决策提供支持。此项研究只包括与领导技能、社会活动能力及参与学术/社会活动程度有关的指标。

3. 学业表现

学业表现包括大学一年级的成绩积点（GPA）和四年的毕业率。成绩积点是以学生在加州大学完成的所有课程的成绩计算所得。四年的毕业率是指从入学开始到第四年结束获得学士学位的学生比率。美国不同大学的本科学生四年的毕业率变化很大。加州大学2007年入学学生四年的毕业率是64%。不能按时毕业的学生在很大程度上占用了教育资源，影响了其他学生的入学。所以在过去多年，大学与政府也都致力于采取多种措施降低学生的流失率，提高学生的按时毕业率。其中一项工作就是对招生制度的改革，确保录取的学生具有完成大学学业的潜能。学业表现数据来源于加州大学学生数据系统。

4. 学生背景数据和大学入学前的学业成绩

学生背景数据和大学入学前的学业成绩数据来源于加州大学本科招生数据库。相关信息包括学生背景、学生父母社会经济状况、中学成绩积点、大学入学成绩及大学录取和入学结果。高中参与课外活动和义务工作以及社区服务的活动的程度是以学生的性别、族裔、父母的受教育程度、所讲第一种语言、家庭年收入、学业成绩指标、录取状况为基础进行比较分析的。少数种族裔包括印第安人（American Indian）、非洲裔（African American）和西班牙裔（Hispanics）。低收入学生是学生自己在申请表中填写的父母年收入低于43 000美元的学生，这个标准是加州有中小学适龄子女家庭第30百分位的年收入（即2007年加州有30%的有适龄中小学生的家庭年收入低于43 000美元）。

（二）研究对象

此项研究的对象包括2007年申请加州大学的新生，总计8.7万，其中7.1万学生被录取，最终有3.5万学生注册入学（表1）。

表1 加州大学2007年秋季申请入学、被录取及注册入学的新生统计表

学生背景		申请入学		被录取入学		注册入学	
		人数	比例/%	人数	比例/%	人数	比例/%
合计		87 618		71 271		35 251	
性别	男	39 043	45	31 207	44	15 593	44
	女	48 522	55	40 046	56	19 657	56
种族	少数种族	20 296	23	15 609	22	7 357	21
	其他	67 322	77	55 662	78	27 894	79
家庭低收入	是	21 989	33	17 554	32	10 030	36
	不是	44 916	67	36 847	68	18 078	64
第一语言	英语	49 817	57	41 009	58	18 386	52
	其他	37 740	43	30 232	42	16 849	48
第一代大学生	是	29 647	36	23 946	36	13 061	40
	不是	52 027	64	42 522	64	19 939	60
学业指标排名在后1/3	是	25 571	33	20 694	30	9 300	27
	不是	51 467	67	47 236	70	25 050	73

注：由于学生信息缺失，表中各群体学生之和可能低于合计学生数。例如，男女申请学生的合计数是87 565，略少于学生总计数87 618。这是由于部分学生没有提供性别信息。表中比例是根据实际有效信息数据计算所得。

在所有学生中，女生大约占55%，少数种族裔学生占23%，来自家庭低收入的学生占25%，所讲第一语言不是英语的学生占43%，在家庭中属于第一代进入大学学习的学生占34%。这些数据显示，加州大学的学生来自于具有不同背景的家庭。这是加州大学一直倡导的大学教育对象多元化的理念所致。这种理念对来自于弱势群体的学生的社会地位变迁有重要的意义。多元背景组成的学生群体也有利于此项研究全面反映不同学生参加社会活动和社区服务的真实情况，特别是不同背景学生参与各类活动的差异性。当然，需要强调的是申请加州大学的学生普遍具有较高的学业成就及社会参与积极性。因此，本研究所反映的学生参与各类活动的情况可能无法代表所有高中毕业生的情况，但对研究学生参与活动与被录取及其进入大学后的学业完成之间的关系仍然具有可靠性。还需要强调的是，不同背景学生在申请入学、被录取及注册入学学生中所占的比例无显著差异。例如，来自家庭低收入的学生在申请入学学生

和被录取学生中所占的比例都是大约33%，在注册入学学生中的比例大约是36%，略高于这些学生在被录取学生中的比例，说明低收入家庭的学生可能考虑到学费问题，略倾向于选择学费相对于私立大学较低的加州大学入学就读。

三、研究结果

1. 不同背景学生参加课外活动、从事义务工作及社区服务活动的差异性

表2展示了具有不同背景的学生参与课外活动、从事义务工作及社区服务活动的平均值。例如，女生平均参加课外活动3.53项，从事义务工作及社区服务活动2.58项；男生参加课外活动3.26项，从事义务工作及社区服务活动2.16项。从统计学的角度来看，具有不同背景的学生参与课外活动、义务工作及社区服务活动的程度存在显著性的差异。男生的参与程度显著低于女生；少数种族裔学生参与程度低于其他学生；来自低收入家庭的学生的参与程度显著低于来自中高收入家庭的学生；来自第一代大学生家庭的学生参与程度显著低于其他学生；所讲第一语言是非英语的学生的参与程度显著低于所讲第一语言是英语的学生；学业成绩排名在最后三分之一的学生的参与程度显著低于其他学生。当然，从Cohen's d 效应值来看，各群体参与这些活动的差异性程度并不是十分大，有四项处于中等程度（$d>0.3$），其他各项之间的差异程度都较小。但需要说明的是，无论差异程度多大，除了性别和学业成绩指标外，其他指标都与弱势群体或者移民有关。从统计数据展示的结果不难得出结论：弱势群体学生参加各项活动的程度小于非弱势群体学生。

2. 被录取学生与被拒绝学生在参加课外活动、义务工作及社会服务活动上的差异

表3显示了加州大学9所学校总计以及伯克利和洛杉矶两所分校被录取和被拒绝学生参加课外活动、义务工作及社区服务活动的差异性。统计数据显示，在加州大学所有学校中，被录取学生平均参加课外活动3.52项，被拒绝学生平均仅参加2.93项，二者存在显著差异且差异程度中等

表 2　不同背景学生参加课外活动、义务工作及社会服务活动的差异性分析

一级指标	活动	二级指标	均值	标准差	Cohen's d 效应值
性别	课外活动	男	3.26	1.72	0.16***
		女	3.53	1.66	
	义务工作及社区服务活动	男	2.16	1.58	0.27***
		女	2.58	1.62	
种族	课外活动	少数种族	3.02	1.77	−0.30***
		其他	3.53	1.65	
	义务工作及社区服务活动	少数种族	2.07	1.59	−0.27***
		其他	2.49	1.61	
父母收入	课外活动	低收入	3.02	1.81	−0.28***
		其他	3.49	1.65	
	义务工作及社区服务活动	低收入	2.16	1.61	−0.20***
		其他	2.48	1.61	
第一代大学生	课外活动	第一代	3.01	1.78	−0.39***
		其他	3.64	1.6	
	义务工作及社区服务活动	第一代	2.15	1.6	−0.25***
		其他	2.54	1.6	
第一语言	课外活动	英语	3.5	1.64	0.11***
		其他	3.3	1.76	
	义务工作及社区服务活动	英语	2.42	1.62	0.03***
		其他	2.37	1.61	
学业指标	课外活动	排名在后 1/3	2.94	1.75	−0.55***
		其他	3.81	1.49	
	义务工作及社区服务活动	排名在后 1/3	2.11	1.57	−0.37***
		其他	2.69	1.57	

注：***$p<0.001$

（$d>0.3$）。同样的，在参加义务工作及社区服务活动方面，被录取的学生与被拒绝的学生之间也存在显著差异，平均参与项目次数分别为 2.51 项和 1.90 项，差异程度居中。这种差异性同样存在于加州大学的伯克利与洛杉矶两所"旗舰"分校，而且在参加课外活动差异性的 Cohen's d 效应值接近 0.5，呈高差异程度。

表3 被录取与被拒绝学生在参加课外活动、义务工作及社会服务的程度上的差异性分析

一级指标	活动	二级指标	均值	标准差	Cohen's d 效应值
加州大学录取结果	课外活动	被录取的学生	3.52	1.63	0.35***
		被拒绝的学生	2.93	1.89	
	义务工作及社区服务活动	被录取的学生	2.51	1.59	0.38***
		被拒绝的学生	1.9	1.61	
伯克利、洛杉矶两所学校	课外活动	被录取的学生	4.2	1.27	0.49***
		被拒绝的学生	3.41	1.68	
	义务工作及社区服务活动	被录取的学生	2.96	1.54	0.36***
		被拒绝的学生	2.39	1.6	

注：***$p<0.001$

当然，我们也不排除这些参与活动积极的学生在学习等其他方面的表现都很优秀的可能性。对这些学生来说，即便是不审核他们参与活动的情况，他们被录取的概率也大于其他学生。但是需要说明的是，对个别学生来说，他们可能花费很多时间从事这些活动，但也许由于种种原因，他们的高中成绩或者大学入学考试成绩不能达到理想的标准。那么对这些学生来说，通过审核他们参与活动的程度，使他们得到更加公平的对待。笔者孩子的一位高中同学，无论是高中综合成绩积点，还是大学入学考试成绩，都不是他们同级学生中最好的，但由于他在高中阶段出色的社会服务活动（三年期间参加志愿者劳动超过1000多小时），而被哈佛大学录取。从这些统计数据，可以毫无疑问地得出结论：参加课外活动、从事义务劳动及社区服务活动多的学生被大学录取的概率高于参加活动少的学生。

3. 中学生参与活动的程度与进入大学后的非认知能力及学业表现之间的相关性

非认知技能在学生发展中发挥重要的作用。这些技能涵盖的内容非常广泛，如领导能力、社交能力、自我认知能力、情感控制能力等。这些技能实际上也都包括在上面阐述的非传统评价指标体系中。统计分析显示

（表4），中学参加活动的程度与他们入读大学时、就读大学一年后各项技能之间存在显著的正相关关系。换言之，在中学参加活动越多的学生，在入读大学时，也就是高中毕业时所具有的非认知能力也越强；同样的，在中学时参加课外活动越多的学生，进入大学一年后在这些非认知能力的评价上有更强的能力。例如，中学参加课外活动的次数与进入大学时和进入大学一年后的领导能力之间呈显著的正相关性，相关系数分别为0.1685和0.1152。也就是说，参加课外活动越多的学生，在入学时以及进入大学一年后的领导能力亦越高。据此，我们可以断定，参加各类课外活动、义务劳动及社区服务活动对培养学生的领导、社交、自我认知等非认知能力有非常显著的积极作用。

表4 中学参加活动的程度与他们入读大学时和就读大学一年后各项技能之间的相关性

技能	中学课外活动		中学从事义务工作及社区服务活动	
	进入大学时	进入大学一年后	进入大学时	进入大学一年后
领导能力	0.1685***	0.1152***	0.1208***	0.0727***
社交能力	0.1095***	0.0853***	0.0876***	0.0623***
赞赏、容忍和理解种族多元化的能力	0.0180*	0.0249**	0.0043	0.0103
赞赏不同文化和全球多元化的能力	0.0467***	0.0515***	0.0227**	0.0264**
理解个人社会职责的重要性	0.0435***	0.0483***	0.0364***	0.0506***
自我认知和理解能力	0.0291***	0.0304***	0.0279***	0.0236**

注：$*p<0.05$，$**p<0.01$，$***p<0.001$

另外，在中学参与课外活动的程度与他们进入大学后的学习投入性也呈显著的正相关（表5）。例如，学生在中学时参与活动越多，进入大学后参与课堂讨论的积极性也越高，也越善于帮助其他同学更好地理解课堂资料。例如，参加活动越多的学生越倾向于在上交自己的作业之前，至少修改过一次。相关性分析结果（表6）也展示，中学参与活动与上大学时参与社会活动和社区服务之间存在显著的正相关关系。在中学时常参与社区服务以及课外活动的学生对参与这些学习活动重要性的认识也更为深刻，所以在上大学后也愿意花费更多的时间从事这些活动。事实上，学生参与活动的积极性是可以通过培养而获得的，而且这些特征是可以从一个学习阶段迁徙到另一个学习阶段。更具体地说，在高中养成的参与习惯可以用来预测进入大学后的学习行为。这也是为什么许多大学在综合评价体系中考查学生在中学时参与各种活动程度的重要原因所在。当然，通过参加这些活动，学生有更多的机会全面了解真实的社会，从而也增强自我认知能力。

表5 中学参加活动的种类数量与他们入校后参与学习活动的程度之间的关系

学习活动参与	中学课外活动	中学从事义务工作及社区服务活动
由于教师提出了高要求，从而提高了自己的努力标准	0.0158	0.0383***
在上交自己的作业之前，至少认真修改过一次	0.0335***	0.0763***
需要时，向教师或者指导老师寻求帮助	0.0458***	0.0966***
在课外和其他同学一起进行小组学习	0.0559***	0.0688***
和其他同学一起学习时，帮他们更好地理解课程资料	0.0389***	0.0421***
参加课堂讨论	0.0975***	0.0439***
将其他课程所学的理念或者概念融入课堂讨论中	0.0822***	0.0526***
在课堂上提出深刻的有见识的问题	0.0766***	0.0398***
对某一门课非常感兴趣，以致完成了超额的工作	0.0316***	0.0543***
尽管有可能降低成绩，但还是选择了更具有挑战性的课程	0.0563***	0.0325***
参加课堂讨论	0.0427***	0.0443***

注：***$p<0.001$

表6 中学参与活动与上大学时参与社会活动之间的关系

上大学时的社会参与认识和程度	中学课外活动	中学从事义务工作及社区服务活动
上学时，社区服务机会对我非常重要	0.1204***	0.1744***
上学时，提高我的领导能力的机会非常重要	0.1500***	0.1259***
每周花费在社区服务和义务工作上的时间	0.0800***	0.0914***
每周花费在参加俱乐部和学生组织上的时间	0.1355***	0.0967***

注：***$p<0.001$

毋庸置疑，良好学习行为（如学习投入）是学生完成大学学业的重要保证。这项数据分析结果也证实了这一点。表 7 和 表 8 所展示的回归方程分析结果显示，中学参与课外活动和从事义务劳动以及社区服务活动的程度与大学第一年的成绩以及四年内的学业完成情况之间存在显著的正相关关系，而且这种正相关关系存在于所有不同家庭背景、族裔及学业背景的学生之间。例如，回归方程模型 I 表明，中学参与课外活动和从事义务劳动以及社区服务活动可以解释大学一年级成绩 5.5%的变化情况；而回归方程模型 II 表明，当高中成绩等变量得到控制的情况下，中学参与课外活动和从事义务劳动以及社区服务活动对大学一年级的成绩仍然有预测性（表 7）。又如，逻辑回归方程模型 I 表明，中学参与课外活动和从事义务劳动以及社区服务活动对大学四年学业完成情况有显著的预测性，也就是说参加这些活动越多，越有可能完成学业；同样的，在高中成绩等变量得到控制的情况下，参与活动的变量仍然存在显著的预测性（表 8）。显然，善于在中学参加活动的学生进入大学后的学业表现也越好，四年内完成大学学业的概率也越高。实际上，这些结果也进一步印证了前面阐述的学习参与对学习成果存在积极影响的研究发现。

表 7　参与活动与大学第一年成绩的回归方程结果

因素	回归方程模型 I （N=27 261）	回归方程模型 II （N=27 261）
中学课外活动	0.0608***	0.0139***
中学从事义务工作及社区服务活动	0.0364***	0.0134***
高中成绩		0.4870***
标准化考试成绩		0.0007***
少数族裔		−0.0526***
低收入家庭学生		−0.0218***
第一代大学生		−0.0646**
所讲的第一种语言是英语		0.0469***
R^2	5.5%	28.2%

注：***p<0.001

表 8　参与活动与大学四年毕业状况的逻辑回归方程结果

因素	逻辑回归方程模型 I （$N = 27\,381$）	逻辑回归方程模型 II （$N = 27\,381$）
中学课外活动	0.1114***	0.0358*
中学从事义务工作及社区服务活动	0.1301***	0.0799***
高中成绩		0.8895***
标准化考试成绩		0.0013***
少数族裔		−0.2038***
低收入家庭学生		0.0167
第一代大学生		−0.1055
所讲的第一种语言是英语		−0.2856***

注：$*p<0.05$，$***p<0.001$

四、总结与启示

综上所述，大学在本科招生"综合评价"中审核学生参与课外活动、从事义务劳动及社区服务活动有非常重要的意义。审核人员通过评价申请学生参加这些活动的程度可以判断他们的非认知能力，并能在一定程度上预测他们进入大学后的学业表现以及非认知能力的发展。当然需要强调的是，这种评价很难有一个准确的评审尺度，需要评审人员掌握和了解足够多的信息，从而判断什么活动、什么样的参与程度能够用来较为准确地评价学生的能力。另外，学生的个人、家庭和就读学校的背景可能会从客观上影响学生的参与程度，所以评审人员在利用这些指标评价学生的非认知能力时，最好能结合学生的这些背景进行评价，方可达到更加公正、有效的评价效果。

这项研究结果对中国高校落实"综合评价"招生政策有重要借鉴价值和启示。

首先，大学应将审核申请学生的非认知能力和对社会发展做出贡献的潜力纳入"综合评价"中。审核工作可以通过多种方式来实施，但本文阐述的审核学生参与课外活动的种类、程度及在活动中的角色是一项有效指标。事实上，本研究的结论也显示，学生参与活动的积极性与他们进入大学后的学业表现之间也存在显著的相关性。所以这项指标可以起到"一箭双雕"的作用，既可用来评价学生的非认知能力，也有利于预测学生未来的学业发展动向。需要强调的是，为了有效地使用这些指标来评审学生的非认知能力，大学需要大幅度提升招生力，包括建立诚信制度，培养一批专业化和职业化都很强的评审团队，以及建立大数据支撑的计算机评价体系。

其次，中学要改变教育模式，将属于学生的时间交给学生，为学生参与课外及校外各类活动提供机会。目前的高中教育被大学招生"唯分数论"的评价模式所绑架。家长和学校"剥夺"了学生所有的时间，恨不得让学生一天 24 小时都埋在书本和机械记忆的重复操作之中。有的学校甚至要求学生在吃饭、上早操时都要做到书本不离手、脑子不离思考。这样的教育方式在目前的大学招生模式中或许有利于提高升学率，但却违背了人才成长和发展的教育规律；从长远考虑，更不利于培养合格公民、提升民族素质的教育终极目标。如果中学能够依据国家"素质教育"的理念办学，其实也就是对大学招生模式向"综合评价"改革的最好支持。如果中学教育模式能够得到改革，一定会获得"双赢"的结局，不仅能为大学输送综合能力更强的学生，也会为培养高素质的公民奠定更好的基础。

参考文献

常桐善. 2007. 美国加利福尼亚大学本科招生综合评定方法阐述. 清华大学教育研究[J].（12）：80-97

Astin A W. 1984. Student involvement：A developmental theory for higher education[J]. Journal of College Student Personnel，（25），297-308

Sternberg R J. 2010. College Admissions for the 21st Century[M]. Cambridge，Massachusetts & London：Harvard University Press

作者简介 | 常桐善，加州大学校长办公室从事院校研究工作，同济大学高教所兼职教授，高等教育管理博士。

The Importance of Evaluating Applicants' Participation in Extracurricular Activities in Comprehensive Review of Undergraduate Admission

Chang Tongshan

Abstract: College admission is very challenging and important, which has direct influence on educational quality of a university. The University of California adopted a comprehensive review policy of undergraduate admissions in 2001 that requires all campuses employ multiple criteria to examine the full range of an applicant's academic and personal achievements and likely contributions to the campus community, viewed in the context of the opportunities and challenges that the applicant has faced. Student participation in extracurricular activities is one of many indicators that are used to evaluate student non-cognitive skills. Using admissions data to examine validity of this indicator and importance of evaluating students' participation in extracurricular activities, the study shows that the more activities students participate in, the stronger their non-cognitive skills are and the more likely they will succeed at college.

Keywords: undergraduate admissions, comprehensive review, extracurricular activities

大学教师教学行为对学生学习行为影响研究[①]

谢妮 张湘韵 万华

摘 要：本研究发现教师教学行为与学生学习行为之间存在相关关系。回归分析显示，教师教学行为对学生学习行为有显著影响，尤其是教师"清晰解释课程目标与要求"对学生学习行为有着广泛而深远的影响，达6项之多，其次是"用案例或图示解释教学难点"，影响了3项学生学习行为，再次是"及时反馈考试及作业情况"影响2项学生学习行为。教师教学行为对不同年级的学生学习行为的影响存在显著差异。这些研究结论清晰地揭示了教师教学行为与学生学习行为之间的内在结构，对教师培训和学生指导具有独特价值。

关键词：大学 教师教学行为 学生学习行为

一、问题提出

近些年来，学术界加强了对大学生学习情况的调查研究，试图通过对学生学习状况的探究，从"学"的角度来反思和检视高等教育质量，为改善高等教育质量提供适切性的策略。在学生的学习状况中，学习行为无疑最具可观察和可测量价值，通过对学习行为的研究，可追踪其影响因素。在对学生学习行为的影响因素研究中，林云和梁雄军（2010）[283-288]认为教师综合素质、学校教学管理和学生学习环境等系列因素，均程度不同地

---

① 基金项目：贵州师范大学2016年博士基金项目部分成果。

影响着在校大学生的学习行为与学习积极性；许兴苗等（2013）[74-80]发现专业认同的态度情感维度对学习行为存在显著主效应，专业态度情感和专业认知评价间存在交互效应，情境变量中性别和教师教学质量对专业认同-专业学习行为关系存在显著的调节效应；伍玉功和黄首燕（2013）[72-76]认为学校教育体制和课堂教学质量是影响90后大学生学习行为的重要因素。三项研究均提到了教师这一因素，但"教师综合素质""教师教学质量"及"课堂教学质量"过于宽泛和模糊，对改进学生学习行为缺乏针对性。考虑到教师教学价值主要是通过教学行为来实现的，本研究将教师对学生学习的影响进一步定义为教师教学行为对学生学习行为的影响，探讨二者之间及二者内部之间的关系，构建教师教学行为对学生学习行为影响的模型，为教师发展和教师培训提供理论参考和实践指导。

二、数据来源

本研究所用数据来自清华大学组织的2013年CCSS[①]。CCSS是NSSE的汉化版，具备教育测量工具所必需的稳定性和有效性，信度也得到了进一步检验[②]。贵州财经大学作为清华大学的合作学校，参与了2013年的调查，根据随机抽样原则，在全校13 594名本科生中抽取1600个样本，每个年级400份，涵盖所有学科，收回有效问卷1137份，有效回收率达83.64%，样本基本信息见表1。

表1 样本基本信息

类别		n	百分比/%	有效百分比/%
性别	男	496	43	43
	女	641	55.5	55.5
年级	大一	360	31.2	31.2
	大二	320	27.7	27.7
	大三	306	26.5	26.5
	大四	151	13.1	13.1

---

① "中国大学生学习发展与追踪研究"的英文缩略，贵州财经大学自2010年起便是清华大学此项课题的合作单位之一。
② CCSS 2013问卷使用手册，清华大学教育研究院，2014年1月。

续表

类别		n	百分比/%	有效百分比/%
学科	文学	153	13.3	13.5
	经济学	254	22	22.3
	法学	57	4.9	5
	理学	58	5	5.1
	工学	64	5.5	5.6
	管理学	551	47.7	48.5

三、方法

本研究主要采用统计学中的相关分析和回归分析。假定教师同样的教学行为对学生学习行为的影响存在年级差异，分析的过程中对不同年级学生的学习行为加以区分，引进三个虚拟变量，设变量 D_1、D_2、D_3：

$$\begin{cases} D_1 = 1, 1年级学生 \\ D_1 = 0, 其他 \end{cases}, \begin{cases} D_2 = 1, 2年级学生 \\ D_2 = 0, 其他 \end{cases}, \begin{cases} D_3 = 1, 3年级学生 \\ D_3 = 0, 其他 \end{cases}$$

从回归结果看 D_1、D_2、D_3 系数，考查教师同样的教学行为是否会导致年级之间的差异。

CCSS 将学生的学习行为分解为 12 项，教师的教学行为分解为 6 项，通过对学生学习行为和教师教学行为的相关分析，本研究保留了具有相关关系的学生学习行为变量，去掉了无相关关系的变量。以 6 项教师教学行为为自变量（Ba 清晰解释课程目标与要求，Bb 合理安排教学进度，Bc 在教学过程中给予学生一定的学习自主度，Bd 用案例或图示解释教学难点，Be 作业过程中给予指导，Bf 及时反馈考试及作业情况），以 7 项学生学习行为为因变量（Aa 课堂上主动提问或参与讨论，Ab 课堂上积极回答/思考老师没有既定答案的提问，Ac 课堂上就某一研究主题做有预先准备的报告，Ad 与其他同学合作完成课程任务或作业，Ae 请教其他同学帮助你理解课程内容，Af 帮助其他同学理解课程内容，Ag 通过与其他同学讨论或一起学习课程材料来准备考试），进行逐项回归分析，以发现教师教学行为对学生学习行为的影响，为教师教学技能的提升和教师教学贡献率的提高提供有针对性的策略。

四、数据分析

（一）教师教学行为与学生学习行为相关分析

分析结果见表2。从表2可以看出，教师教学行为和学生学习行为之间存在着相关性。为了进一步清晰地检测教师教学行为对学生学习行为的影响程度及年级差异，下面将就学生的学习行为逐项进行回归分析。

表2 教师教学行为与学生学习行为相关矩阵

	Ba	Bb	Bc	Bd	Be	Bf
Aa	0.183	0.155	0.147	0.091*	0.14	0.162
Ab	0.177	0.173	0.172	0.169	0.134	0.186
Ac	0.148	0.094*	0.098*	0.099*	0.096*	0.125
Ad	0.192	0.2	0.184	0.205	0.119	0.134
Ae	0.209	0.178	0.206	0.224	0.246	0.257
Af	0.205	0.158	0.174	0.149	0.215	0.236
Ag	0.208	0.188	0.247	0.226	0.177	0.202

注：*$p<0.05$

（二）回归分析

1. Aa 学生课堂上主动提问或参与讨论

表3显示，教师"清晰解释课程目标与要求"对"学生课堂地主动提问或参与讨论"有极显著影响（$p<0.01$）。"清晰解释课程目标与要求"每提高一个单位，"学生课堂地主动提问或参与讨论"就提高0.125个单位。相较于其他年级，大二学生在这一问题上的表现更为明显，在其他条件不变的前提下，大二学生平均要比其他年级学生提问或参与讨论的次数多0.069次。

表3 Aa 学生课堂上主动提问或参与讨论

项目	非标准化系数		标准化系数		
	B	标准误	β	t	p
（常数）	2.197	0.085		25.748	0

续表

项目	非标准化系数		标准化系数		
	B	标准误	β	t	p
Ba 清晰解释课程目标与要求	0.125	0.038	0.124	3.261	0.001**
Bb 合理安排教学进度	0.032	0.036	0.035	0.904	0.366
Bc 在教学过程中给予学生一定的学习自主度	0.036	0.034	0.039	1.041	0.298
Bd 用案例或图示解释教学难点	−0.037	0.031	−0.044	−1.207	0.228
Be 在作业过程中给予指导	0.026	0.032	0.034	0.808	0.419
Bf 及时反馈考试及作业情况	0.051	0.031	0.067	1.624	0.105
D_1	0.105	0.06	0.078	1.739	0.082*
D_2	0.069	0.031	0.098	2.236	0.026*
D_3	0.028	0.021	0.06	1.377	0.169

注：*$p<0.05$，**$p<0.01$

2. Ab 课堂上积极回答/思考老师没有既定答案的提问

表4显示，"清晰解释课程目标与要求"和"及时反馈考试及作业情况"对"Ab 课堂上积极回答/思考老师没有既定答案的提问"有显著影响（$p<0.05$）。"清晰解释课程目标与要求"每提高一个单位，Ab 就提高0.084个单位；"及时反馈考试及作业情况"每提高一个单位，Ab 就提高0.085个单位。相较于其他年级学生而言，大一学生更愿意积极回答教师提问或更乐于回答无既定答案的提问，平均要多0.129次。

表4　Ab 课堂上积极回答/思考老师没有既定答案的提问

项目	非标准化系数		标准化系数		
	B	标准差	β	t	p
（常数）	1.926	0.092		20.997	0
Ba 清晰解释课程目标与要求	0.084	0.041	0.077	2.026	0.043*
Bb 合理安排教学进度	0.049	0.039	0.048	1.261	0.208
Bc 在教学过程中给予学生一定的学习自主度	0.048	0.037	0.05	1.318	0.188
Bd 用案例或图示解释教学难点	0.05	0.033	0.055	1.502	0.133
Be 在作业过程中给予指导	−0.027	0.034	−0.033	−0.789	0.43
Bf 及时反馈考试及作业情况	0.085	0.034	0.104	2.546	0.011*
D_1	0.129	0.065	0.089	1.992	0.047*
D_2	0.039	0.033	0.051	1.174	0.241
D_3	0.04	0.022	0.078	1.795	0.073*

注：*$p<0.05$

3. Ac 课堂上就某一研究主题做有预先准备的报告

表 5 显示,"清晰解释课程目标与要求"对"课堂上就某一研究主题做有预先准备的报告"有极显著影响($p<0.01$)。"清晰解释课程目标与要求"每提高一个单位,"课堂上就某一研究主题做有预先准备的报告"就提高 0.134 个单位。相较于大三及大四学生而言,大一与大二学生更愿意预习功课。

表 5 Ac 课堂上就某一研究主题做有预先准备的报告

项目	非标准化系数		标准化系数		
	B	标准误	β	t	p
(常数)	2.283	0.099		23.03	0
Ba 清晰解释课程目标与要求	0.134	0.044	0.115	3.004	0.003**
Bb 合理安排教学进度	-0.022	0.042	-0.021	-0.538	0.591
Bc 在教学过程中给予学生一定的学习自主度	0.011	0.04	0.011	0.276	0.783
Bd 用案例或图示解释教学难点	0.033	0.036	0.034	0.905	0.366
Be 在作业过程中给予指导	-0.012	0.037	-0.014	-0.325	0.745
Bf 及时反馈考试及作业情况	0.062	0.036	0.071	1.707	0.088*
D_1	0.152	0.07	0.098	2.172	0.03*
D_2	0.097	0.036	0.12	2.722	0.007**
D_3	0.02	0.024	0.037	0.847	0.397

注:*$p<0.05$,**$p<0.01$

4. Ad 与其他同学合作完成课程任务或作业

表 6 显示,教师"合理安排教学进度"与"用案例或图示解释教学难点"对学生的"Ad 与其他同学合作完成课程任务或作业"有显著影响($p<0.05$),"合理安排教学进度"每提高一个单位,Ad 就提高 0.083 个单位;用案例或图示解释教学难点每提高一个单位,Ad 就提高 0.105 个单位。相较于大四学生而言,低年级学生更不愿意合作完成作业。换言之,大四学生更倾向于以合作方式完成作业。

表6 Ad 与其他同学合作完成课程任务或作业

项目	非标准化系数		标准化系数		
	B	标准误	β	t	p
（常数）	1.586	0.093		16.995	0
Ba 清晰解释课程目标与要求	0.081	0.042	0.073	1.936	0.053*
Bb 合理安排教学进度	0.083	0.039	0.081	2.12	0.034*
Bc 在教学过程中给予学生一定的学习自主度	0.068	0.037	0.068	1.817	0.069*
Bd 用案例或图示解释教学难点	0.105	0.034	0.113	3.094	0.002**
Be 在作业过程中给予指导	−0.045	0.035	−0.053	−1.282	0.2
Bf 及时反馈考试及作业情况	0.017	0.034	0.02	0.495	0.621
D_1	−0.176	0.066	−0.118	−2.666	0.008**
D_2	−0.105	0.034	−0.135	−3.122	0.002**
D_3	−0.056	0.022	−0.108	−2.497	0.013*

注：*$p<0.05$，**$p<0.01$

5. Ae 请教其他同学帮助你理解课程内容

表7显示，教师的"Ba 清晰解释课程目标与要求"、"Bd 用案例或图示解释教学难点"、"Be 在作业过程中给予指导"和"Bf 及时反馈考试及作业情况"对学生的"Ae 请教其他同学帮助你理解课程内容"有显著影响（Ba，$p<0.05$；Bd，$p<0.01$；Be，$p<0.05$；Bf，$p<0.01$）。"清晰解释课程目标与要求"每提高一个单位，Ae 就提高0.086个单位；"用案例或图示解释教学难点"每提高一个单位，Ae 就提高0.1个单位；"在作业过程中给予指导"每提高一个单位，Ae 提高0.073个单位。年级之间没有差异。

表7 Ae 请教其他同学帮助你理解课程内容

项目	非标准化系数		标准化系数		
	B	标准误	β	t	p
（常数）	1.63	0.094		17.418	0
Ba 清晰解释课程目标与要求	0.086	0.042	0.076	2.033	0.042*
Bb 合理安排教学进度	−0.035	0.039	−0.034	−0.89	0.373

续表

项目	非标准化系数		标准化系数		
	B	标准误	β	t	p
Bc 在教学过程中给予学生一定的学习自主度	0.023	0.037	0.023	0.612	0.541
Bd 用案例或图示解释教学难点	0.1	0.034	0.106	2.951	0.003**
Be 在作业过程中给予指导	0.073	0.035	0.085	2.067	0.039*
Bf 及时反馈考试及作业情况	0.102	0.034	0.121	2.993	0.003**
D_1	0.028	0.066	0.019	0.426	0.67
D_2	0.06	0.034	0.077	1.791	0.074*
D_3	0.028	0.023	0.052	1.229	0.219

注：*$p<0.05$，**$p<0.01$

6. Af 帮助其他同学理解课程内容

表 8 显示，教师的"清晰解释课程目标与要求"、"及时反馈考试及作业情况"对学生的"Af 帮助其他同学理解课程内容"有极显著影响（$p<0.01$）。"清晰解释课程目标与要求"每提高一个单位，Af 就提高 0.113 个单位；"及时反馈考试及作业情况"每提高一个单位，Af 就提高 0.099 个单位。在帮助其他同学学习方面，不同年级学生具有显著性差异，其积极性随学习年限的增加而递减。

表 8　Af 帮助其他同学理解课程内容

项目	非标准化系数		标准化系数		
	B	标准误	β	t	p
（常数）	1.919	0.089		21.528	0
Ba 清晰解释课程目标与要求	0.113	0.04	0.106	2.821	0.005**
Bb 合理安排教学进度	−0.017	0.038	−0.018	−0.459	0.646
Bc 在教学过程中给予学生一定的学习自主度	0.022	0.036	0.023	0.62	0.535
Bd 用案例或图示解释教学难点	0.016	0.032	0.018	0.508	0.611
Be 在作业过程中给予指导	0.053	0.033	0.065	1.575	0.115
Bf 及时反馈考试及作业情况	0.099	0.033	0.124	3.049	0.002**
D_1	0.164	0.063	0.115	2.604	0.009**
D_2	0.105	0.032	0.142	3.289	0.001**
D_3	0.064	0.021	0.128	2.982	0.003**

注：*$p<0.05$，**$p<0.01$

7. Ag 通过与其他同学讨论或一起学习课程材料来准备考试

表 9 显示,教师的"Ba 清晰解释课程目标与要求"对学生的"Ag 通过与其他同学讨论或一起学习课程材料来准备考试"有显著影响($p<0.05$),Ba 每提高一个单位,Ag 就提高 0.092 个单位;"Bc 在教学过程中给予学生一定的学习自主度"和"Bd 用案例或图示解释教学难点"则有极显著影响($p<0.01$),Bc 每提高一个单位,Ag 就提高 0.129 个单位,Bd 每提高一个单位,Ag 就提高 0.103 个单位。年级之间没有差异。

表 9 Ag 通过与其他同学讨论或一起学习课程材料来准备考试

项目	非标准化系数		标准化系数		
	B	标准误	β	t	p
(常数)	1.451	0.099		14.629	0
Ba 清晰解释课程目标与要求	0.092	0.045	0.077	2.077	0.038*
Bb 合理安排教学进度	0.014	0.042	0.013	0.348	0.728
Bc 在教学过程中给予学生一定的学习自主度	0.129	0.04	0.12	3.248	0.001**
Bd 用案例或图示解释教学难点	0.103	0.036	0.103	2.864	0.004**
Be 在作业过程中给予指导	−0.011	0.037	−0.013	−0.308	0.758
Bf 及时反馈考试及作业情况	0.066	0.036	0.074	1.818	0.069*
D_1	0.095	0.07	0.059	1.346	0.179
D_2	−0.004	0.036	−0.004	−0.103	0.918
D_3	−0.023	0.024	−0.04	−0.947	0.344

注:*$p<0.05$,**$p<0.01$

(三)教师教学行为影响学生学习行为的结构模型

通过上述分析,可以得出教师教学行为影响学生学习行为的结构模型(图 1)。

从以上模型中,我们可以清晰地发现,教师"清晰地解释课程目标与要求"有着异乎寻常的重要价值,其对学生学习行为的影响达 6 项之多;其次是"用案例或图示解释教学难点",影响了 3 项学生学习行为;再次是"及时反馈考试及作业情况"影响 2 项学生学习行为。此外,学生的某些学习行为是教师多项教学行为综合影响的结果,如"课堂上积极回答/

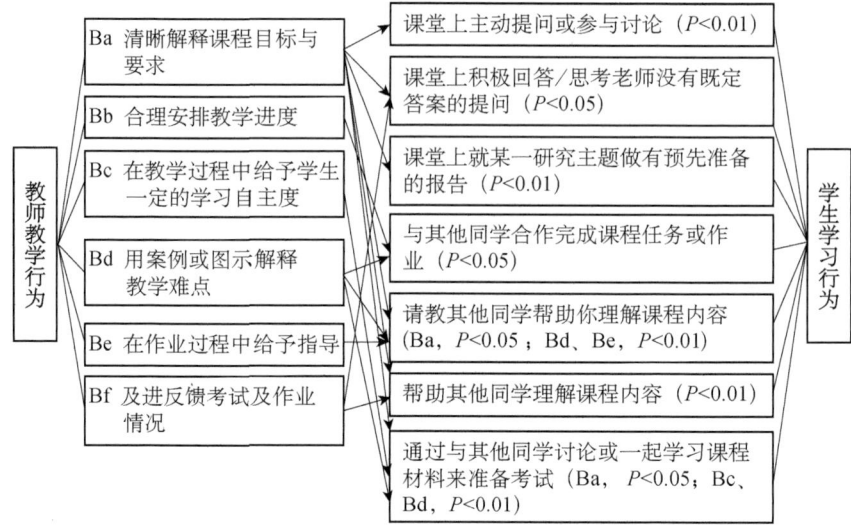

图 1 教师教学行为影响学生学习行为的结构模型

思考老师没有既定答案的提问"受"清晰解释课程目标与要求"和"及时反馈考试及作业情况"的共同影响;"与其他同学合作完成课程任务或作业"受"合理安排教学进度"和"用案例或图示解释教学难点"的共同影响;"请教其他同学帮助你理解课程内容"受"清晰解释课程目标与要求""用案例或图示解释教学难点"和"在作业过程中给予指导"的共同影响;"帮助其他同学理解课程内容"受"清晰解释课程目标与要求""及时反馈考试及作业情况"的共同影响;"通过与其他同学讨论或一起学习课程材料来准备考试"受"清晰解释课程目标与要求""在教学过程中给予学生一定的学习自主度"、"用案例或图示解释教学难点"共同影响。

五、结论与建议

(一)实证分析确认了教师核心教学行为及其贡献率

教师教学行为对大学生的学习行为到底有无影响,有什么影响,哪些教学行为至关重要,这些问题一直是大学教学中的未知数。本研究从实证分析的角度对这些问题进行了数据解释,确认了"清晰地解释课程目标与要求"、"合理安排教学进度"、"在教学过程中给予学生一定的学习自主度"、"用案例或图示解释教学难点"、"在作业过程中给予指导"、"及时反馈考试及作业情况"等 6 项教师教学行为对学生学习行为具有显著影响。其中,"清晰地解释课程目标与要求"是最为核心的教学行为,其次是"用案例或图示解释教学难点",再次是"及时反馈考试及作业情况"。这些教学行为如此重要,但在大学教学理论研究中,并没有得到过清晰的阐述。教师核心教学行为的确认为改善大学教学质量和提升教师教学效能提供了切入点。

(二)将教师培训落实到教学行为的改进上

在关于教师教学行为的研究中,季诚钧等(2010)[17-20]对 156 节课堂教学(每节 40 分钟)进行了统计分析,发现:讲授是高校教师课堂中的最主要行为;课堂提问较为常见,但请学生个别回答较少;课堂讨论和课堂练习没有得到足够的重视;布置作业少、教师上下课基本准时;多媒体使用非常普通常见;提出要改变传统的单纯讲授的习惯、提升课堂提问的实际功效、在课堂中积极引入讨论、提升多媒体技术实际效果等来改进课堂教学质量。罗生全和程芳芳(2012)[12-15]从有效教学的角度,认为专业知识和教学技能是大学教师最应该具备的特质,其次是教师专业发展、研究教学内容,进而提出为教师专业发展提供适切性的专业课程、搭建教学实务交流平台、提高教学表现的评价权重来促进大学生的有效学习和教学质量的提高。类似这样的研究在探讨完现象后,均会提出一些建议与策略,如要提高教师教学能力、加强教师培训等,但总体上过于笼统,因缺乏可操作性而对教师教学能力的提升难以起到实质作用。本研究对教师教学核心行为的确认,为大学教师教学能力的改进提供了清晰的理论框架,尤其是对各高校教师教学发展中心具有重要价值。大学教师的学科专业知识任务已在职前完成,教育教学理论知识可以通过通识教育来实现,唯有教学行为本身,必须有系统、有针对性地加以持续训练,才能达到纯熟于心的程度,从而确保教师的教学质量。

(三)教师教学必须关注学生学习行为

测量工具中学生学习行为为四点量表,从图 2 可知,7 项学习行为总体均值偏低，其中 Ae、Ag 与 Ad 更低。通过强化学习行为提高学习效果是心理学对人类知识传承做出的伟大贡献。一种效果的获得需以足够行为的强化为前提，学生学习收获与其学习行为的累积分不开。

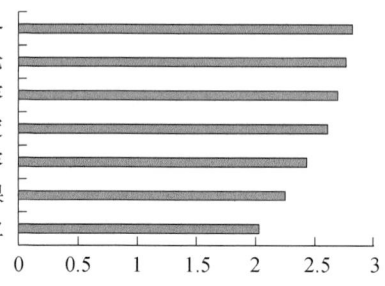

图 2　学生学习行为出现频率均值

综上，教师在利用教学行为知识改善教学质量时，必须关注学生的学习行为，以自身恰当的教学行为激发学生的学习行为，并给予持续的强化，才可能真正做到教学相长，提高教学质量。研究表明学生某些学习行为存在显著的年级差异，因此教师还要善于利用年级差异，开展有针对性的教学，既保护学生的学习热情，也做到了事半功倍。

参考文献

季诚钧, 何菊芳, 卢双坡. 2010. 高校教师课堂教学行为分析[J]. 中国大学教学, （05）: 17-20

林云, 梁雄军. 2010. 大学生学习行为及其影响因素的实证研究: 基于浙江省 A 大学 802 名学生的问卷调查[J]. 天津大学学报（社会科学版）, （05）: 283-288

罗生全, 程芳芳. 2012. 大学教师有效教学特质及其养成[J]. 黑龙江高教研究, （06）: 12-15

伍玉功, 黄首燕. 2013. 90 后大学生学习行为问题初探[J]. 大学教育, （07）: 72-76

许兴苗, 胡小爱, 王建明. 2013. 专业认同及情境变量对大学生学习行为影响的实证分析[J]. 教育发展研究, （09）: 74-80

作者简介　谢妮，贵州师范大学教育科学研究院教授，教育学博士，研究兴趣为高等教育基本理论，大学教师专业发展。

张湘韵，贵州师范大学教育科学研究院副教授，教育学博士，研究兴趣为大学治理和学生发展。

万华，贵州师范大学教育科学研究院副教授，教育学博士，研究兴趣为大学教育评估及教学管理。

A Study on the Teaching Behavior's Influence on the Undergraduate Learning

Xie Ni Zhang Xiangyun Wan Hua

Abstract: The study has found that there is a correlation between teacher's teaching behavior and student's learning behavior. Through regression, teaching behavior has a significant impact on student's learning behavior, especially teacher's curriculum goals and requirements clearly explained that there is a wide range and far-reaching of impact on student's six learning behaviors, followed by illustrating with a case or explain the difficulty of teaching which affects student's three learning behaviors. Then, timely feedback examinations and exercises have affected student's two learning behaviors. The teaching's behavior has significantly different impact on different grades of student's learning behavior. These findings clearly reveal the internal structure of teacher's teaching behavior and student's learning behavior, which has a unique value for teacher training and student instruction.

Keywords: college teaching behavior, undergraduate learning

重要学术会议

高等教育学学科建设的反思与重建
——中国高等教育学会"高等教育学学科建设座谈会"会议综述

柯安琪

摘　要：在"一流大学与一流学科"和第四轮学科评估的背景下，高等教育学学科建设面临着新的机遇和挑战。基于这一共识，在厦门大学召开的"高等教育学学科建设座谈会"就高等教育学已走过的路径进行了反思，对未来的道路进行了展望。高等教育学科发展面临着任务重大、形势严峻的双重局面，应当毫不动摇地面向国家需要、结合实践经验、明确学科特色，自内而外地提升学科整体水平。

关键词：高等教育学　学科建设　发展

在习近平总书记发表"在哲学社会科学工作座谈会上的讲话"、国务院印发《统筹推进世界一流大学和一流学科建设总体方案》、教育部学位与研究生教育发展中心正式推行全国第四轮学科评估之时，高等教育学科体系、学术体系、话语体系的建设和创新需要更多讨论、交流。在此背景下，2016年8月28—29日，由中国高等教育学会主办，中国高等教育学会高等教育研究机构协作组、中国高等教育学会高等教育学专业委员会承办的"高等教育学学科建设座谈会"在厦门大学召开。中国高等教育学会会长瞿振元、厦门大学文科资深教授潘懋元出席并做主旨发言，全国高等教育研究机构协作组组长邬大光、中国高等教育学会高等教育学专业委员会理事长张应强、全国高等教育研究机构协作组秘书长史秋衡分别主持了座谈。主办、承办单位的领导及全国20所具有高等教育学博士学位授予权单位的 30 多位负责人同聚一堂。座谈会在全体与会人员实践、研究的基础上，围绕"高等教育学学科建设的反思与重建"这一主题进行了探讨，在如何推动高等教育学学科建设，增强学科自信，提高学术研究水平等方面形成了一些共识与建议。

一、高等教育学学科建设的形势与任务

在 29 日上午的座谈会上，瞿振元会长做了主旨发言。他指出，高等教育学学科经过 30 多年的发展，具备了良好的学科基础，拥有一批有相当学术造诣的专家学者队伍，建成了一定规模的博士生、硕士生培养点。在这样良好的基础上，我们还要清醒地认识到高等教育学学科在学术命题、学术思想、学术观点、学术标准、学术话语上构建成体系的学科理论和概念方面还有一定的差距，当前高等教育学科建设任务仍十分紧迫。

2016 年 5 月 17 号，习近平总书记在哲学社会科学工作座谈会发表重要讲话，指出我国哲学社会科学的水平是需要提高的。哲学社会科学的状况反映了一个民族的思维能力、精神品格、人民素质，体现了一个国家的综合国力和国际竞争力[①]。特别强调，哲学社会科学的建设应该坚持马克思主义为指导。我国当代的哲学社会科学是以马克思主义进入我国为起点的，是在马克思主义指导下发展的，坚持马克思主义为指导是当代中国哲学社会科学区别于其他哲学社会科学的根本标志，必须旗帜鲜明地加以坚持。这里提出了当代中国哲学社会科学一种明确的概念和界定，同时要求加快中国特色哲学社会科学体系的建设。从性质上，高等教育学学科毫无疑问是我国哲学社会科学大体系当中的重要组成部分，身在其中，必然要开展高等教育学的学科建设。中国是高等教育大国，从研究队伍、政府投入等方面，中国都位于世界前列。但是，目前高等教育学在学术面积、学术思想、学术观点、学术标准、学术话语上的能力和水平同我国综合国力、国际地位还不太相衬，尤其在解读中国高等教育实践、构建中国高等教育理论上，国际发声不足。国家和广大群众在这方面对高等教育学有着

---

① 习近平.《在哲学社会科学工作座谈会上的讲话》[N]. 人民日报，2016 年 5 月 17 日：02 版.

十分期待。在高等教育学学科发展的过程中，对于西方的学习较多，由自己独立贡献的元体系不足。尽管在实践上取得了成果，但供后发展国家可参考的思想体系目前还没有建立起来。因此，善于提炼标志性概念，打造为国际社会所能够理解和接受的新概念、新范畴、新表述，引导国际学术界展开研究和讨论显得尤为重要。这项工作要从学科建设做起，构建成体系的学科理论和概念。

其次，在过去30多年里，自1979年发起了成立中国高等教育研究会，1983年5月27日成立了全国性学术组织的高等教育研究组织中国高等教育学会，国务院学位委员会宣布高等教育学成为教育学下的二级学科后，高等教育学取得了飞速发展。早期高等教育学的研究集中于讨论高等教育学科体系的问题。围绕着经典、传统的学科规范，解决了当时学科建设的一些基本体系问题。从1997年开始，对于高等教育学的讨论更多地转向高等教育改革发展实践服务，着重于走外向型发展道路，和社会实际加深结合，从而开展了多方面的研究。进入21世纪，伴随我国高等教育大众化的推进，高等教育研究的阵容迅速扩大，高等教育学随之成为教育研究中的"显学"，目前已经建立了20个高等教育博士点，积累了大量的思想和丰富的资料。但是，在"双一流建设"和第四轮学科评论的背景下，近年来高等教育学学科也面临着严峻挑战。一方面，高等教育学相关人员摩拳擦掌希望把学科建设好；另一方面，实践上，部分学校把教育学院等作为弱势学科，对于科研经费增长助益较小，关并了高等教育学相关机构，使得高等教育学科研究亮起了红灯。在这一新形势下，高等教育学科究竟处于什么地位，又该怎样去建设，这中间既有高校领导怎样认识高等教育学学科的问题，也有高等教育学业内人士反思学科建设究竟做得如何的问题。高等教育学尽管总体发展较快，但是离现实的要求，包括作为中国的独立、有特色的哲学社会科学体系的要求来看，还是有相当的差距。对于高等教育学的学科建设，要按照时代要求作出新的理解和新的努力，甚至新的规范和标准。

厦门大学文科资深教授潘懋元提出，面对当前"大好形势下的严峻局面"，主要任务应当是着力提升高等教育学学科地位。高等教育学学科地位正面临着生存问题。中国的学科建设和发展是受政策的导向和制约的，有学科的建制才能设置专业，才能够招收研究生，才能够成立研究机构，才能够集中一批有事业心的研究专家，这是中国的特殊情况。高等教育学在我国的迅速发展也是得益于 1983 年学位委员会把高等教育学作为一个独立的二级学科确立下来。但是，在现在的学科建制上，高等教育学是作为教育学一级学科下四个二级学科之一，在"双一流"建设和学科评估中处于劣势。从理论基础来说，普通教育学的理论基础是哲学和心理学，而高等教育学远不止这两个；从外部关系来说，普通教育学和社会的关系只有家庭作为连接，而高等教育学和社会的关系涉及各行各业，涉及政治、经济、文化各方面；从培养任务来说，普通教育学只是培养公民，而高等教育学是培养各种各样的专门人才；最重要的，从元科学的角度来论证，元教育学不能概括元高等教育学。重视高等教育学学科建设是新时期的必有之义。

厦门大学副校长邬大光补充指出，对今天的高等教育学要有自信，而这种自信实际上是高等教育学的发展和所走的路程的一种自信。他引用美国阿特巴赫教授在"中国高等教育的'玻璃天花板'与'泥足'现象"一文中提出的，"事实上，高等教育是一门交叉学科，它包含了许多社会科学学科的观点见解和研究方法，为此无论如何都不应当是一门传统意义上的学科"，认为在高等教育学的学科建设问题上，乃至于在高等教育方面的重大改革问题上，应该要有自信。

二、高等教育学学科建设的主要着力点

在座谈中，与会代表围绕"高等教育学学科建设"进行了讨论，从面向高教强国战略、升华实践经验内涵、明确学科体系规范三方面对高等教育学的过去进行了反思，对未来进行了展望。

（一）面向高教强国战略

2015 年 10 月 24 日国务院印发《统筹推进世界一流大学和一流学科建设总体方案》，意味着建设高等教育强国的任务开始进入攻坚克难阶段，进入质量提升、精细化发展道路，这就要求高等教育研究为之探索和

进行理论指导。高等教育研究与高等教育发展存在着相互作用的关系，高等教育的持续、健康发展有赖于高等教育科学研究的深入，高等教育科学研究水平的提高得益于本土高等教育实践经验的积累。当前，高等教育质量提升在国家间综合实力竞争中扮演着重要角色。要建设一流的高等教育，就需要强化高等教育研究，完成为中国高等教育改革披荆斩棘的任务。

《中国高教研究》副主编范笑仙认为，高等教育研究30年以来，高等教育科学研究取得了有目共睹的成就：第一，对国外高等教育发展经验进行了研究，适应了改革开放的需要；第二，高等教育理论中的"两个适应、三个职能"，大大揭示了高等教育发展规律；第三，高等教育理论研究在高等教育发展进程中，对战略管理、高等教育大众化之初预见性的东西进行了印证，对高等教育走向普及做出了贡献；第四，高教研究推动了高等教育管理者的职业化、专业化，同时还推动、影响、丰富了其他的专业发展。因此，在审视既有良好的学科基础上，应当保持足够的学科自信。浙江师范大学眭依凡教授认为，高等教育是不是有危机呢？从另一个角度看，可能是高等教育学学科发展的最好时期。高等教育在这一时刻，对国家的前途命运具有决定性。全国的高等级教育发展现在正处于一个理性指导发展的时刻，高等教育学理论的作用凸显了，所以高等教育学理论工作者不应当妄自菲薄，应当树立起学科自信。在我国高等教育体量已经发展到世界第一的背景下，结合"双一流"建设的政策背景，目前正是高等教育发展的大好形势，对高等教育发展非常有利。厦门大学王洪才教授指出，高等教育发展要有强大的智力支持，高等教育学研究正是为高等教育实践服务。高等教育学的任务非常清楚，即实践对学科提出了要求，具有不可取代的地位。

那么，在当前高等教育基于过去发展基础上进入了结构性调整、优化的阶段，来自华中师范大学的王珺教授认为，鼓励不同类型学校在高等教育学上不同的发展策略，实现多元化发展路径，是高等教育学学科发展的必由之路。而如何将这些发展理念落到实处，就要求高等教育学的发展要时刻面向高等教育强国战略。中国人民大学申素平教授认为，在我国，学科和学院的发展建设偏向行政化手段，是与学术的发展不同的另外一个逻辑。因为学科自己不能实现资源配置，所以更需要在行政逻辑上适应我国的发展形势需要。

（二）升华实践经验内涵

高等教育学的特性之一就在于其强实践性。高等教育实践就是高等教育科学研究成果的"试金石"。一个理论能否最终得到认可，必须经受高等教育实践的检验。因此，总结高等教育实践经验、为高等教育实践而研究、最终升华实践经验内涵，是高等教育学为社会所认可必须要坚持的原则。

北京航空航天大学雷庆教授认为，首先，高等教育学在学科的内涵发展上还需要更多努力。学科本身从定义上来讲是一个科学知识体系，本身是理论化概念。学科本身的发展有两个来源，一个是由理论来，在已有的理论基础上来推论产生一些新的学科，通过实验来证实它这个理论是成立的，但其实更多的是来源于实践。在社会科学里面，要想仅仅进行理论研究来推动学科发展是很困难的，所以学科建设要更多地从实践上，从现实出发来开展研究，这对学科今后的建设和发展也是非常重要的。以美国工科教育的发展为例，美国工科教育发展的主力是工科的老师，一些国际学术型会议上来自国外的很多参会者基本都是工科型的老师，他们共同合作，把工科教育研究的问题归纳出了五个领域，如工科学生的学习规律、工程教育的教学模式、对学生有无掌握相关知识能力的评价方法等。因此，高等教育学可以根据实践需求，梳理成若干个研究领域，逐步系统化，然后在这个领域里面形成自己的体系。其次，要更多关注微观的教学层面上的研究。目前高等教育学更多研究的是政策层面、宏观层面上的东西，对高等教育的教学方法及学生的学习规律的理论研究不足。在高等教育学形成若干个研究领域的基础上，可以把重点放在教学上，更多地呼吁教育主管部门在人事等方面更倾向于微观的教学层面。这同时也要求高等教育学研究人员和一线教师联合研究教学问题。由于高等教育学研究人员无法参与到微观的教学中，就必定要和专业的教师联合进行研究，这一点与在研究高等教育政策时把高等教育学研究人员和机关干部结合起来是类似的。

基于上文提出的这一问题，目前我国一些院校的高等教育学研究机构已经做出了回答。从微观、实践角度来看，高等教育学研究对指导本校发展具有重要作用。上海交通大学刘少雪教授介绍了上海交通大学高等教育机构的发展经验。高等教育研究院不仅仅进行学科研究，同时也承担学校的改革任务，从研究者的角度提供具有操作性的意见和建议，再由学校领导考虑如何融入实际当中。研究工作植根于学校具体实践情况，目的性强，成效显著。这是基于高等教育研究院在过去 30 年中先有作为，再取得地位的发展道路。在如今的改革大潮中，现实问题特别多。高等教育研究不仅要扎根现实，也要不断向上提升。另一方面，高等教育学同时也扮演着服务本校师生的角色。兰州大学李硕豪教授以兰州大学高等教育研究所为例进行了介绍。高等教育研究所与教师发展中心合二为一，既承担着校内高等教育学等课程的教学任务，还为各院系提供教学咨询报告和学情报告，学科发展的任务和目标非常明确。从宏观角度来说，高等教育学作为一门实践性运用性很强的学科，其实践活动需要走出去，要考虑对社会的影响、对政策的影响、对学术的影响、对国际的影响。北京师范大学周海涛教授认为，目前的高等教育理论借鉴不够，还需要结合实践来提炼，尤其要面向高等教育强国建设、"双一流"建设，不能单纯依赖于与国际同行交流来获得理论依据，而要有理论借鉴、创新，要更新数据库，从而提炼、凝练独特的概念和话语，这也是高等教育的不同之处。针对此，要做到成果和拓展资源齐头并进，老政局新领域提前布局，在研究内容、方式方法方面同步推进，与其他学科紧密合作，同时也要增强自身特色。

但是，需要注意的是，不能简单地把服务社会和服务学校简单等同于是高等教育学的发展。中国高等教育学会高等教育学专业委员会秘书长陈廷柱教授提出，高等教育学的服务功能不是全部，也应当关注学科在全国的发展情况、影响力和规范化。

（三）明确学科体系规范

在西方国家，得益于几个世纪以来西方学者在高等教育方面的大量专业研究和著述，形成了系统化、规范化的研究范式，才最终在西方社会形成了绵延不断的高等教育优良传统，孕育出许多一流大学。相应的，在我国,高等教育学学科建设的发展就要求有一套明晰的学科体系规范,这就包括在人才培养、科学研究、学科方向等方面都要形成有特色、合理可行的规范体系。

首先,应当明确对学科的定义。大连理工大学李枭鹰教授介绍了他关于学科这一概念两个层面的理解:一是知识型学科,是知识门类的划分,那么高等教育学作为一个学科,其中包含的门、类,包括的知识、定理、公理、方程等,都值得展开进一步深入研究;二是作为组织形态存在的学科,具有准大学性,相对复杂。

其次,人才培养是学科建设的载体和生存的生命线。高等教育学要适应社会及高校发展的需要,根据人才需求的变化,优化人才培养方案和培养方式,加大对高等教育学学生科学研究能力、实践能力和综合素质的培养,提高其适应性,才能为高等教育学学科发展打下坚实基础。西南大学易连云教授认为,应当进行高等教育学研究生培养方式的改革,规范学术素养,关注高等教育学研究生的就业问题,进行学科调整以适应不断变化的发展趋势需要。

再次,科学研究是一直以来都是以问题为导向的,是一个不断发现新问题、不断解决新问题、不断实现自身发展的过程。高等教育学所进行的研究,正在不断调试,迅猛发展。华东师范大学闫光才教授认为,今天高等教育学学科发展的重要契机不仅需要反复探讨、钻研高等教育学的一系列规范、话语、方法、体系、范式等,从某种意义上来说,这些要素还是传统意义上对这一学科的理解,目的在于谋求其他学科对高等教育学的一个规范标准认同。时至今日,高等教育学要适当超越下,适当抛开这种价值判断,抛开全盘运用西方的话语体系,而应当试着纯粹从一个事实的角度来做现实意义上的判断,并且在对事实进行实证研究的基础上,提供对中国本土实际进行理论解释的可能性,这将有助于确立高等教育学在我国的地位。这就要求要把整段历史、整个过程、整个的内在机制融入具体、细微的中国式课堂、中国式教研中,将一般教育学的理论基于当下现实作全新的诠释。这就是科学研究应当进行的一个新取向。科学研究同时也是学科建设重要的着力点,科学研究要避免"学究气",从国家需求进行论证,才能更好地发挥作用、获取资源。厦门大学社科处处长陈武元教授指出，在"双一流建设"的背景下，改进学科思路，增强学科实力，是必须要认真思考的问题。以部分学科带头人来组织协调科学研究，上上下下通力合作，承担起高等教育学学学科建设的重要任务，面向现实需求，提高论证的实操性，具有重要意义。社会科学的问题都来自于现实的社会生活，社会科学的研究者以学理的形式来描述和解决问题。作为社会科学的研究者，学理性研究工作具有重要意义。浙江大学顾建民教授提出了就重大问题开展持续性、有组织的、大规模的科学研究的建议，基于学科发展理论相对落后于实践的现实，开展有组织的科学研究活动，从而形成学理性理论指导实践，加强学理性理论的建设。当前，高等教育学研究在过去的发展中已经证明了其独特之处，以每年全国教育科学规划课题的申报、教育部高等学校科学研究优秀成果奖（人文社会科学）的评奖为例，在十几个二级学科中，高等教育研究占比都非常高。厦门大学教育研究院院长刘海峰教授认为，这就证明从现实发展趋势来说，高等教育学科学研究不仅是当前的热点，也发展到了相对成熟的水平，在此基础上，应当加强高等教育学学理的梳理。

最后，凝练学科方向是学科建设的核心，学科方向应当紧密结合国家创新体系建设和哲学社会科学繁荣计划，瞄准国家及区域重大需求，根据自身学科优势，最终确定本学科当下的研究方向。对此，北京大学施晓光教授提出了"三个回归、四个原则"。第一个回归是回归本土，要立足于中国国情。第二个回归是要回归本质，或者说是回归本校。高等教育是服务于国家的发展，高等教育研究并不总是服务于国家政策，日本、美国很多高教机构都是研究本校、谋求本校发展。第三个回归是回归本位，就是指回归课堂，对教师的行为和学生学习效果进行实证研究。四个原则则是：①我们要有中国特色的话语体系，同时在范式上要有自己的风格；②高等教育学强调多学科跨学科的发展，要在掌握现象之后进行学理的解释；③方法要有多样性；④教理要有实用性。清华大学史静寰教授援引美国哥伦比亚大学校长乔纳森·R.科尔在其著作《大学之道》中对美国高等教育的反思：美国高等教育的敌人不是高等教育迅速发展的中国、日本或印度，而是自身，美国的高等教育是否有意识到全球化发展背景下所面临的实质性、内部的挑战。同样的，我国高等教育学学科应当真正形成一个对质量、对定位、对特色的共识性的理解，面向自身内部的发展，合理布局，在高校教师发展、学情研究、管理改进等方面锐意进取，同时重视高等教育学的学理研究。由内而外，关注自身，练好"内功"，是学科建设的必经之路。针对此，湖南师范大学高晓清教授对基础教育学的发展和高等教育的发展进行了比较，发掘基础教育学发展过程中的可借鉴之处。基础教育，比如课程与教学论、教育学原理，对于基础教育学的学校、校长、教师、学生都是具有权威性的。基础教育研究者可以深入到课堂，无论是对于教育教学的研究，还是课堂建设、教学方法的改进，都是具有指导作用的，其目的、功能都非常明确。而高等教育可以探讨高等教育的基本规律、高等教育管理或政策的问题，但是对于大学教学与课程是欠缺的。从长期来看，高等教育需要关注教学和课堂这一块。如果高等教育研究能对大学教学有指导作用的话，那就可以确立高等教育学的地位。

瞿振元会长最后总结，本次会议对高等教育学学科建设的形势更加明晰了。高等教育30多年的工作、基础已经相当雄厚。当前发展的问题，也可以理解为一片阳光下的阴影。不同的评价标准可能与不足的工作之间构成冲突，这种冲突可能在未来双方互动之间得到纠正。但是，还应该看到高等教育学学科建设与高等教育发展的形势、要求还是有相当的不适应的。在我国高等教育即将进入普及化的阶段，高等教育领域正发生着翻天覆地的变化，高等教育学对政府的政策参考、理论准备作用有待提升。在当前的形势下，做强自己才是唯一正确出路。在这种意义上，高等教育学科怎样规范化、现代化，学科自身都要求有成体系的学科理论和概念，如何构建一种理论体系和概念以及中国独特的话语，从高等教育的功能来说，这些体现在为国家服务，为学校、教师、学生服务，为社会其他方面服务的方方面面。如何做强自己，关键在于积极推动、顺势而为，要从各个高等学校整体工作的角度考虑自己的学科的建设，形成好的学科关系、学科生态，使得学校形成好的环境、氛围，从而提高水平。

作者简介 柯安琪，福建泉州人，厦门大学教育研究院 2015 级硕士研究生，研究方向为高等教育学。

Reflection and Rebuilt on the Subject Construction of Higher Education

Ke Anqi

Abstract: On the background of Double First-rate and the Fourth Round Discipline Ranking, the subject construction of Higher Education is exposed to new challenges and chances. Based on the Consensus, the Subject Construction of Higher Education Forum held in Xiamen University rethought the past and looked into the future of Higher Education. Higher Education faces a massive task and a serious situation, which requires meeting the need of the nation, combing with practical experience and ensuring the character, and finally improving the level of Higher Education inside and out.

Keywords: higher education, subject construction, development

稳步提升大学治理水平
切实改进高等教育质量
——2015年"山海论坛"教育领域分论坛会议综述

陈恒敏　柯安琪

摘　要：2015年"山海论坛"教育领域分论坛以"高等教育质量建设"为论坛关键词。众多高校领导、专家学者普遍认为，应围绕核心理顺关系，提升校务治理水平；更新观念多元审视，改进高等教育质量；厘清层次多维办学，坚持分类发展之路。只有不断改革创新，以学生为本，构建富有活力的学术共同体，方能真正促进高等教育内涵式发展，提高高等教育发展的质量和水平。

关键词：高等教育　校务治理　质量　分类发展

2015年11月17日，第五届"山海论坛"教育领域分论坛在厦门大学教育研究院隆重召开。本届分论坛由厦门大学教育研究院主办，论坛主题为"高等教育质量建设：兼论校务治理与高教发展"，厦门大学教育研究院副院长、厦门大学高等教育质量与评估研究所所长史秋衡教授主持分论坛开幕式。厦门大学朱崇实校长、高雄中山大学杨弘敦校长和黄志青副校长、广州中山大学罗俊校长亲率三校校务部门领导、老师、管理人员等出席分论坛进行学术交流。此外，厦门大学原副校长、厦门大学文科资深教授潘懋元等众多海峡两岸高等教育研究专家、学者云集厦门，彼此切磋交流、分享观点、雄辩争鸣，学术界、实务界的各方人士就校务治理及高等教育质量建设等若干高教领域前沿问题展开了深入探讨。本次论坛亮点、创新点颇多，论坛首次邀请三校校长共同坐而论道，进行理论与实务的高峰对谈，同时特邀广州中山大学原校长、著名教育家黄达人教授开讲高教研究的心得体悟，同广大学子面对面交流，密集、丰富且质量上乘的多场学术活动令广大参会人员收获颇丰。在讨论当中，大家就高等教育质量提升的基本路径、道路转型、逻辑关系、现代大学治理等问题进行了系统梳理及理论反思，并就实践中产生的新问题商讨了形成原因、解决路径及具体对策。会议为下一阶段我国高等教育事业的发展提供了新的借鉴和启思。

一、围绕核心理顺关系　提升校务治理水平

高等学校既是重要的学术机构也是复杂的组织系统。随着新时期高校职能的不断拓展，以及知识经济和全球化进程等外在因素的持续影响，高校所面临的问题逐渐复杂化。近年来，高等教育制度的改革由宏观转向了微观层面，政府和高校希望通过调整和改善高校内部治理结构，提高校务治理水平，从而满足高校内部各个利益相关者的需求，全面提升高等学校的发展潜力和竞争力，并增强对外部环境的适应能力，引领社会发展方向。

（一）围绕核心，促进平等，宏观设计改革规划

人才培养是高等教育发展的重中之重，也是校务治理水平提升的重要面向。广州中山大学原校长黄达人自卸任校长职务后，结合自己多年来的高等教育管理实践经验，对此问题进行了深入的学术研究和理论探讨。他认为，大学的诸多职能和任务最终都是为人才培养服务的，只有紧紧围绕这一核心，才能保证学校办学的正确发展方向。从"学校本位"出发，办学者往往追求短期业绩，把注意力过多地集中在"前排学生"身上，过于在乎大学排名等量化指标；但是从"教育本位"出发则应当真正地以学生为本，关心每一个学生，重视教学。在大众创业、万众创新的背景下，创新创业教育当中更要真正落实学生平等，让人才培养和学生的专长相配合，改革评价机制，尊重每一个学生的特长并给予其足够的发展空间。

教育的平等还体现在高校转型上，应给予各个类型大学同等关注和重视。每一种高校都是人才培养的重要场域，缺一不可。现在诸多学校对"应用型"避之不及。应当明确，应用型不代表低水平，面向职场培养人才也不是低水平，强调应用研究更不是低水平。地方本科院校向应用型的转型是一个方向，是一个需求大项，"深化产教融合，将双一流建设与高校建设结合"是对应用型的最好定义。如今，千校一面已经成为中国高等教育的一个严重问题，走应用型大学道路是形成办学特色的一个可行路径。应用技术型大学是一个阶段，它的发展前景是广阔的。而学校要不断前进，提高办学效益，一个重要的抓手就是引进人才。在形成了人才发展的良好平台后，人才之间相互的"传帮带"、人才引人才的效应将成为一种螺旋式上升的链式过程，从而更深入地促进学校的转型提升。

此外，引领学校办学水平提高的同时，也要充分考虑大学退出问题。大学退出是优化高等教育体系、提升高等教育质量的重要路径之一。只增不减，只会让高等教育体系臃肿不堪，唯有新陈代谢才能带来更大的发展，形成竞争机制，让学校办学更具活力，让资源配置更有效率。黄达人认为，在顶层设计上应完善相关立法，制定上位法，宏观指导大学退出。社会各方应促成保障机制的建立完善，保证学校退出后教师、学生的教学、学习不受影响，社会情绪相对稳定。对于学校本身来说，则应加强内部考核体系建设，发展的同时顺势而为。校务治理是一项大工程，多方联动方可取得最佳社会效益。

（二）找准定位，数据护航，提高科学治理水平

近20年来，台湾少子化倾向越发严重，与此同时，高等学校数量却不断增加，一上一下间导致大学招生形势不断恶化。高雄中山大学学术副校长黄志青教授在介绍台湾现代高等教育发展情况时就此指出，行政支援是大学追求教育卓越的重要助力，唯有科学治理，紧随社会形势变化进行调整，才能存活、发展、崛起。

黄志青介绍道，在借鉴美国加利福尼亚大学系统治理结构的基础上，高雄中山大学结合校情，着力完善治理结构。首先，建立了统一的"校务研究数据分析"机构，搜集、整理和分析与学校发展有关的各项数据，为

相关职能部门和学院制订发展规划、开展工作提供帮助。其次，校内外专家学者、校友提供的校务咨询是大学持续精进的推力。学校组建了校、院、处级咨询委员会，定期提供短、中、长期发展的意见，作为改良现状和未来发展的参考。此外，适度调整组织，激活跨部门横向、纵向的沟通协调交流并贯彻分层授权负责制度，以提升行政服务品质。

黄志青说，高雄中山大学在此基础上理性明确自身办学定位，着力于建设中小型研究型综合大学，学校近半编制为研究中心，70%院系为独立研究所；抓好优势学科建设，尤以海洋科学、管理科学领头；树立国际化办学特色，除全英文授课、面向全球招聘教师之外，国际生占比越来越高；加强与高雄市政府、企业合作，创造多赢，成为高雄本地龙头和智库，逐渐树立起"中山人"自己的特色与品牌。

（三）以人为本，明确职能，进行全方位体制改革

校务治理的目标之一是更好地服务于教师、学生的科研、学习与日常生活，为师生解决"麻烦"。让管理过程中的学校职能更加清楚明晰是校务治理改革的基本目标。厦门大学校长朱崇实教授认为，当前厦门大学改革最重要的一环就是打破体制机制障碍，加快建立健全与高水平大学建设相适应的发展机制和办学模式。

朱崇实指出，厦门大学始终坚持"人文关怀"这一主题，进行了全方位体制改革。在内部治理结构方面，改革校院两级管理体制，学术权力与行政权力合理区隔，学校负责制定规划、拟定章程、宏观调控、配置资源、督查评估等；学院负责学科发展、专业设置、人才评聘等办学事宜，学院教授委员会具有学术水平评议权、终审权。除了教授委员会外，计划建立学校校务委员会，支持行政权力的合理运作。同时，切实转变机关职能，完善内部控制制度。朱崇实认为，当前学校内部机构设置与管理运行存在的问题主要有：有些部门之间职责交叉重叠，存在多头管理与管理盲区并存的现象；隶属关系不明确，运行当中有诸多不便等。为此，需要进一步理顺关系、整合资源、提高效率，从而更好为师生服务。在人事制度方面，建立高层次人才集聚机制，实施强效激励方案，改革博士后薪酬制度，大幅提高博士后职位吸引力和竞争力；提高师资引进标准，调整职称

聘任办法，设置"研究型助理教授"岗位；对管理岗位工作人员也建立相应的职员职级制度，确保其对未来发展规划有较为清晰的把握，提高行政人员的工作热情和工作效率。在这些体制机制改革和具体措施的推动之下，切实落实好以人为本，有效提高校务治理水平。

（四）理顺关系，打破桎梏，构建富有活力的学术共同体

2015年是广州中山大学综合改革元年。站在新的历史起点上，中山大学提出了学校"文理医工各具特色融合发展，具有广泛国际影响的世界一流大学"的建设目标。中山大学校长罗俊认为，要达成此目标，首先应大力塑造更具精神内核、更具归依感、更具向心力的大学共同体，坚持守护大学精神。原广州中山大学校长、著名教育家黄达人提出的"大学是一个学术共同体""教授不是雇员，教授就是大学""善待学生"三个概念仍然生生不息。大学是一个学者聚集的地方，要重视教授的学术权威、学术地位，校务治理的目标之一就是让教授成为大学，让学术重新成为大学的核心。其次，围绕学校多校区办学的实际情况，合理定位各个校区的功能，在原有优势学科的基础上，建设一批新兴研究中心，发挥校地合作、服务并引领地方经济社会发展优势，促进资源融会贯通并将其作为支撑高水平大学建设的重要抓手。再次，围绕着"德才兼备、领袖气质、家国情怀"的人才培养目标，依托新校区建设，优化调整学科布局并开启新一轮教育教学改革探索，进一步提升通识教育水平及质量。最后，围绕着追求科学研究创新和提升社会服务能力的目标，不断深化人事制度和内部治理制度改革。打破教职终身制，将教师职务聘任分为"有固定期限聘任"和"无固定期限聘任"两种，调动教师工作积极性，从而更好地引入外部竞争并吸引各方优质人才。对于被解聘人员，则通过培训等形式帮助他们转岗或重新上岗，体现学校人文关怀。成立大教务、大学工等部门，提高行政效率，辅助多校区发展模式。

罗俊指出，综合改革决定了学校未来发展的能力，一定程度上也决定了学校能不能达到既定目标。学校将主动作为，打破各种桎梏，更有力地促进各项事业的发展。

二、更新观念多元审视　改进高等教育质量

提高高等教育质量，需要研究者、管理者和办学者观念上的转变，也需要打破僵化的一元化模式，从多元视角出发审视改进质量这一庞大的系统工程并取得切实可行的效益。要有顶天立地的战略高度，重点突破的系统思维，更需要有长久攻坚的思想准备。

（一）完善顶层设计，宏观规划高等教育质量建设蓝图

质量建设是当今一切院校内涵式发展的首要问题、关键问题，建设什么样的高等教育质量、如何建设更高层次的高等教育质量自然成为与会学者关注的焦点。我国著名高等教育学家、厦门大学文科资深教授潘懋元先生全面剖析了高等教育质量问题的来龙去脉。他指出，高等教育现代化是国家现代化的前提，高等教育大众化、普及化是高等教育发展的必然趋势，也是因应社会现代化的必然要求。因此，高等教育质量问题是一个世界性问题，是一个世界各方都在密切关注的问题。在高等教育大众化、普及化阶段，高等教育产生了两大变化。大学生数量的激增，引发了数量与质量之间的矛盾；社会对专业人才需求的日趋多样化，引发了单一性与多样性之间的矛盾。中国作为高等教育大国以及人力资源需求大国，在这方面的问题更为突出和严重。

高等教育质量建设问题，也是一个必须予以充分关注的顶层设计问题。只有完善顶层设计，从宏观上规划好高等教育质量建设蓝图，方能在高等教育内涵式发展道路上走得更踏实。潘懋元先生指出，高等教育质量建设是一个庞大的系统工程。首先必须厘清大众化阶段的高等教育质量观，树立学术型与应用型并重、百花齐放的多样化质量观。其次是要改革体制，在管理体制上"去行政化"；健全学术体制，尊重教师群体的学术自主权；重视人才培养，重建教学研究组织。质量建设是核心，要将核心任务落实到人才培养的全过程中。此外，还应当转变观念，优化生源和教师队伍建设，将生源优化观念转化为双向选择的选拔路径，并且重视大学教师专业工作。最后，应当大力促进教育质量保证与评估体系的建构及完

善工作，建立多元化的、积极的高等教育质量评价体系。

潘先生还特别指出，高等教育质量建设是一项协作创新工程，必须有计划地成立协作创新中心，多方协作，共同承担起"质量建设"的理论研究和实践推行任务。

（二）明确质量观，厘清高等教育大众化背景下的质量建设路径

改进高等教育质量，需要首先明确质量问题产生的逻辑起点。高等教育从精英化走向大众化，更多人因此而受惠，但如何确保高等教育质量不走样、不变形，同步提升，达到预期的人才培养功效，便成为当务之急。广州中山大学的刘铁副教授认为，如今的中国高等教育早已走向大众化时代，教育系统的各个层面、各个高校也对高等教育的基础层次——本科教育十分重视，本科教育取得了长足发展，但不可否认，当前的本科教育，即使是在一些名校当中，也仍旧存在诸多问题。例如，因为担心在评教中得分过低，老师索性用高分"收买"学生。很多本科专业，如工程、医药、建筑等，过分强调专业性、职业性，具体操作技术的内容多，高深的形而上学术研讨未必就是主流。在大众化的背景之下，高等教育不再是高深知识的殿堂，很多时候已经成为一种谋生手段。在这时，需要什么样的质量、如何建设高质量的高等教育，这一"质量观"成为高等教育质量评价的基础和前提。

自现代大学产生至今，质量观发生了很大的变化。当下中国大学的科研质量管理存在着一种量化倾向，即以论文、课题的层级、数量，教学量，指导研究生数等进行计分考评、前后排序的手法来做比较。从管理学的角度看，工分制式的量化管理手段是最高效且有利于管理者的，但要让好学者耐得住性子、潜下心来做学问，或者在比较长的周期内琢磨出好学问、好成果来，就显得不太妥当。要实现比较理想的学术氛围和学术状态，有赖于更为科学化的现代大学治理，但这势必是一个非常漫长的过程，不可能一蹴而就。

中山大学的冯增俊教授因故未能到场，他委托代表宣读了题为"走向大众化时代的高教质量观与大学治理"的报告。报告同样关注到了大众化

背景下的质量建设路径问题。报告认为，教育要使人生存就必须服务社会，高等教育走向大众化是人类教育发展的必然规律也是大工业发展的必然。高等教育大众化的核心是从培养官吏和自由人转向培养广大生产者并服务社会。因此，高等教育质量应着眼于培养平民和服务社会。中国大学应该着眼于中国走向大国来设计和发展，不是发什么文章，更不是做大学，而是如何贡献社会，推动国家的发展。这是质量建设的最终归宿。

（三）激励教师积极性，解开高等教育质量问题的死结

教师是大学的灵魂，优秀的教师是高等教育质量提高的关键。厦门大学教育理论研究所所长王洪才教授言辞犀利地指出，当前大学教授的学术积极性还有待提高，"醉心学术"的学者数量依然不够理想。目前，大学的价值系统存在失衡的倾向，学术本应该是大学最核心的价值，但在当下有被边缘化的趋势。真正地醉心于学术的学者越来越少，"学术"越发成为争取社会资源的武器。王洪才教授认为，产生这种现象的原因有三。其一，中国传统观念当中对知识的地位没有很高的认知与定位，学而优则仕是知识的重要衍生价值，某种意义上甚至高于知识本身的价值。这种观念一时很难改变。其二，效率优先思维的影响。学术的"慢工出细活"在讲求高效的时代显得速度比较"慢"。其三，一些学者缺乏自信，认为来自学术共同体外部的肯定评价、尤其是政治权力及媒体的评价十分重要。

要改变这一现象、切实提高高等教育质量，必然的一个路径是去行政化，推行现代大学治理，并以此促进学术知识的创新。但需要充分认识到其艰巨性、复杂性，缓步推进，急于求成反而不太可能成功。至于科研成果的考评问题，王洪才教授认为，学术成果的效益如何，很难用"绩效"去衡量。我们到底研究的是不是真问题、有没有真效果，才是关键，并非数量、级别等所能完全衡量与表现。真正的、良好的大学治理需要营造一个良好的科研环境，让有志于学术的学者、老师能够有醉心名山事业的良好氛围，而这才是当前质量问题的死结之所在。

三、厘清层次多维办学　坚持分类发展之路

当今社会，职业分工越发精细，这呼吁着更为多样化的人才结构。要让各个专业、拥有不同能力的人才百花齐放，必须坚持多层次办学，不同院校走分类发展之路，从而完善高等教育体系。各个办学层次的院校应明确自身定位，了解各自边界，促进差异化发展。当然，这一切的前提是要把准入口关，优化生源结构，让不同专长的生源各得其所，同学校双向选择，从而匹配较为合适的教育资源。

（一）优化生源结构，构建合理的高等教育准入机制

高等教育质量的直接感知者和承受者是正在接受高等教育的大学生。因此，提升高等教育质量，促进不同院校分类发展，一个重要的抓手是完善高等教育准入机制，以合适的选拔渠道、健全的招生考试制度，让即将接受高等教育的学生各得其所，选择同自身发展最为适切的高等教育类型及模式。刚从新加坡国立大学访学归来的厦门大学教育经济与管理研究所所长武毅英教授十分关注这一问题，在会上做了题为"困惑与出路：中国大陆'高考热'现象透析"的发言。她强调，当前中国乃至世界对"高考"这一高等学校招生选拔考试的关注依旧持续在发烧，大家普遍关注或参与着对高考公平理念、价值取向的探讨，也对高考的作用及功能变化有着各式各样的困惑。高考热背后的原因是复杂的，高考的功能和作用目前仍无法被取代，但高考选拔人才的实际作用常常被过度解读与放大，以至于高考承载了许多本不该由它自身承载的舆论关切及社会责任。在当今中国，高考仍然是相对公平的选才之道，至今没有一个达成普遍共识的方案可以取而代之。每次高考的内容和形式改革也都会引发争议，由高考衍生出的高考经济依旧是巨大的商机而令许多人难以割舍。

武毅英教授就此提出了几个高考综合改革的可行方向及路径。一是要确立公平、合理、科学、多元、灵活、有效的发展主轴；二是要找准时代发展的脉络，合理定位高考功能及作用；三是要对现行的高考制度安排、价值理念、评价体系、考试内容、考试形式和录取方式进行重新审视与反

思;四是要建立科学合理的顶层设计体系并在此基础上推进高考综合改革。武毅英教授还特别指出,可以在理论上探讨对高考的颠覆性改革方案,但是在时机不成熟时进行实践将会引发问题。

(二)明确研究生教育发展的制度自觉与道路转型

研究生教育是高等学校的一个重要办学层次,高质量的研究生教育是科学研究事业平稳有序、可持续发展的重要助力。中山大学博士研究生戚兴华对中国研究生教育的发展历程作了扼要回顾,并重点分析了研究生教育发展的制度自觉与道路转型问题。中国的研究生教育起源于20世纪初,制度设计早于实践探索。他认为,制度建设一直是推动国内研究生教育发展的第一力量,而当前中国研究生教育正面临着发展动力转型,必须要创新发展道路,实现研究生教育的内涵式发展。

戚兴华博士生还提出了研究生教育发展的若干路径。他认为,研究生教育的发展理念需从封闭走向开放,发展格局应从独立空间走向公共空间,发展模式要从静态环节体系走向动态主体体验,从学制-体制性知识学习研究走向个体-群体性学术交流创新,发展主体则要从政府转为高校,主导因素从外部力量转为内生性力量。研究生自身发展重点要从身份确立转变到身份认同,从整体身份认同转化为个性化发展路径的生成。这种内生化的道路转型,是使研究生教育在科学研究日益精致化、交叉化的背景下得以可持续发展的必由之路与应然选择。

(三)高职教育发展需要尽早实至名归

研究型大学和职业技术院校在我国高等教育体系当中占有重要地位。二者发展历史较为悠久,发展路径比较成熟,人才培养互补性强,形成了"双稳态结构"。然而,随着应用型高校的兴起、产业结构的不断调整升级以及社会环境的重大变化,职业技术院校的发展空间受到挤占,面临的挑战越来越大,高职教育发展也显得有些措手不及、进退失据,存在"名不正、言不顺"的发展困局,这一尴尬局面亟待突破及转型。厦门大学高等教育质量与评估研究所所长史秋衡教授结合自己10多年来到全国数百家高职院校的调研经历,以及对各层次高职教育管理部门的走访了解,提出了高职教育发展需要尽早实至名归的论断。史秋衡教授在发言中重点分析了高职院校在新形势下进行改革发展的路径问题。他认为，中国的职业技术院校似乎从来不曾强势，并且全社会在对高职教育的认识理念上还较为落后，高职院校自身也是如此。不少院校在办学中试图掩去校名当中"职业"的字眼，或以升本作为办学的重要目标。甚至还有一些民办本科院校从创校时起办学方向就直接向世界名校看齐。

不同院校的分类发展，必须错位发展、差异化发展。如果职业技术院校依照研究型大学或应用型大学的发展路径，一味照搬或者模仿后两者的办学模式，不恪守其发展边界，罔顾资源投入现实，将无法取得预期成效。目前一些高职院校正因如此在受到外部挤压又内部不稳的情况下显得更加步履蹒跚。

要做到实至名归的一个重要路径是，面向地方、面向县域办学，以县校合作作为内涵式发展的抓手。不要贪大求全，要利用好既有资源，对接好县域范围内的产业结构及产业发展需求，让人才培养同县域发展相匹配，双向融合各自资源，以一种较为开放的办学格局培养人才。民办高职要特别注重课程与教学改革、杜绝实习走过场的情况，政府部门也应该出台相关措施推动民办高职的发展。在学术研究及顶层设计层面，当前对高职院校发展尚需系统化地提出一些有指导意义的理论，对高职教育的研究还需要投入更大资源与力量。高职教育研究者应当踏踏实实地去多看多听，多做些实证研究。唯有各方共同努力来呵护高职教育发展，为其保驾护航，才能使高职教育的内涵式发展更加踏实、更有后劲。

作者简介 | 陈恒敏，福建宁德人，厦门大学教育研究院 2014 级硕士研究生，研究方向为教育经济与管理。
柯安琪，福建泉州人，厦门大学教育研究院 2015 级硕士研究生，研究方向为高等教育学。

Promote the Level of University Administration Steadily, Improve the Quality of Higher Education Feasibly

Chen Hengmin Ke Anqi

Abstract: Quality of higher education is a key topic at the educational sub-forum of "Mountain-Sea Forum" in 2015. As many administrators, experts and scholars believe, we should focus on the main topic and promote the level of university administration; renew the idea of running university and improve the quality of higher education; make out the classification of universities and hold on the different kinds of developments. Stick to the reform and innovate, students-oriented idea of running universities, structure of a dynamic academic community, can we promote the intensive development of higher education and improve the quality and lever of higher education development.

Keywords: higher education, university administration, quality, category development

《中国高等教育评论》投稿须知

1. 文稿字数以 8000—12 000 字为宜，个别优质稿件不受字数限制。

2. 稿件体例：来稿的页面内容依次包括标题、作者姓名、摘要（中文摘要 200 字左右）、关键词（3—5 个，关键词之间以一字空分隔）、文章内容、作者信息（包括姓名、职务、职称、研究方向、工作单位和详细通信地址、邮编、电话）、参考文献。论文标题、摘要、关键词请译成英文。

3. 所投稿件如有基金资助，请注明基金项目名称和编号。

4. 文章标题一般分为三级，第一级标题用"一、""二、""三、"标示；第二级标题用"（一）""（二）""（三）"标示；第三级标题用"1.""2.""3."标示，标题符号前空两格。请按层级逐级下延。

5. 注释一律在本页使用脚注，每页重新排序，用①②③……标示；引文务必注明出处，采用"著者-出版年制"，即一律用括号在文中相应位置标明责任人及出版年，并将所引用页码以上标的形式标注在括号外，完整的参考文献条目放在文末，按照先中文后英文的顺序排列，以著者姓名拼音/字母为序。

6. 作者应保证论文符合学术规范，无抄袭、剽窃、侵权、数据伪造等不端行为，不涉及国家机密。编委会有权对稿件进行修删，如不同意请在稿件中声明。

7. 本评论出版前，文章已经在其他公开出版物或者互联网上发表的，请务必及时告知本评论编委会，否则一切后果由作者本人承担。

《中国高等教育评论》敬迎各位同仁赐稿。

联系方式
史秋衡：0592-2189226　　E-mail: qhshi@xmu.edu.cn
王玉梅：0592-2187552　　E-mail: yumeiwang@xmu.edu.cn
传　真：0592-2189065

《中国高等教育评论》编委会
2015 年 12 月